KB236416

소신

所信

소신 所信

초판 1쇄 인쇄 2026년 3월 5일
초판 1쇄 발행 2026년 3월 10일

지은이 이석연
발행인 전익균

이사 정정오, 윤종옥, 김기충
기획 조양제, 김영진
편집 김혜선, 전민서, 백서연
디자인 페이지제로
관리 이지현, 김영진
마케팅 (주)새빛컴즈
유통 새빛북스

펴낸곳 도서출판 새빛
전화 (02) 2203-1996, (031) 427-4399 **팩스** (050) 4328-4393
출판문의 및 원고투고 이메일 svcoms@naver.com
등록번호 제215-92-61832호 **등록일자** 2010. 7. 12

값 22,000원
ISBN 979-11-94885-32-0 03340

이석연이 걸어온
삶의 풍광

이석연 지음

소신 所信

도서출판 새빛
SAEVIT

처음과 끝이 같았던 사람으로 기억되고자

2021년 〈누구나 인생을 알지만 누구도 인생을 모른다〉라는 에세이식 졸저를 출간한 지 어느덧 세월이 흘렀다. 그사이 대한민국은 또 한 번의 격랑을 겪었고, 나는 다시 공직에 나가 국민통합위원장이라는 무거운 책무를 지게 되었다. 2024년의 겨울을 지나, 이제 우리는 새로운 시대를 맞이하고 있다. 〈소신〉이라는 제목으로 책을 펴내는 것은 단순한 내 삶의 풍광을 전하는 것이 아니라, 혼란의 시대를 건너온 한 법조인의 새로운 증언이다.

2024년 12월 3일의 비상계엄 선포는 많은 이들에게 충격이었다. 나 역시 그날 밤 잠을 이루지 못했다. 새벽녘, 국회가 계엄 해제를 의결했다는 소식을 듣고서야 안도의 한숨을 내쉬었다. 민주주의는 이렇게 위태로운 줄타기 위에 서 있다. 그러나 동시에 우리는 확인했다. 시민의 각성과 헌법의 힘이 얼마나 강인한지를.

이번 책에는 이러한 격동의 시간들을 담았다. 특히 제4부에서 비상계엄과 탄핵 정국 그리고 헌법재판소의 역할에 대한 나의 견해를 상세히 풀어냈다. 2004년과 2017년에 이어 다시 한번 헌법의 시험대에 오른 대한민국. 권력은 늘 유혹적이지만, 헌법은 그 유혹에 맞서는 방패막이다. 나는 이 책을 통해 '헌법적 사고'가 왜 중요한지를 다시 한번 강조하고자 한다.

전국을 다니며 많은 시민을 만나고 있다. 진보와 보수, 젊은이와 어르신, 수도권과 지방. 모두가 상처받고 있었다. 그러나 동시에 모두가 치유를 갈망하고 있었다. 통합은 거창한 구호가 아니라 일상의 실천에서 시작된다. 상대의 말을 끝까지 듣는 것, 다름과 차이를 인정하는 것, 그리고 공통분모를 찾아가는 것.

그래서였나. 이 책의 제목을 처음에는 「바다는 파도를 품는다」로 정했었다. 바다는 거친 파도도, 잔잔한 파도도 모두 품는다. 우리 사회도 그래야 한다. 격렬한 논쟁도, 조용한 일상도 모두 민주주의의 일부다. 개인의 회고와 시대적 통찰이 교차하는 이 책이 독자들에게 하나의 나침반이 되기를 바라는 마음에서였다.

책의 후반에 20대 일기를 다시 읽으며 웃음이 나왔다. 그 치기와 열정, 방황과 도전이 오늘의 나를 만들었다는 것이 새삼 놀랍다. 만약 그때의 심정을 글로 기록했던 그 순간순간이 없었더라면 나는 이미 좌초되거나 난파되었을 것이다. 젊은 독자들에게 진하고 싶다. 모험과 도전, 실패를 두려워하지 말라고. 나의 20대도 남이 가지 않은 길을 걷는 과정에서 겪은 시행착오의 연속이었다고. 나는 다만 그 과정을 기록으로 남겼을 뿐이다. 기록은 성찰을 낳고, 성찰은 성장을 부른다는 말은 진리이다.

법조인 후배들에게 특별히 당부하고 싶은 말이 있다. 법은 차가운 논리만이 아니다. 그 안에는 따뜻한 정의가 숨 쉬어야 한다. 판결문 한 줄이 누군가의 인생을 바꾼다는 것을 잊지 말라. 김우중 전 회장의 재심 청구를 맡은 것도, 변정수 초대 헌법재판관의 길을 기억하는 것도 같은 맥락이다. 복잡한 법리 뒤에 숨어 정의를 외면하지 말라.

일흔을 갓 넘긴 지금도 나는 여전히 항해 중이다. 완성된 삶이란 없다. 괴테가 82세에 「파우스트」를 완성하고도 미완의 숙제를 안고 떠났듯, 우리는 죽는 날까지 미완성이다. 그것이 인간의 숙명이자, 또한 축복이기도 하다.

"기다리게나, 머지않아 그대 또한 쉬게 되리니." 괴테의 시구가 귓가에 맴돈다. 그러나 나는 아직 쉴 수 없다. 산봉우리마다 휴식이 있다지만, 나는 아직 산중턱에 있다. 소신의 일관성을 견지하면서 언제 어디서나 맡은 소명을 다하는 일. 이것이 지금 내게 주어진 항해다.

나는 젊은 시절부터 내 신념과 소신을 위해서라면 어떤 고난과 위험이 따르더라도 모험과 도전의 정신으로 임하였다. 그때마다 나를 깨우쳐 준 불멸의 한 구절이 있었다.

“이룰 수 없는 꿈을 꾸고,
이룰 수 없는 사랑을 하고,
견딜 수 없는 고통을 견디며,
싸워 이길 수 없는 적들과 싸움을 하고,
잡을 수 없는 저 하늘의 별을 잡으려고 달려갔다.
깨지고 얻어 터져 만신창이가 될지언정”
– 세르반테스의 〈돈키호테〉에서

2026년 1월 1일
이석연

차례

1부   파도 너머를 바라보며

2부시대와 맞선 항해

5부　나의 20대, 그 젊은 날의 파도

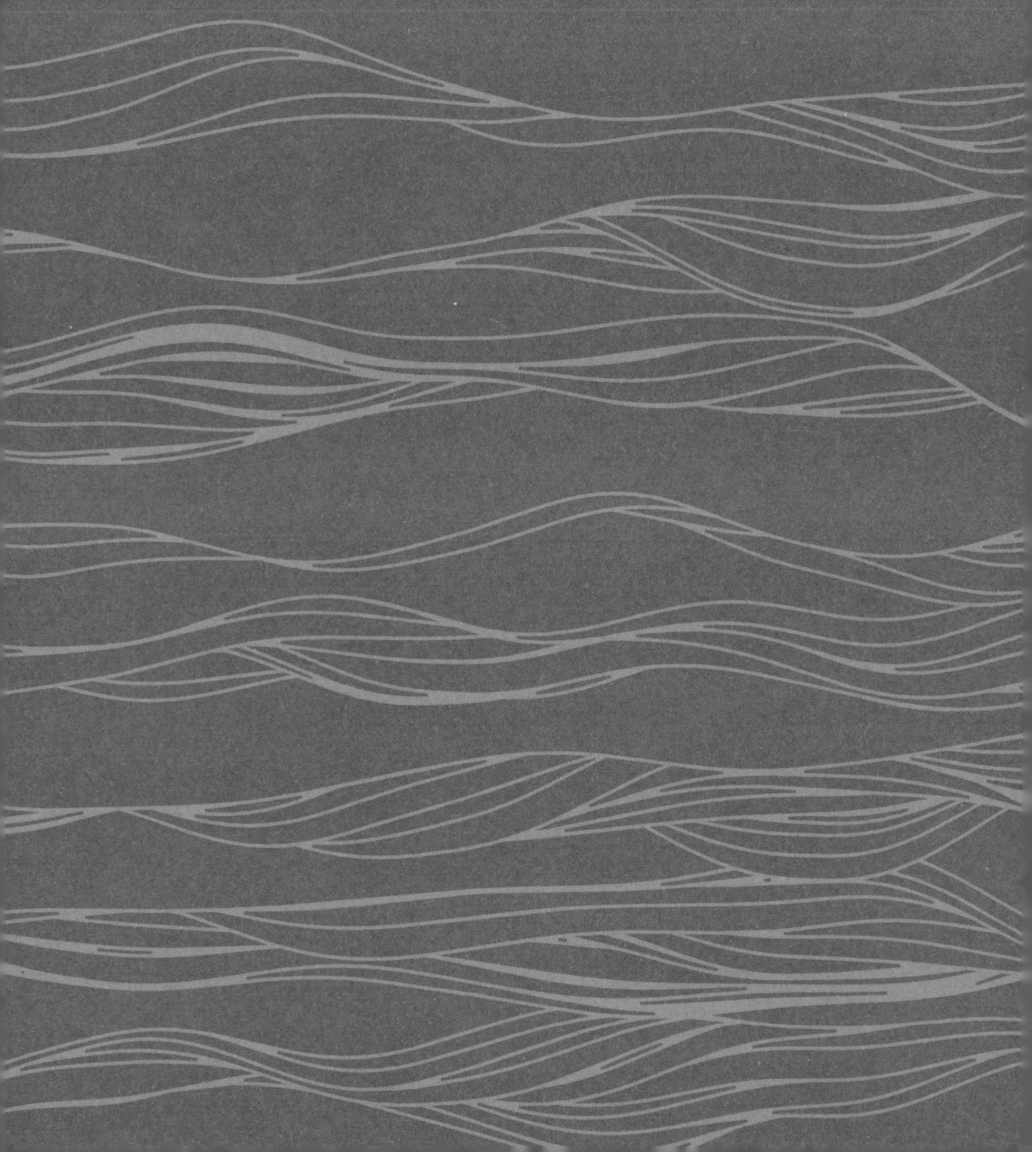

1부

파도 너머를 바라보며

살며 사유思惟하며

우리는 종종 파도를 보며 바다(세상)를 다 보았다고 착각한다. 요동치는 격랑은 우리의 시선을 사로잡고, 그 소리에 우리의 판단은 잠식된다. 그러나 파도는 언제나 표면일 뿐이다. 진실은 그 너머, 고요 속에서 우리를 기다린다.

시대의 소용돌이 속에서 나는 수많은 이념과 신념의 언어를 들었다. 그중 어느 것도 완전하지 않았다. 옳음이라 여겼던 것들이 누군가에게는 폭력이 되었고, 정의의 이름으로 행한 단호함이 어떤 이에게는 또 다른 억압으로 남았다. 세상을 바로잡겠다는 의지가 때로는 세상을 좁히기도 한다는 사실을 깨닫는 데까지 그리 오래 걸리지 않았다. 사유란 옳음을 구걸하는 것이 아니라, 옳음의 한계를 들여다보는 고뇌의 시간이었으니….

　나는 톈산산맥 산자락에서 살아가는 사람들의 눈을 보았다. 맑고 안정된 눈동자 속에는 언어보다 더 깊은 설득이 있었다. 말로 정의할 수 없는 진실이 거기 있었다. 또 먼 곳으로 떠나 코카서스의 산맥을 바라보며 깨달았다. 다른 문화와 사람들은 나의 기준으로는 설명되지 않았다. 세계는 언제나 더 넓었고, 그 넓이는 나의 이해력보다 훨씬 크다. 그래서 나는 '보는 법'을 새로 배워야 했다. 도리불언 하자성혜桃李不言 下自成蹊, 복숭아와 오얏나무는 말하지 않아도 그 아래에 길이 생긴다는 말을 곱씹으며, 말보다 존재가 먼저인 세계를 조금씩 이해하기 시작했다.

　새들을 관찰하며 자연의 리듬을 배웠다. 그들은 경쟁하지 않았고, 자신의 비상을 다른 새의 그림자와 비교하지 않았다. 자연은 언제나 조용히, 그러나 가장 완전하게 말하고 있었다. 나는 그 속에서 배웠다. 인간이 만든 법과 제도보다 더 오래된 질서가 있다는 것을. 예술 또한 그러했다. 이중섭의 그림 앞에 서면, 인간의 고통조차도 한 편의 아름다움이 될 수 있다는 역설을 느꼈다. 그의 붓끝은 절망을 넘어서는 생의 기록이었다. 나는 그때부터 '법'의 언어보다 '삶'의 언어에 귀를 기울이기 시작했다.

　진정한 지도자는 사람을 두려워하지 않는다. 패자도 동화시키는 포용력을 발휘한다. 그는 자신이 만든 질서의 울타리보다 더 큰 세계를 향해 나아간다. 그래서 나는 리더십을 법의 조항이 아니라 인간 이해의 깊이로 측정해야 한다고 생각하게 되었다.

정치 역시 마찬가지였다. 권력의 중심에서 벌어지는 갈등을 보며, 나는 "정책탕평"이라는 말을 다시 생각했다. 탕평은 단순한 인사 균형이 아니라, 사고의 균형이며 감정의 절제다. 어느 한쪽의 '옳음'만이 지배할 때, 사회는 늘 같은 파도를 반복한다. 지식인이라면 그 파도의 높낮이에 휩쓸리지 않아야 한다. 지성은 흔들리지 않음이 아니라, 흔들림 속에서도 방향을 잃지 않는 능력이다.

나는 법률가로서, 또 한 명의 시민으로서 한국을 오래 바라보았다. 이 나라는 끊임없이 성장했지만, 동시에 자기 자신을 의심하는 법을 잃어버렸다. 사마천이 말한 것처럼, "역사는 인간의 거울"이다. 우리는 거울을 통해 자신을 본다고 믿지만, 실상은 자신이 보고 싶은 모습만 본다. 나는 그 왜곡을 바로잡고 싶었다. 그러나 이제는 안다. 거울을 닦는 일보다, 스스로 눈을 맑게 하는 일이 먼저라는 것을.

파도는 오늘도 계속된다. 세상은 여전히 시끄럽고, 사람들은 각자의 옳음 속에 산다. 그러나 나는 이제 그 소란의 한가운데서도 파도 너머를 바라본다. 그곳에는 내가 미처 보지 못했던 풍경들, 인간과 세계의 다층적 얼굴이 있다. 사유는 그 풍경 속으로

걸어 들어가는 일이다. 그것은 도피가 아니라, 용기의 다른 이름
이다.

그리고 나는 그 길 위에서 비로소 배운다. 생각한다는 것은 싸
우는 일이 아니라, 이해하려는 노력이라는 것을.

맑고 안정된 눈동자들

전생의 인연 속에서 만났음직한 미치게 푸른 하늘과 뭉게구름, 정복되지 않는 대지와 천진한 사람들의 미소가 간직돼 있는 텐산天山산맥의 어느 산자락이 그리워졌다. 실크로드 답사길을 나선 이유이기도 하다.

　실크로드–어린 시절부터 나에겐 아련한 몽환의 세계였고 동경의 대상이었다. 코로나 창궐 직전 시안에서 카슈가르까지 중국 루트를 답사했다. 이번 길은 중앙아시아 루트, 우즈베키스탄의 타슈켄트에서 발걸음을 내디뎠다. 역사에 관심 있는 후배 교수, CEO등 3인이 동행한다. 실크로드의 중심도시인 사마르칸트, 부하라, 히바를 찾는다.

실크로드의 심장, 사마르칸트-이름에서부터 약속의 땅 냄새
가 난다. 발음하는 순간 혀끝에서 사르르 녹아 버리는 듯하다. 황
금의 도시, 세계의 태양, 동방의 낙원 등 이 도시에 주어진 찬사는
그 자체로 꿈과 환상을 자극한다. 그러나 현재의 모습은 이러한
꿈과는 거리가 멀다. 머릿속은 아직도 꿈같은 그림들로 가득하건
만…. 15년 만에 다시 찾은 사마르칸트! 그러나 나를 실망시키지
는 않았다. 이 도시의 또다른 진면목을 볼 수 있었다. 화장기 지운
여인이 그 참모습을 아낌없이 보여 주듯이.

비행기가 톈산산맥을 가로질러 아시아의 스위스로 불리는 키
르기스스탄으로 향한다. 이곳 비슈케크 대학 내 ACC센터에서 강
의 일정을 소화하고 톈산산맥 산기슭의 '부루나' 마을을 찾아간
다. 과거 실크로드 대상의 숙소인 카라반사라이가 있던 곳, 지금
은 찾는 이가 거의 없다. 마을 입구에서 차를 내려 걷는다.

톈산산맥의 안개와 구름 사이로 푸르디푸른 하늘이 얼굴을 내
밀고 대지는 온통 꽃의 향연이다. 부겐빌리아, 백일홍, 수레꽃, 양
귀비꽃…. 제임스 힐튼의 〈잃어버린 지평선〉, 샹그릴라를 연상시키
는 듯하다. 마침, 마을 사람들이 어린이 어른 노인 남녀 모두 정겹
게 모여 일상를 보내고 있었다. 우리도 그들 틈에 끼었다. 조금도
거부감 없이 말없이 환대해 주는 주민들의 밝은 모습이 무르익은
머루알처럼 고왔다. 한 시간 넘게 머물다가 발걸음을 돌렸다. 나는

두고 떠나기 아쉬운 마음으로 몇 번이고 뒤를 돌아보곤 했다. 이식 쿨호수의 어느 별장에 여장을 풀고 나니 밤이 이슥하다.

오늘 함께한 가난한 산동네의 사람들–우리가 지금 누리고 있는 생활수준에 견준다면 그들은 너무도 열악한 환경에서 살아가고 있는 것은 사실이다. 그러나 그들의 눈동자는 우리보다 훨씬 맑고 안정되어 있다. 주어진 가난을 조금도 부끄러워하지 않고 곁에서 보기에도 낙천적으로 살아가는 것 같았다. 부富든 권력이든 가진 자, 덜 가진 자 막론하고 더 가지고 싶고 더 휘두르고 싶어 안달이 난 핏발 선 눈동자들에 익숙한 나에게 그들의 태도는 신선한 충격으로 다가왔다. 마음의 창인 눈동자에서 말이다. 불현듯 모든 것을 버리고 이들의 삶 속에 묻혀 희로애락을 함께하면서 생을 마감하고픈 생각이 들기도 한다. 작은 것과 적은 것으로도 고마워하고 만족할 줄 알아야 한다. 이번 실크로드 기행, 참 나眞我를 찾아가는 여정이기도 하다.

모든 산봉우리, 호숫가에 휴식이 깃들고 있다. 숙소 밖 저쪽 바위 아래 부딪히는 파도소리에 생각의 실타래를 풀었다 감았다 를 반복하고 있다. 쉬이 잠이 올 것 같지 않다. *Warte nur balde, rauchest du auch* 기다리게나, 그대 또한 쉬게 되리니!

2024.5.3 이식쿨 호수 어느 산장

코카서스 통신

무소의 뿔처럼 혼자서 가라

여행의 진수는 자유다. 마음대로 생각하고 느끼고 행동할 수 있는 완전한 자유에 있다. 또한 여행은 최상의 고독을 허용한다. 그러기 위해서는 혼자 떠나야 한다. 혼자가 여의치 않으면 2-4인이 좋다. 모처럼 길을 나섰는데 일상의 타성에서 벗어나지 못하는 시시껄렁한 사람들과 어울리게 되면 가는 길이 더욱 고달프고 스트레스를 받는다.

여행은 어디를 가느냐보다 누구와 어떻게 가느냐가 중요하다. 여행은 목표가 아니라 과정이기도 하다―동반자들 속에 끼게 되

면 가거나 섰거나 또는 여행하는 데도 항상 간섭을 받게 된다. 고
독과 자유를 찾아 무소의 뿔처럼 혼자서 가라.

미안한 얘기지만, 나는 단체여행을 다녀온 사람이 쓴 여행기
나 기행문은 읽지 않는다. 어쩌다 읽히게(?) 되더라도 별 감흥을
느끼지 못한다. 현지에서 직접 맞닥뜨리면서 고뇌하는 가운데 진
실된 글이 나온다. 남이 느끼지 못하고 보지 못하고 듣지 못한 것
들을 글에 담을 수 있기 때문이다.

코카서스(캅카스) 3국의 첫 기착지 아제르바이젠, 후배 오광수
군과 동행한다. 2024. 8.23 낮 대한항공으로 출발하여 이스탄불
경유 이튿날 새벽 1시30분 바쿠BACU에 도착했다. 이번 나그넷길,
물론 주요 관광지를 찾는 판에 박힌 여정은 아니다- 새로운 풍경
보다는 새로운 시야를 찾아가는 과정이다.

유전의 도시 바쿠, 세계사를 바꾸다

노벨상의 발원지, 2차세계대전의 분수령

바쿠의 유전은 경제성이나 품질에 있어서 모두가 탐내는 석유다.
19세기 중반 세계 최초로 유전이 개발된 곳이다. 지금도 그곳에
는 최초의 유정개발탑이 서 있다. 노벨상 창시자인 알프레드 노벨

은 당시 그의 두 형이 설립한 유전회사에 투자하여 막대한 돈을 벌었다. 노벨상은 그 권위 못지않게 상금 또한 만만치 않다.(2023년 기준 13억 5천만 원) 노벨은 이곳 석유로 번 돈을 종잣돈으로 노벨상을 제정했다. 흔히 노벨이 다이너마이트를 발명하여 번 돈으로 노벨상을 만들었다고 알고 있으나, 바쿠 유전의 돈에 비하면 미미하다. 때문에 이곳 바쿠야말로 사실상 노벨상 발원지라 하여도 지나치지 않다. 바쿠에 있는 노벨의 집은 아제르바이잔인들의 노벨에 대한 존경심의 발로이다.

제2차세계대전의 분기점이 된 곳이 또한 바쿠다. 1941년 히틀러가 소련을 침공할 때 속전속결로 전 부대를 바로 모스크바로 진격시키지 않고 바쿠의 유전이 탐나서 군을 양분하여 최강의 부대를 바쿠 점령을 위해 볼고그라드로 이동시켰다. 그 결과 볼고그라드에서 소련군의 강력한 저항에 부딪혀 패배하였고 이는 결국 러시아 점령의 실패로 귀착된다. 이때를 분기점으로 나치 독일은 패망의 길로 들어선다. 후일 스탈린은 2차세계대전을 바쿠의 유전 덕분에 승리했다고 말했다. 소련군 탱크와 전투기에 사용된 휘발유의 75%가 바쿠에서 나왔기 때문이다.

그렇다면 오늘의 바쿠는 어떤가? 1998.9 중앙아시아, 코카서스, 흑해 주변의 12개국 정상이 바쿠에 모여 동서를 잇는 거대한 자유무역 회랑지대를 만들자는, 이른바 뉴실크로드 프로젝트를 탄생시켰다. 뉴실크로드의 중심이 과거 소비에트 연방의 석유산업 중심지인 바쿠였다는 점은 의미심장하다. 그런 만큼 오늘날 바쿠는 가장 활기 넘치는 도시가 되었으며 이번 여정에서도 곳곳에서 그 번영상을 실감할 수 있었다. 그러나 바쿠의 상징은 카스피해의 중심 도시인 점에 두어야 할 것이다.

오, 카스피해 - 그 해변 어느 송어구이집에서의 상념

카스피해海!

실크로드와 더불어 소년 시절부터 나에게는 몽환의 세계이자 어렴풋한 향수를 자아내게 하는 동경의 대상이었다.

그 바다와 풍광은 예나 지금이나 눈이 시릴 정도로 저렇게 아름답건만 그곳을 찾은 나그네는 이미 황혼이 가까워졌구나!

카스피해는 아직도 내 낭만과 방랑의 한가운데 자리하고 있다. 바쿠에서의 첫발도 당연히 카스피해 쪽으로 내디딜 수밖에⋯ 카스피해 번영의 상징, 바쿠항은 푸르디푸른 하늘이 무색할 정도로 활력이 넘친다. 한반도의 1.8배에 달하는 카스피해, 그 수평선 너머로 유조선들이 점점이 박혀있다 .

암각화의 고장 고부스탄으로 향하는 길에서도 나는 차창 왼

쪽으로 펼쳐지는 카스피해에서 눈을 떼지 못하고 있다. 마침내 해변의 어느 숯불 송어구이집 2층 창가에 자리 잡는다. 카스피해의 전경이 손에 잡힐 듯 아득하게 보이는 전망 좋은 좌석에. 이곳 토산품인 생맥주를 전채 삼아 정담을 나누면서 느긋하게 즐기는 송어구이 맛이 일품이다.

여행의 멋과 격이란 이런 것이 아니겠는가! 이 정도면 카스피해에 오랜 시간 품어왔던 애틋한 향수의 뒤풀이로 위안을 삼아도 될 것 같다. 다시 버릇처럼 호모 비아트로(떠도는 자)의 상념에 젖는다. 형언할 수 없는 애수와 더불어….

떠도는 자는 나그넷길에 머물 때 아름답다. 정착과 안정은 그에겐 누추할 뿐이다. 자, 이제 발길을 돌릴 때다. 풍파가 없는 항해 얼마나 단조로운가! 잠 못 이루는 사람에게 밤은 길고, 지쳐있는 나그네에겐 지척도 천리라던가. 너무 괴로워하지도 너무 사랑하지도 너무 증오하지도 너무 즐기지도 말자. 누가 옳고 누가 그른가, 다투면 뭐 하는가, 모두가 꿈속의 일인 것을….

2024.8.26 카스피해 해변의 어느 레스토랑에서

도리불언 하자성혜桃李不言 下自成蹊를 꿈꾸며

복숭아나무와 오얏나무는 말이 없지만
그 아래 절로 길이 생긴다

| 김지은의 '삶도' 인터뷰 | 헌법주의자 이석연 전 법제처장*

"전직 대통령 구속, 국가 품격 생각하면 창피… 내란죄도 아닌데, MB·박근혜 사면해야"

이석연(65)은 논쟁적인 법률가다. 1999년 '군 가산점' 위헌 결정을 이끌어낸 게 그다. 그런데 10년 뒤엔 부활을 검토해야 한다고 주장했다. 10년 전 여성단체의 환호가 반발로 바뀌었다.

* 2019. 3. 5 한국일보 인터뷰. 3,022개의 댓글.

'헌법적 자유주의자'를 자처하는 이석연 전 법제처장. 지난달(2019. 2) 27일 서울 서초구 '법무법인 서울'에서 그를 만났다. 배우한 기자

그런가 하면 신행정수도의 건설을 위한 특별조치법(신행정수도 특별법) 역시 그가 낸 헌법소원으로 2004년 폐지됐다. 당시 서울 시장으로 용꿈을 품고 있던 이명박^{MB} 전 대통령에게는 천군만마 같은 사건이었다. MB가 고맙다고 밥을 샀다.

그러나 4년 뒤 'MB 청와대'는 법제처장인 그를 '요주의 인물' 로 분류했다. 국무총리에게 그의 '입'을 단속하라고 지시하는 내용이 담긴 청와대 문건이 발견됐다. '한미 쇠고기 협상'의 후속 조치인 '쇠고기 장관 고시'를 두고 "내가 재야在野에 있었다면 헌법소원을 냈을 것"이라고 한 인터뷰 때문이다. 쇠고기 협상 논란으로 MB 청와대는 국민의 신뢰를 잃었고 내리막길을 걸었다. MB 정부의 만기친람도 박근혜 정부 못지않았다. 당시 법제처가 홍보대사로 배우 이준기 씨를 위촉하자, 청와대는 그의 정치 성향을 운운하며 취소를 압박하기도 했다.

그는 "판단의 잣대가 늘 헌법이었을 뿐"이라고 항변한다. 누구의 편을 들려는 것도, 생각을 바꾼 것도 아니라는 얘기다. 군 가산점도 그렇다. 경쟁이 치열한 공무원 시험에서 제대군인에게 3~5%의 가산점을 주는 것은 사실상 당락을 결정짓는 요인이 된다. 군 복무 의무가 없는 여성이나 면제 대상인 장애인의 헌법상 평등권, 직업선택의 자유를 침해한다는 게 그의 생각이다. 그러나 제도 폐지 역시 병역의무 이행으로 인한 불이익을 받지 않도록 한 헌법(39조 2항)에 위배되기에 국가가 보완 조치를 해야 한다는 취지에서 부활론을 폈다.

MB의 정치생명을 휘청거리게 한 행보도 헌법에 따른 것이지, MB를 보고 한 것이 아니었다. 그런 그가 이명박·박근혜 두 전직 대통령은 불편했나 보다. 두 정부 때 청와대 참모들은 그를 총리 후보로 추천했지만, 대통령들은 지명하지 않았다.

변호사로 돌아간 이석연은 다시 '뜨거운 감자'를 손에 쥐었다. 지난달 27일 만난 그는 두 전직 대통령의 사면을 주장했다. "재판에서 형이 확정되면 두 대통령 모두 문재인 대통령이 사면해야 해요. 반대를 무릅쓰고라도 결단해야 해요. 내란·외환죄로 구속된 대통령들(전두환·노태우)도 사면했지 않나요? 전직 대통령을 죽을 때까지 가두는 게 촛불혁명의 완성은 아닙니다."

열여섯 살 때부터 보통 사람은 아니었다. 고교 진학 대신 대입 검정고시를 택해 합격했다. 그것도 중학교를 졸업한 지 반년 만에. 그렇게 번 2년 반 동안 절에 들어갔다. 그때 읽은 책 500권은 인생의 든든한 밑천이다.

인터뷰에서도 동서양을 넘나들며 고전의 문구를 시시때때로 인용했다. 그가 대표변호사로 있는 서울 서초구 '법무법인 서울'의 사무실 곳곳엔 '책탑'이 즐비했다.

고교 진학 대신 절에 들어앉은 청소년기

이력을 보고 새삼 놀랐어요.
중학교 졸업 6개월 만에 대입 검정고시에 합격했다고요?
"중학교도 수석 입학해서 수석으로 졸업했죠. 초등학교 때부터 1등을 놓친 적이 없어요. 그런데 중학교 졸업하기 3개월 전에 검정고시라는 제도가 있는 걸 알았어요. 집에다가 고등학교에 가지 않고 검정고시를 보겠다고 했더니 난리가 났죠. 가정형편이 어려운 것도 아니었으니. 그래도 내 고집대로 했죠. 6개월 만에 전라북도에서 수석으로 합격했어요. 중학교 졸업한 해 8월에 고졸 학력을 얻었으니 신문에도 크게 기사가 났었어요.”

그럼, 그때 바로 대학에 입학한 건가요?
“아니요. 김제에 있는 금산사에 들어갔어요. 30개월 동안 책만 읽었죠. 400, 500권쯤 될 거예요. 금산사에 딸린 심원암이라는 암자에서 1년 반, 본절로 내려와서 1년 정도 있었죠. 그때 금산사 주지 스님이 조계종 총무원장을 지낸 월주 스님이었어요. 그때 인연으로 경실련(경제정의실천시민연합) 사무총장 할 때 스님을 공동대표로 모시기도 했죠. 지금도 정기적으로 뵙고요.”

검정고시는 왜 봤나요?
“내 생활의 모토가 남이 가지 않는 길을 간다는 거예요.”

그 어릴 때부터요?
“네, 그때부터 내 힘으로 남이 안 하는 걸 해보고 싶다는 생각이 있었죠. 검정고시를 보지 않았다면, 그때 전북에서 공부 잘하는 학생들이 다 모였던 전고(전주고등학교)에 갔겠죠.”

그런데 대학 입학 자격을 얻고도 왜 절에 들어갔어요?

"허기가 진 거죠. 바로 대학에 들어가기보다 간접 경험이라도 해서 지식의 욕구를 채우자고 생각했어요."

부모님은 어떻게 설득하고요?

"아버님은 제가 어릴 때 돌아가셔서, 어머니께 제가 그랬어요. 경기고 시험 봤다가 떨어져서 재수한다고 생각하고 6개월만 시간을 달라고. (웃음)"

그는 그 시절 독서로 얻은 지식과 지혜가 삶의 원동력이자 자양분이라고 말했다. "괴테의 '파우스트'나 사마천의 '사기'는 지금도 손에서 놓지 않는 책"이라며, 책상 한편에 있는 '사기열전'을 가리켰다.

공익소송으로 헌법을 생활 속에

고교 시절을 학교 안의 교실이 아닌 지성의 바다에서 보낸 뒤, 전북대 법대에 진학했다. 그리고는 행정고시(23회)에 붙어 법제처에 근무하던 중 사법고시(27회)까지 합격했다. 이후 운명처럼 1988년 설립된 헌법재판소로 발령을 받았다. '1호 헌법연구관'이라는

공직을 그만 둔 뒤, 그는 경제정의실천시민연합 사무총장으로 정치개혁 운동을 벌이기도 했다. 2000년 총선을 앞두고 총선시민연대와 했던 '낙천운동'이 대표적이다. 공천부적격자 명단에 포함된 의원 등의 고소, 고발로 그해 2월 검찰 조사를 받기 전 거리 행진을 하는 모습이다(앞줄 가운데). 한국일보 자료사진

별명이 그래서 붙었다.

헌재에 근무하면서 헌법의 실체를 느낀 계기가 있나요?

"이제는 고인이 되신 변정수 헌법재판관의 영향을 많이 받았죠. 그분 밑에서 5년간 상임연구관으로 일했거든요. 전설적인 재판관이죠. 변 재판관은 헌법을 생활규범화해야 한다는 생각이 강했어요. 그 시절만 해도 헌법이 명목적인 규범 같았으니까요. 그때 헌법소원으로 헌법을 살아서 움직이는 법으로 만들 수 있겠다는 생

각을 했죠. 헌재가 생긴 지 얼마 되지 않았을 때니 헌법소원이 생소했을 때죠. 변호사로 개업해서 헌법소원을 통한 공익소송을 전문으로 해보기로 했죠."

가장 대표적인 게 제대군인 가산점 제도 위헌 소송이지요?

"맞아요. 지금도 논쟁거리죠. 군 가산점이 헌법상 평등권, 공무담임권, 직업 선택의 자유에 위배된다고 해서 냈고 헌재에서 전원일치로 위헌 결정이 났어요. 그때가 12월이었는데 바로 이듬해 1월 중등교사 임용시험부터 적용되니까 남자들이 난리가 났죠. 내가 현역으로 군 복무를 했기에 망정이지 아니었으면 돌 맞을 뻔했어요. 거기다 딸도 없고 아들만 셋이고. (웃음)"

그런데 법제처장 할 때는 왜 부활을 주장한 건가요?

"사실 나는 헌재가 헌법불합치 결정을 할 줄 알았어요. 그런데 내가 낸 헌법소원의 취지대로 결정문이 나와서 나도 놀랐죠. 바로 해당 법률이 효력을 잃는 단순 위헌과 달리 헌법불합치는 위헌성은 인정하되, 법의 공백에 따른 혼란을 피하기 위해서 개정 때까지 한시적으로 법률을 존속시키는 결정이거든요. 헌법 39조 2항에 명시된 병역의무로 인한 불이익을 받지 않을 권리에 비춰보면 군 가산점 제도를 아예 폐지할 것이 아니라 보완 조치를 해야 한다고 생각했어요. 가산점의 정도를 1%쯤으로 낮추자는 거죠."

경실련이라는 진보적인 시민단체에서 활동하기도 했죠.

"변호사로 개업한 이유 중 하나가 시민운동을 하기 위해서였어요. 공직에 있으면서는 할 수가 없으니까. 1994년 참여연대를 만들 때도 참여했다가 나중에 경실련에 합류했죠. 시민운동을 통해서 사회를 바꾸고 싶었어요."

그런데 이후에는 뉴라이트전국연합이라는 보수단체의 상임대표도 맡았잖아요.

"처음에는 정치개혁운동을 하는 단체인 줄 알았어요. 뉴라이트 개념도 잘 몰랐을 때고요. MB와 가까웠던 김진홍 목사가 상임대표를 맡아달라고 부탁해서 수락했죠. 그러면서 정치권에 개입하지 않아야 한다는 걸 조건으로 걸었거든요. 그런데 2, 3개월 지나면서 보니까 너무 (한나라)당 문제에 관여를 많이 하는 데다 MB 쪽으로 기울어지더라고요. 당시 대선후보 경선을 앞두고 있어서 박근혜 쪽과 치열하게 대립할 때였거든요. 게다가 뉴라이트의 역사관에도 나는 찬성하지 않았고요. 그래서 바로 선을 긋고 일체 관여하지 않았어요. 물론 MB캠프에도 간 적 없고요. 다만, MB가 헌법 문제 관련해서 의견을 구해오면 조언을 해주는 정도였죠."

MB를 처음 만난 건 언제인가요?

"MB가 서울시장을 할 때 어느 행사장에서 인사를 했죠. 그 이후에 만나자고 연락이 왔어요. 당시(2003년 12월) 노무현 대통령이 추진하는 행정수도 신설을 위한 신행정수도특별법이 국회를 통과했을 때예요. MB가 헌법소원 얘기를 꺼내더라고요. 그런데 저는 이미 이 법이 가결되면 헌법소원을 내려고 했거든요. 그래서 MB에게는 알아서 하시라는 식으로 말을 했죠. 나는 이미 나대로 계획이 있었으니까. 헌법소원은 정치권의 관여나, 누구의 요청이 아니라 헌법에 위배된다는 내 사명감으로 밀어붙인 일이에요."

MB의 대선을 도운 것으로 많이들 알고 있는데요.
"그랬다면 대선 직후에 대통령직인수위원회에 참여했겠죠. 결과적으로 헌재가 신행정수도특별법에 위헌 결정을 하면서 MB의 정치행보에 큰 도움이 됐지만. 2007년 대선 때 나는 오히려 (세 번째 출마선언을 한) 이회창 당시 무소속 후보와 단일화를 해야 한다고 주장했어요."

그러나 MB는 곧 다시 그를 찾았다. 이명박 정부의 초대 법제처장으로 그를 지목한 것이다.

"2008년 2월 말인지, 3월 초인지 MB가 직접 전화를 했어요. 법제처가 아주 중요한 기관이니 맡아줬으면 좋겠다고. 사실 나는 굳이 법제처장을 하고 싶은 생각이 없었기 때문에 수락 의사를 뚜렷이 밝히지는 않았어요. 그런데 얼마 뒤 청와대가 발표를 하더군요."

청와대 "이준기, 홍보대사 안돼"

법제처는 행정부의 입법 활동을 조정하고 법령을 심사하는 '조용한' 기관이다. 그러니 법제처장도 그다지 기사를 몰고 다니는 자리는 아니었다. 하지만 '이석연의 법제처'는 달랐다. 그는 법제처장이 되자마자 기자간담회에서 유인촌 문화체육관광부 장관이 주도했던 '과거 정권 인사 퇴진' 요구를 두고 "법치행정에 맞지 않다"며 반대했다. "한나라당 논리로 집권했다고 그 논리를 고집하면 안 된다"며 "대통령에게 직언하는 역할을 하겠다"고도 했다. 그러더니 석 달 뒤엔 큰 논란거리였던 '쇠고기 고시'의 위헌성을 꼬집어 언론이 대서특필했다.

청와대는 조용했나요?

"공공기관장 임기 발언 때는 저도 비서한테 '각오하고 있으라'고 말했는데, 아무 말이 없더라고요. 그런데 쇠고기 고시 때부터 청와대에서 '안 되겠다'는 생각을 한 것 같아요. 대통령령이나 부령으로 해야 하는데 장관 고시로 하는 건 법치주의에 위배되는 일이었어요. 그러니 내가 재야에 있었으면 헌법소원을 했을 사안이라고 말했죠."

이석연 전 법제처장에 따르면, '이명박 청와대'는 법제처의 홍보대사 위촉에도 압력을 행사하려 했다. 2009년 3월 이 전 처장이 홍보대사인 배우 이준기(맨 오른쪽)·김상경(맨 왼쪽)씨와 홍보 영상을 촬영하는 모습. 연합뉴스

MB의 반응이 있었나요?

"쇠고기 고시 때는 발언이 보도되기 전에 청와대에 가서 직접 대통령에게 말한 적이 있어요. 토요일에 면담을 요청해서 20분 정도 잡혀 있었는데 1시간 반이 넘게 만나고 왔죠. 당시에 쇠고기 협상 때문에 촛불집회가 벌어지면서 상황이 심각하게 돌아갈 때거든요. 그때 MB한테 두 가지를 건의했어요. 쇠고기 고시 철회와 (당시 여당 내 야당이었던) 박근혜 의원과의 화해. 그러고 나서 쇠고기 고시 위헌성을 지적한 내 말이 신문에 보도가 됐는데 그 뒤부

터 견제가 시작된 듯한 느낌을 받았죠."

예를 들면 이런 일이다. MB가 국무회의 참석자들과 산행을 한 뒤 청와대 뜰에서 반주를 곁들여 식사를 할 때였다. 국무위원들에게 돌아가며 한 마디씩 권하는데, 유독 그에게는 '무슨 얘기가 나올지 모르겠지만…'이란 뼈 있는 추임새를 넣었다.

"심지어 법제처 홍보대사 가지고도 청와대에서 말이 나왔죠. 배우 이준기, 김상경 씨를 홍보대사로 위촉했는데 어느 날 국무회의가 끝난 뒤에 청와대 참모 중 하나가 '이준기는 빼는 게 좋겠다'고 하더군요. 한 마디로 이 정권과 코드가 맞지 않다는 거예요. 정말 황당했어요. 법제처 대변인실에 혹시 청와대에서 그런 연락이 오거든 무시하라고 얘기했죠."

나중에 알려졌지만 이준기 씨는 'MB 정부의 문화·예술계 블랙리스트'에도 올랐다. 사회관계망서비스SNS에서 '쇠고기 촛불집회' 때 경찰의 강경 대응을 비판하고, 고 노무현 대통령 서거 때도 공개적으로 애도했다는 이유인 것으로 알려졌다.

국가인권위 축소, 유일하게 반대

그래도 당시 법제처장 이석연은 소신 행보를 이어갔다. 이명박 정

이석연 전 처장은 헌법을 생활 속의 법으로 만들고자 헌법소원을 통한 공익소송에 매진했다. 2017년엔 헌법을 소재로 책도 냈다. 배우한 기자

부가 국가인권위원회를 축소하려 할 때 국무회의에서 참석자 중 유일하게 반대했다. 법리적 하자가 있을 뿐 아니라 타 기관과의 형평성에도 어긋나 심한 후폭풍이 따를 것이라고 경고했다. "그의 소신발언에 당황한 한승수 총리가 서둘러 안건을 종결시켰다"고 안경환 당시 국가인권위원장은 회고한 바 있다.

이명박 정부와 여당이 밀어붙였던, 이른바 '미디어법'(신문의 방송 겸영을 허용한 관련법) 시행령 개정안도 위헌성을 지적하며 제동을 걸었다. 법제처가 시행령을 심의하지 않으면 모법인 미디어법

이 효력을 발휘할 수 없게 되는 셈이어서 파장이 컸다.

"그만둘 각오를 하고, 석 달간 개정안을 책상 서랍에 넣고 열쇠로 잠가 뒀죠. 결국 고민하다가 개정안을 국무회의에 상정하긴 했어요. 그런 일들을 겪었으니 MB와는 애증의 관계랄 수 있겠네요. 직언하는 참모를 곁에 두지 않고 성공한 지도자는 없어요. 나는 '직언은 현직에 있을 때 하라'는 게 소신이에요."

청와대가 법제처장의 발언을 단속하려 했다는 문건이 나왔을 때 심경이 어땠나요.

"착잡했죠."

그는 2010년 8월, 자리에서 물러났다. 2년 반 재직한 뒤였다. 법제처장은 정해진 임기가 없다.

"임태희 당시 비서실장에게 '그간 애썼다'며 교체될 것 같다는 연락이 왔죠. 그전에도 사의를 밝힌 적이 이미 있었고 여러 사건을 겪으면서 어느 정도 예상했었죠. 이임하는 날 저녁 대통령이 당시 교체된 국무위원, 기관장들을 부부동반으로 청와대로 초대했어요. 그 자리에서 제가 그랬죠. 그간 정부에 쓴소리를 한 이유는 정책을 추진하면서 우리가 이렇게 고민했다는 걸 기록으로 남기기 위해서였다고요. 그러니 대통령이 혹시라도 언짢게 생각했다면, 내 이런 취지를 생각해 달라고요."

그 뒤에도 청와대가 그를 찾은 일이 두 번 있다고 한다. "총리 후보를 물색할 때였는데, 당시 청와대 핵심 참모가 저를 1순위로 올렸다고 하더군요. 그런데 MB는 김태호 전 경남지사를 염두에 뒀죠."

또 한 번은 2011년 10월 서울시장 보궐선거 때다. "내가 출마의 뜻을 접고 나서 김효재 청와대 정무수석한테 다급한 문자메시지가 왔어요. 'VIP가 통화를 원한다'고요. 여당 후보로는 나경원 의원이 확정됐을 때죠. 아마 대통령은 나 후보 지지선언을 해달라는 요청을 하려고 했을 거예요. 그런데 그때 내가 아예 답신도, 연락도 하지 않았죠. 그때 굉장히 서운하게 생각했을 겁니다."

김기춘 "총리 후보로 추천" 연락했지만

지난해 지방선거 때도 자유한국당 서울시장 후보로 거명됐었죠.
"온 가족이 모두 출마를 반대했어요. 그때 군대 간 늦둥이 막내 아들까지 휴가를 나와 가족회의를 소집했거든요. 집사람이 가장 강하게 반대했죠. '노욕 아니냐'면서. 진보, 보수 진영의 원로들도 두루 만났는데 반반으로 나뉘더군요."

문재인 정부 초기에 치러지는 선거라서 출마한다면 패배할 각오도

그는 아직도 책에 둘러싸여 산다. 가장 행복한 시간 역시 혼자 책을 보며 사색에 잠길 때다. 배우한 기자

해야 했겠죠. 그러나 그걸 발판으로 한국당에 들어가 입지를 굳히고 정치를 시작할 수도 있고요.

"대한민국 임시정부기념관 건립위원장을 맡고 계신 이종찬 전 의원이 그러더군요. 이를 계기로 정치를 시작할 생각이 있느냐고요. 없다고 했더니 그렇다면 그만두라고 하시더라고요. 아니라면 지금까지 걸어온 길에 역행하는 결과를 가져올 거라고 조언을 하셨어요. 그게 큰 영향을 미쳤죠. 홍준표 대표에게는 미안했지만, 그래서 고사했어요."

박근혜 전 대통령과도 인연이 있나요?

"대선과 총선이 함께 있던 2012년, 측근 의원한테 연락이 온 적 있어요. 총선의 공천관리위원장을 맡아달라는 거였죠(당시 새누리당은 박근혜 비상대책위 체제였다). 그런데 그때 제가 고사했어요. 그 뒤로 박근혜 정부 때 김기춘 청와대 비서실장이 총리를 맡아줄 수 있겠느냐고 한 적이 있죠."

박근혜 정부 때도요?

"2014년 세월호 참사 직후에 정홍원 총리가 사의를 표명했을 때죠. 문창극 총리 후보자가 낙마한 직후였어요. 모르는 번호로 전화가 두 번 걸려 왔기에 받았더니 김기춘 실장이었죠. 다급한 목소리였어요. 현 정부에 대한 생각, 병역 문제에 재산까지 이것저것 묻더니, 그러면 됐다고 하면서 개인정보 제공 동의서에 서명해서 보내달라고 하더군요. 총리 후보로 추천하겠다는 거였어요. '호남 출신 총리'를 구상하고 있는 듯했죠. 그런데 며칠 뒤 청와대에서 정홍원 총리를 유임하겠다고 발표하는 걸 보고 대통령 뜻이라는 생각을 했죠."

그때 총리 할 생각이 있었나요?

"만약 한다면 대통령과 담판을 지었겠죠. 총리의 책임과 권한을 보장해달라고. '이도사군 불가즉지以道事君 不可則止'라고 했어요. 도로써 군주를 섬기되, 받아들여지지 않으면 떠나는 거죠. 성공한 군주 옆에는 직언하는 참모가 있다는 건 만고의 진리예요. '사기열전'에도 '부지기군 시기소사不知其君 視其所使'란 말이 있죠. 그 군주가 어떤 사람인지 모르겠거든 그가 쓰는 사람을 보면 된다고요."

이명박·박근혜 사면해야 국민통합

공교롭게도 두 전직 대통령이 모두 구속됐죠.

"창피한 일이죠. 부패를 저질렀든, 국정을 농단했든, 국가의 품격을 생각하면 정말 창피하죠. 두 사람을 옹호하려는 게 아니에요. 군사반란을 일으킨 것도 아니고 내란, 외환죄도 아니고 천문학적인 액수의 부패를 저지른 것도 아니잖아요. 두 사람 모두 형이 확정되면 문재인 대통령이 사면해야 한다고 봐요. 반대가 엄청 심할 테지만, 대통령이 결단해야 해요. 여론에 밀려서 사면을 결정한다면 의미가 없고요."

인터뷰는 MB의 보석(보증금 등 조건을 내건 석방) 결정이 있기 전 이뤄졌지만 그는 조심스레 보석 허가를 예상하기도 했다. 9일로 만료되는 구속기한 안에 선고가 어렵다는 점, 방어권 보장 등을 고려했을 때 그럴 수 있다는 얘기였다. 실제 재판부는 이런 점을 이유로 MB를 조건부 석방했다.

이 정부의 근간인 촛불정신에 반한다는 지적이 나올 텐데요.

"40, 50%에 달하는 중도보수층이 촛불을 들지 않았다면 촛불혁명은 실패했을 거예요. 이들의 공통적인 정서를 고려해야 해요. 나 역시 '박근혜 탄핵' 때 헌법에 비춰 파면이 가능하다고 했던 사람이에요. 하지만 박 전 대통령을 늙어 죽을 때까지 감옥에 가두는 게 촛불혁명의 완성은 아니잖아요? 사면된다고 해도 이미 정치적으로 재기할 수는 없어요. MB가 받는 '다스 소송비 대납' 같은 혐의도 모두 대통령이 되기 전의 일이죠. 문 대통령이 '집권하면 정치보복'이라는 악순환의 고리를 끊어야 해요. 사면은 국민통합으로 가는 최소한의 조치죠."

한국당에서도 사면론이 나왔죠.

"당내 입지를 확보하기 위한 정략적인 주장과는 달라요."

한국당 상황은 어떻게 보나요?

"지금도 친박, 비박에 얽매여있죠. 시대정신을 읽지 못하고 있어요. 그러니 '5·18 (광주민주화운동)'을 부정하는 소리가 나오죠. 대표로 선출된 황교안 전 총리는 탄핵의 절차가 잘못됐다는 주장이나 하고요. 진짜 그랬다면 대통령 권한대행 할 때이니 잘못을 지적했어야죠. 이제 와서 그런 소리를 하니 소가 웃을 일이에요. 탄핵 과정은 정당했어요. 보수가 궤멸됐다고 하는데, 보수세력은 궤멸되지 않았어요. 합리적인 중도보수 세력이 보수답지 않은 보수 정권, 지도자를 무너뜨린 거죠.”

한국당이 중도보수층을 끌어안을 수 있을까요?
“한국당으로는 총선, 대선 모두 안 돼요. 의원들이 개혁에 관심 있나요? 어디로 줄 서야 재선, 삼선이 될까 하는 데만 몰두해 있겠죠. 한국당은 자연스럽게 소멸되도록 해야 해요.”

새로운 보수세력이 출현해야 한다는 뜻인가요?
“우선 나는 정치할 생각이 전혀 없어요. 그런 전제로 말하자면, 온정적 보수주의를 지향하는 세력이 나와야 한다고 봐요. 자유민주주의와 시장경제 체제를 확고하게 견지하되, 약자를 위하는 진보적인 정책을 채택해야 진짜 보수죠. 정치에 물들지 않은 우리 사회 각 분야의 중도보수 인사들이 참여하는 포럼을 구상하고 있어요. 한국당이 보수 유권자를 대변할 수 없다는 점을 지적하면서 현 정부의 위헌성, 편향성, 독선적 행태도 비판할 거예요.”

신당을 추진한다는 건가요?

"새로운 형태의 국민참여 운동이라고 할까요."

창당을 목표로 해야 현실 정치에 영향을 미칠 수 있지 않을까요?

"그렇지 않아도 의미가 있다고 봐요. 국민에게 판단할 수 있는 잣대를 제공하는 거죠. 물론 잘 돼서 미국의 브루킹스 연구소, 헤리티지 재단 같은 싱크탱크나, 정치세력이 될 수도 있겠지만 그걸 바라보고 하는 게 아니에요."

국회의원 하라는 권유를 받은 적도 있나요?

"공천 주겠다는 제안도 여러 번 받았지만 하지 않았어요. 정치할 생각이 없거든요. 개인 성명을 낸 적도 있죠."

정치도 세상을 바꾸는 주요한 기제인데, 왜 할 생각이 없나요?

"시민운동으로 더 큰 메아리를 오게 할 수 있다고 믿었어요. 국회에 들어가면 '원 오브 뎀one of them' 아닌가요? 그간 국회 밖에서 의원 몇십 명 몫만큼 활동을 했다고 생각해요."

정치 성향으로 따지자면 보수겠죠?

"지금도 나를 진보진영에서는 '보수 꼴통'이라고 하고, 극우층에서는 '위장 보수'라고 하죠. 나는 헌법적 자유주의자일 뿐이에요."

문재인 대통령도 "함께 가자" 요청

문 대통령이 혹시 도와달라고 요청한 적은 없나요?

"집권한 뒤에 연락 온 적은 없어요."

그전에는 있어요?

"대선 전에 만난 적이 있어요. 메모해 둔 걸 보니 2017년 2월 19일이네요. 헌재의 탄핵 결정이 있기 전이라 대선 날짜는 확정되지 않았지만, 더불어민주당 대선후보 경선 국면이었죠. 당시 문재인 후보를 돕던 측근 의원이 후보가 급히 보기를 원한다면서 찾아왔어요. 그래서 만나기로 한 게 그날이죠. 문 대통령이 간곡히 부탁한다면서 '같이 가봅시다'라고 했죠. 그때 많은 얘기를 나눴어요. 개헌의 방향이나, 헌재의 탄핵 결정 예측, 안보 문제까지. 그런 뒤 캠프에서 공식적으로 합류 사실을 발표하는 날짜까지 정해서 알려줬죠. 그런데 그 이후 서로의 입장차가 다른 점 때문에 발표는 안 했죠. 나도 잘됐다고 생각하고 대선까지 관여하지 않았어요."

처음 알려진 사실이다.

그때 문재인 후보를 왜 도우려 했나요?

"나 역시 박근혜 정부의 독선, 불통 또 보수 정치인들의 기회주의적인 행태에 염증을 느꼈거든요. 문 대통령을 만났을 때 통합의 리더십으로 가야 한다고 요청했고 진지하게 받아들이는 태도에 일단 공감했었죠."

그 뒤로 대통령에게서 연락은 없었나요?

"전혀요. 그래서 당시 함께 가자고 했던 진의가 의심되기도 했죠."

문재인 정부를 어떻게 보고 있나요?

"집권 세력이 오만에서 벗어나야 해요. 자신들만이 정의를 독점해, 정의를 구현할 수 있다고 생각하는 듯해요. 이렇게 가다가는 현 정권의 정의가 적폐와 동의어가 될 수 있어 걱정스러워요."

큰 그림 얘기를 충분히 듣고 나니, 그가 그리는 작은 그림도 궁금해졌다. 어쩌면 가장 중요한 질문이다.

언제 가장 행복한가요?

"(미소) 글쎄요. 음, 혼자 조용히 읽고 싶은 책을 읽고 단상을 글로 쓸 때요. 그래서 지금도 한 달에 두, 세 번은 일부러 도시락을 싸와서 사무실에서 먹어요. 아무도 들어오지 못하게 하고. 밥을 아주 천천히 씹어먹으면서 책도 읽고 사색도 하죠. 가장 행복한 시간이에요.”

지금까지 살면서 지켜온 삶의 도를 꼽는다면 무엇인가요?

“남이 가지 않는 길을, 책과 더불어 간다. 그래서 모험도 했고 도전도 할 수 있었죠. 돌출 행동을 한다거나, 삐딱하다는 비난도 받았어요. 하지만, 책 속의 지혜와 함께했기 때문에 일시적인 시행착오는 겪었을지 모르지만, 바른길을 걸었다고 확신해요.”

그는 “사마천의 ‘사기’는 역사서가 아닌 인류의 경전”이라고 말했다. 그러면서 이런 구절을 들었다. ‘이장군전’의 ‘도리불언 하자성혜(桃李不言 下自成蹊·복숭아나무와 오얏나무는 말이 없지만 그 아래 저절로 길이 생긴다)’다. 덕이 있는 사람은 주변에 따르는 사람이 있기 마련이라는 뜻이다.

“살면서 욕심을 비웠다면 거짓말이죠. 하지만 내게 욕심이 있다면, 그건 내가 할 수 있는 분야에서 사회에 봉사하고 싶다는 거예요. 나이 들며 ‘도리불언 하자성혜’ 할 수 있는 원로가 되면 좋겠다고 생각하며 살고 있죠.”

그의 욕심이 이뤄진다면, 10여 년쯤 뒤 우리 공동체는 또 한 명의 존경 받는 원로를 가질 수 있을 텐데 말이다.

기러기와 두루미의 지혜

요즘 이른 아침 가장 먼저 귓가를 두드리는 새들의 지저귐에 잠을 깬다. 아니, 새벽 꿈결에서도 그 새들의 노랫소리가 어렴풋이 들리는 듯하다. 자연의 깨어남과 동시에 나를 자연의 일원으로 동화시켜 주는 새들의 지저귐이 사라진다면 세상이 얼마나 적막하고 무미건조하겠는가! 내가 굳이 새들의 '지저귐'이라 한 것은 용어의 선택에 나름의 고민이 있어서다. 새의 소리를 흔히 서양에서는 '새가 노래한다'고 하고, 동양에서는 '새가 운다'고 표현하고 있기 때문이다. 그런데 조류학자들의 한 연구에 의하면 새가 지저귀는 것은 노래하거나 우는 것이 아니라 다음 셋 중 하나라고 한다.

첫째 짝을 찾기 위해, 둘째 자신의 위치를 알리기 위해, 셋째 건강을 위해서라고 한다. 전문가들의 주장이라 우선 귀 기울이기는 하지만 글쎄 새들에게 물어보기 전에는….

　시골에서 자란 나는 수시로 저 푸르디푸른 쪽빛 하늘을 바라보면서 하없는 동경과 몽환의 세계에 빠지곤 했다. 그런가 하면 여름밤에는 은하수를 따라 쏟아지는 듯한 별들을 쳐다보면서 「반달」의 가사를 되뇌기도 했다. 물론 요즘은 하늘 볼 일, 별(?) 볼 일 없는 사람이 되어버렸지만!

　당시 나는 늦가을 미치도록 푸른 하늘 아래 떼 지어 날아가는 기러기들을 유심히 관찰한 적이 종종 있었다. 그때 기러기 무리가 마치 꺾음표(∨)처럼 줄지어 날고 있다는 것, 맨 앞에 나는 기러기가 종종 바뀌고 있다는 것, 그리고 어느 기러기가 힘에 겨워 줄을 이탈하거나 틈새가 벌어지면 전체가 속도를 줄여 원상을 회복하고 있는 것을 보면서 신기하게 생각했다. 그 후 성년이 되어 조류 관련 책을 보다 비로소 기러기 무리가 언제나 알파벳 V자 형태로 비행하며 가장 앞에서 나는 기러기가 수시로 바뀐다는 사실을 알았다. 대저 V자 형태로 비행한다는 사실은 널리 알려져 있으나 가장 앞에서 나는 기러기가 바뀐다는 것은 모르는 사람이 많다. 가장 앞에서 날며 무리의 리더가 되는 기러기는 양쪽으로 뒤따르는 기러기들보다 바람의 저항을 많이 받는다. 조류학자들의 연구에 따르면 가장 앞에서 날며 무리의 리더가 되는 기러기는 양쪽으로 뒤따르는 기러기보다 바람의 저항을 많이 받아 20% 정도의 체력을 더 소모한다고 한다. 그래서 맨 앞에서 비행하는 기러기가 지치면 다른 기러기와 자리를 바꾸는 것이다. 이러한 협치의 정신이 기러기들로 하여금 수만 리 상공을 가르는 생존을 위한 이동을 가능하게 한 것이다.

또 하나의 이야기,

십수 년 전 싱가포르 「주롱새 공원」에 갔을 때다. 새들의 천상의 서곡처럼 잘 가꿔지고 관리되고 있는 공원을 둘러보다가 두루미 부부가 땅에 널린 나뭇가지들을 부리로 문 채 날아 큰 느릅나무 위에 집을 짓고 있는 현장을 목도하였다. 나는 거의 반나절 가까이 두루미 부부의 「내 집 마련」 현장을 지켜봤다. 그 행위는 예술이었다. 점점 집 모양이 갖추어져 가는 높은 나뭇가지 사이의 둥지를 보며 새들이 사람보다 낫다고 생각했었다. 입에 문 건축자재(?)들을 조금의 틈도 없이 차곡차곡 처발라 폭풍우에도 잘 견디도록 하면서도 자연친화적으로 짓는 모습에서 지혜로운 건축행위의 현장을 보는 듯했다. 나는 이때 깨달았다. 우리는 새들의 행위를 자세히 관찰하는 것만으로도 인간의 삶에 변화를 주는 아이디어, 즉 창조의 영감을 얻을 수 있다는 것을!

아직도 나는 새벽마다 귓전에 대고 나를 어서 자연의 일원으로 함께하도록 유도하는 목소리의 새 이름을 알지 못한다. 한 관찰기록에 의하면 우리나라에는 약 537종의 새가 발견되었고 지

구상에는 1만여 종의 조류가 있다고도 한다. 이 많은 조류를 구분하고 관찰, 조사하기는 전문가라도 사실상 불가능에 가까울 것이다. 그러나 좀더 마음의 여유를 가지고 관심과 세심한 관찰로서 새들의 이름과 목소리를 마음에 새기면 삶의 풍요로움과 천혜의 기분을 만끽하게 되리라.

　　새는 알을 깨고 나온다. 알은 하나의 세계다. 태어나려는 자는 하나의 세계를 파괴하여야 한다.

　　불현듯 헤르만 헤세의 「데미안」의 한 구절이 뇌리를 스치운다. 저 아프락사스Abraxas를 향하여 날아가는 새처럼 내 삶의 격동기를 일깨웠던 성장소설 「데미안」의 키워드!
　　우리 곁에서 지저귀는 새소리는 단순한 자연의 소리가 아니다. 생명이 살아서 약동하는 소리이자 자연이 들려주는 아름다운 음악이다. 또한 새가 깃들이지 않는 숲을 생각해 보라. 이미 살아있는 숲일 수 없다. 나는 오늘 새벽 새들의 지저귐에 이끌려 서재로 건너와 창문을 열어젖히고 법정스님의 수상집을 펴 든다.
　　　　　　　　　　　　　　　　　－「새들이 떠나간 숲은 적막하다」

이중섭의 삶과 예술혼 -
그는 한국의 빈센트 반 고흐였다

1. 「소」 그림을 통해 맺어진 이중섭과의 인연

1) 청년시절 어느 미술관련 책에서 우연히 마주한 황소의 얼굴과 몸 일부를 클로즈업한 그림, 붉은 바탕에 노란색 유화물감으로 덧칠한 황소가 막 고개를 내 쪽으로 돌리고 있었다. 처절하도록 아름답고 맑은 눈을 가진 황소는 무언가 울부짖다가 체념한 듯 처량한 눈길을 보내고 있었다. 순간 나는 온몸이 마비된 듯 그림에 빨려들었다. 평론가들은 이 소를 노을을 등지고 울부짖는 모습이라거나 강인한 저항의식의 발로라고 평가하였다. 하지만 지금까지도 나는 이 그림을 무언가를 갈구하면서 소망을 들어 달라

〈노을 앞에서 울부짖는 소〉
이중섭의 이 두 점의 「황소」 그림은 지금까지도 뇌리에 깊이 각인되면서 나로 하여금 이중섭에 대한 탐색을 계속하도록 하고 있다.

고 호소하는 화가의 애절한 마음을 표출한 것으로 보고 있다.

그 후 이중섭의 삶과 그림에 대해 흥미를 갖게 되고 간간이 그에게 빠져들기도 했다. 그러다가 10여 년 전 그의 서한집에서 그의 진면목을 접할 수 있는 또 한 폭의 그림을 접했다. 종이에 연필과 유채로 된 「길 떠나는 가족이 그려진 편지」였다. 그림 아래에는 이중섭이 큰아들에게 일본어로 쓴 편지글이 있다. "아빠가 엄마, 태성이, 태현이를 소달구지에 태우고 아빠가 앞에서 황소를 끌고 따뜻한 남쪽나라로 함께 가는 그림을 그렸다."

〈길 떠나는 가족이 그려진 편지〉

역시 노란색으로 채워진 그 황소의 모습을 보자, 불알이 축 늘어져 있으며 뒷다리와 꼬리에는 힘이 들어가 있고 표정에는 여유와 흡족함이 넘치고 있다. 앞서 본 황소의 애절한 호소는 이제 가족을 태우고 따뜻한 남쪽 나라로 감으로써 이루어진 것이다. 바로 이중섭이 소망했던 꿈이 이루어진 황소의 모습이다. 그러나 시대처럼 올 아침을 기다리고 기다리던 화가에게 현실은 가혹했다.

〈길 떠나는 가족〉

2) 한편 이 편지 그림과는 별도로 이중섭은 「길 떠나는 가족」의 그림(종이에 유채)을 먼저 그렸다. 이 그림에 얽힌 일화에서 이중섭의 가족에 대한 애착을 엿볼 수 있다. 이 그림은 1952년 12월 부산 르네상스다방에서 개최된 동인전에서 당시 청년이던 김태헌 씨(94세)가 쌀 한 가마를 주고 다른 두 점의 그림과 함께 구입했다고 한다. 그런데 며칠 후 이중섭이 찾아와 그 그림은 일본에 있는 가족에게 보낼 그림이라면서 대신 새로이 그린 「황소」그림을 내놓으면서 바꿔 달라고 간청했다고 한다. 그러면서 황소그림을 잘 보관해 달라고 신신당부했다는 것이다.

그 후 김 씨는 60여 년간 「황소」 그림을 소장해 오다가 2010년 서울옥션 경매에 내놓았다. 한편 「길 떠나는 가족」의 그림은 20여 년 전 안병광 유니언약품 회장이 20억 원에 구입해서 소장해 오다가 2010년 위 황소 그림을 35억 6천만 원에 낙찰받고 돈이 모자라 대신 「길 떠나는 가족」을 김태헌 씨에게 주고 그 차액을 지급했고 한다(안병광과의 인터뷰). 결국 그 그림은 원래의 구입자에게 돌아간 것이다. 이로 미루어 볼 때 이중섭은 「길 떠나는 가족」을 끝내 일본에 있는 가족에게 보내지 못하고 대신 편지그림을 보낸 것이 아닌가 한다.

2. 이중섭의 편지에 나타난 그의 진면목과 예술관^觀

---

1) 그동안 이중섭에 관해서는 그의 천재성과 극적인 삶의 요소들을 크게 부각하기도 하고 그의 삶과 작품에서 민족적 저항의식을 강조하기도 하여 신비적인 이중섭 상^像을 대중에게 심어준 것이 사실이다. 나는 이중섭에 관한 해석되고 윤색된 신화보다 있는 그대로의 그의 모습을 그의 편지글과 내가 느껴왔던 것을 중심으로 나름대로 밝혀 보고자 한다. 주로 아내 마사코에게 보낸 편지글에 나타난 너무도 진솔하고 절절한 글에는 그가 천재도, 투사도, 광인도 아닌 한 가족의 일원으로서 고민하고 노력하는 일상의 인간이라는 것을 적나라하게 보여 준다. 나는 이중섭의 작품과 생애에서 민족적이고, 이념적이고, 저항적인 측면을 지나치게 강조할 필요는 없다고 본다. 비록 그러한 면이 일정 부분 사실로 해석

될 수 있다 하더라도.

2) 맑은 마음에 비친 인생의 참모습을 표현하는 것이 미술이다.

이중섭 그림의 원천은 가족에 대한 사랑과 집념이었다. 그는 고백한다. 춥고 배고프고 괴로울 때는 물론이거니와, 사경을 헤맬 때도 내가 살아남아 있는 이유는 조금만 더 참으면 사랑하는 아내와 자식을 만난다는 희망과 그러함으로써 생생하고 새로운 생명을 내포한 믿을 수 있는 새로운 방향을 지시하고 행동하는 회화를 그릴 수 있다는 희망 때문이었다고. 이 희망이 깨지자 그는 삶의 의욕을 잃고 자학과 상실감으로 생명의 끈을 스스로 단축시켰다. 그의 가족에 대한 집착과 사랑은 "선량한 우리 네 가족이 살아가기 위해서는 필요하다면 남 한 둘쯤 죽여서라도 살아가야 하지 않겠소.(1954, 7, 24자)"라고 할 정도로 극단적이었다.

이중섭의 「소」는 주로 강인한 저항정신과 민족의식의 상징으로 해석되고 있다. 그러나 중섭 자신은 소에 대해서 지극히 인간적이고 소박한 사유를 드러낸다. 그는 아내에게 보낸 편지에서 두어 차례 「소」를 언급하고 있다. "어떤 고난에도 굴하지 않고 소처럼 무거운 걸음을 옮기면서 안간힘을 다해 그림을 그리고 있소." "우리의 새로운 생활을 위해서만 들소처럼 억세게 전진, 전진 또 전진합시다."

가족에 대한 사랑은 그의 그림과 예술관으로 승화되고 있다.

그는 말한다. 자기가 가장 사랑하는 소중한 아내를, 진심으로 모든 걸 바쳐 사랑할 수 없는 사람은 결코 훌륭한 일을 할 수 없다고, 그리고 예술은 무한한 애정의 표현이고, 참된 애정의 표현이고, 참된 애정이 충만함으로써 비로소 마음이 맑아지는 것이며, 마음의 거울이 맑아야 비로소 우주의 모든 것이 마음에 비치게 되는 것이라고, (그림은) 두 사람의 맑은 마음에 비친 인생의 모든 것을 새롭게 제작 표현하는 것이라고.

3) 이중섭의 한국인으로서의 예술적 정체성은 무엇이었나?

"중섭처럼 그림과 인간, 예술과 진실이 일치한 예술가를 이 시대에선 나는 모른다." 청년시절부터 중섭의 가장 절친했던 친구 구상의 회고이다. 그의 삶과 그림에는 우리의 전통적인 삶의 모습이 그대로 투영되어 있다. 이중섭의 주머니에는 항상 도자기 파편, 연적, 목각 부스러기 등이 가득 차 있었던 것처럼 그는 우리의 전통을 중시하고 그에 빠져 들었다. 그 전통에 그의 장인 정신이 투영됨으로써 그의 작품은 전혀 다른 차원으로 승화된다.

그는 우리의 전통을 찾는다는 것은 과거로 돌아가려는 원시적인 시도가 아니라 그동안 잃었던 우리 본래의 모습으로 돌아가는 것이라고 보았다. 그는 외국에 나가 그곳의 작품들을 하루라도 빨리 보고 보다 새로운 표현을 하지 않으면 안 된다고 하면서도 "어디까지나 나는 한국인으로서 한국의 모든 것을 세계 속에 올바르게, 당당하게 표현하지 않으면 안 되오. 나는 한국이 낳은 정직한 화공으로 자처하오."라고 당당히 말한다. 더 나아가 세계인들에게 한국 사람들이 최악의 조건하에서 생활해 온 삶의 편린들을 그림으로 보여 주고 싶다는 것이 그의 일본행의 꿈이었으나 결국 좌절되고 만 것이다.

4) 이중섭과 법조인 이광석李光錫

이중섭의 편지에는 당시 서울고등법원 판사로 있던 이광석이 가끔 등장한다. 이중섭은 가족을 일본으로 떠나보내고 고단한 삶을 영위해 가던 시절에 이광석에게 도움을 받고 그를 정신적 의지처로 삼은 듯하다. "한 달 이상 판사 이광석 형 댁에 신세를 지고 있소.… 자형과 형수는 나에게 딴 방 하나를 내어주고 불을 때고, 두꺼운 이불과 맛있는 음식을 신경 써 주어서 불편 없이 제작에 열중하고 있소.", "부산에 가서 자형을 만나 마씨의 건(이중섭의 오산고보 후배인 해운공사 소속 승무원 마씨가 일본의 부인이 보내준 27만 엔 상당을 횡령한 사건)을 확실히 받을 수 있도록 법적절차를 밟고 돌아오겠소." 등에서 둘과의 관계를 엿볼 수 있다.

이광석은 중섭의 이종사촌으로 중섭과 같은 해(1916년)에 출생했으나 광석이 생일이 빨라 중섭은 그를 형으로 불렀다. 이광석은 평양 출신으로 일본 와세다대학 법학부를 졸업하고 1942년 만주국 고등문관시험, 1943년 일본고등문관시험 사법과에 각각 합격하였으며 해방 후 서울지방법원 여주지원 판사를 시작으로 서울지방법원, 1951년부터 서울고등법원 판사를 지낸다. 그는 청렴한 법관으로 알려졌으며 부산 피난법원 시절에는 토굴에서 거처할 정도였다. 중섭은 일본유학 시절에도 이광석과 친하게 지낸 것으로 알려졌다.

1954년 초겨울 중섭은 신촌의 이광석 집으로 거처를 옮겼으나 1955년 이광석이 미국으로 유학을 떠나는 바람에 중섭에게는 든든한 버팀목이 사라졌다. 그 당시 이광석이 서울에 있었더라면 중섭의 최후가 그렇게 비극적이지는 않았을 것이라는 것이 내 나름의 생각이다. 이광석이 미국 남감리교 대학원에서 법학 석사학위를 받고 귀국했을 때(1956년 가을)는 이미 중섭이 사망한 뒤였다.

그 후 이광석은 서울지방법원과 대구고등법원 부장판사를 거쳐 1960년 변호사 개업을 한다. 1990년대에 사망한 것으로 보이나 그에 관한 인물정보는 남아 있지 않다. 다만 그가 젊은 시절 「간통죄는 폐지되어야 한다」는 논문을 쓴 것으로 보아 진보성향의 법조인이 아니었나, 추측될 뿐이다.

3. 「반 고흐」의 삶의 궤적과 닮은 이중섭의 삶과 예술혼

1) 이중섭에 대해서 평론가들은 그의 화풍이 동방의 「루오」라거나 「피카소」를 닮았다거나 또는 그의 외모, 생활이나 예술을 볼 때 「모딜리아니」를 연상시킨다고도 말한다. 나는 오래전부터 빈센트 반 고흐(Vincent van Gogh 1853-1890)의 삶과 예술을 들여다볼 때마다 이중섭의 모습이 연상되곤 했다. 그렇다. 반 고흐와 이중섭은 분명 닮았다. 그림의 내용이나 화풍이 아니라 삶의 궤적과 그림으로 승화된 인간의 참모습이 닮은 것이다.

첫째, 둘 다 한창 활동해야 할 때 요절했다는 것(고흐 37세, 이중섭 40세), 둘째, 요절의 원인이 가난과 고독, 상실감, 무력감 속에서 자살하거나 절망과 자학으로 스스로의 생을 포기했다는 것, 셋째, 생전에 그들의 작품이 제대로 평가받지 못하고(그림이 팔리지 않아 생계마저 걱정) 사후에 이르러 세계적인 평가를 받게 되었다는 것, 넷째, 반 고흐는 '해바라기' 이중섭은 '소' 그림을 화가 자신과 동일시할 정도로 주로 노란색을 사용하여 상징화했다는 것, 다섯째, 무엇보다도 가족에게 보낸 편지(반 고흐는 주로 동생「테오」에게, 이중섭은 주로 아내에게)로 각자의 삶과 예술, 인생에 대한 적나라한 생각을 기록으로 남겼다는 것에서 그렇다. 여기서는 그중 몇 가지 점에 대해서 반 고흐의 예를 중심으로 이중섭과 간략히 대비해 본다.

2) 「노력이 통하지 않는 시대」를 산 그들

① 끊임없이 고뇌하는 인간이었던 반 고흐의 생애는 뜨겁고 파란만장한 한 편의 드라마였다. 소외되고 버림받은 사람들의 입장에서 그들의 고뇌를 색칠하고 그들을 대변하기 위해 그림을 그렸던 그는 많은 작품과 편지를 남기고 불꽃 같은 짧은 생애를 마감했다. 이중섭 역시 소외 받는 사람들과 천진난만한 어린이의 세계를 사랑하고 표현하면서 때로는 힘차고 때로는 처량한 모습으로 우리 앞에 우뚝 섰다가 홀연히 사라졌다.

가난과 소외의식은 평생 고흐를 따라다녔다. 그가 1888. 8. 동생 테오에게 보낸 편지이다. "나는 지금 네 번째 해바라기를 그리고 있다. 우리는 노력이 통하지 않는 시대에 살고 있는 것 같다. 그림을 팔지 못하는 건 물론이고 완성된 그림을 담보로 돈을 빌릴 수조차 없다. 우리가 살아있는 동안 상황이 나아질 것 같지도 않다. 다음 세대의 화가들이 좀 더 풍족한 생활을 할 수 있도록 발판을 마련해 주는 것으로 보람을 삼기에는 우리의 인생이 너무 짧구나. 아니, 모든 시련에 용감히 맞설만한 힘을 유지할 수 있는 날이 더욱 짧기만 하다."

테오에게 모든 경제적 지원을 의존해야 했던 고흐는 동생에 대한 끊임없는 부채의식에 시달려야 했다. 고흐는 테오에게 약속한다. "네가 보내준 돈은 꼭 갚겠다. 안되면 내 영혼을 주겠다." 고흐는 마침내 죽음으로써 테오에게 돈 대신 영혼을 맡긴 것이 되었다.

그로부터 100년 후인 1987년 3월 고흐가 그린 위 해바라기는 런던 크리스티 경매에서 당시 가격으로 약 4천만 달러(약 400억 원)에 일본의 야스다安田화재해상보험에 낙찰되었다. 지금까지 국제경매시장에서 고흐의 작품은 가장 높은 가격에 거래되고 있다.

② 이중섭은 평남 평원군의 부농 출신으로 해방 전까지는 가난과는 거리가 멀었으나 6.25 때 월남한 이후 가난은 죽을 때까지 그를 따라다녔고 결국 그의 삶을 스스로 단축시킨 인자가 된다. 그의 그림 역시 제대로 팔리지 않았으며 정당한 평가도 받지 못한 채 그림값도 떼이기 일쑤였다. 그는 가장으로서의 역할 부재에 대한 죄의식에 끊임없이 괴로워했다. "나는 지금 우리 네 가족의 장래를 위해서 목돈을 마련하기 위한 제작에 여념이 없소. 내가 얼마간의 생활비를 버는데도 무능하다는 그런 생각으로 실망하지 말고 용기백배해서 기다리고 있어 주기 바라오." 그러나 때로는 "돈 걱정 때문에 너무 노심하다가 소중한 마음을 흐리게 하지 맙시다."라는 체념을 내보이기도 한다. 그 역시 「노력이 통하지 않는 시대」에 살았던 것이다.

그러나 그의 사후 50여 년이 지난 2010년 그의 황소 그림은 앞서 본 바와 같이 서울옥션 경매에서 35억 6천만 원이라는 파격적인 가격으로 낙찰되었으며 그의 작품은 현재 국내 경매시장에서 최고 수준의 가격으로 팔리고 있다.

3) 노란색으로 상징화된 예술혼

현재 반 고흐가 그린 해바라기는 모두 열한 점으로 알려졌다. 그중 열점은 그의 사후 유럽 각지로 뿔뿔이 흩어졌고 단 한 점만이 암스테르담 반 고흐 미술관에서 전시되고 있다. 해바라기 그림에서 사용한 색상은 거의 대부분이 그가 좋아했던 노란색과 녹색이었다. 특히 반 고흐의 노란색에 대한 집착은 광적일 정도였다. 그 외에도 그는 「노란 집」, 「아를의 침실」, 「추수(수확)」 등의 다른 대표작에서도 볼 수 있듯이 노란색을 주로 사용하고 있다. 심지어 그는 높은 색도의 노란색에 도달하기 위해서 압생트라는 독한 술에 중독되어 그의 사인 중의 하나인 황시증을 초래하기까지 했던 것으로 알려졌다.

이중섭의 소 그림이 국내외에 현재 몇 점이 남아 있는지는 정확히 알 길이 없다. 10여 점 내외가 아닐까 한다. 이중섭 역시 주로 노란색과 주황색을 사용하여 소 그림을 그렸다. 그리고 그의 작품에서 달은 항상 노란색으로 칠해졌는데 노란 달을 통해 그가 보고 싶었던 것이 바로 황소의 그 처량한 눈이 아니었던가 한다.

또한 둘 다 별을 사랑한 화가이기도 했다.

4) 「광기가 환희로 치솟아 오른 순간」을 살다 간 사람

반 고흐의 편지글을 읽다 보면 그는 화가이기 이전에 뛰어난 문학가, 문장가였다는 사실에 놀란다. 엄청난 독서량을 바탕으로 한

해박한 그의 지식은 그의 그림과 인생에 고스란히 반영되어 있다. "듬성듬성 서 있는 나무 사이로 바람이 지나가듯 별이 스며드는 게 보인다. 그 색채는 얼마나 인상적이던지… 대지는 틀 속에 넣어 짜내기라도 하듯 어린 곡물을 키워낸다. 바로 그 대지에 서면 수백 점의 걸작품이 있는 전시회에 와 있다는 느낌을 받게 된다."(1883. 11. 16 테오에게 보낸 편지) 이 얼마나 탁월한 관찰과 절묘한 묘사인가!

고흐를 죽음으로 몰고 갔던 정확한 병명이 무엇인지 우리는 모른다. 그 점은 의사들 사이에서도 의견이 분분했다. 편집증, 간질, 우울증, 육체적 피로, 형의 죽음에 대한 죄책감(불행의 씨앗이 된 이름 빈센트), 아니면 단순히 변하지 않는 사랑이 필요했는지 혹은 필사적이고 절대적인 사랑이 필요했던 것인지. 법의학자 문국진 박사는 반 고흐는 자살의 위험인자를 모두 지니고 있었다고 분석한다. 자살미수의 체험, 상실감, 고독과 절망감, 성격, 알코올 의존, 정신장애 등(「반 고흐 죽음의 비밀」 문국진, 2003).

아무튼 그런 위험인자에 쌓여서도 반 고흐 자신의 표현대로 "광기가 환희로 치솟아 오르는 순간들이 있었다." 바로 그 순간에 그는 그리고 또 그렸다. 지금 우리가 감탄하는 그의 불후의 명작들은 바로 그 순간에 태어났다. "가장 아름다운 것은 광기madness가 유발하고 이성이 쓴 내용"(앙드레 지드)이라고 하지만 예술에서는 그것이 통용되지 않는 것 같다.

5) 삶은 외롭고 서글프고 그리운 것

이중섭 역시 고독과 가난, 현실에 대한 무력감과 상실감, 가족과의 재회가 물 건너갔다는 절망감 속에서 자신을 죽음으로 몰고 감으로써 사실상 자살한 것이나 다름없다. 따라서 그의 죽음은 미필적未必的 고의에 의한 자살이었다고 해도 지나치지 않다. 1955년 12월 아내에게 보낸 마지막 편지에는 그렇게 원했던 가족이 있는 도쿄에 가는 것이 이제는 어렵다고 쓰여 있다. 이때 그는 이미 자신의 병이 깊어져 더 이상 회복가능성(아니 회복에 대한 자신감)이 없다고 판단하여 죽음을 예견하고 있었는지도 모른다. 그 후 이어지는 정신분열적 증세와 거식증, 황달증 등은 그가 자초한 죽음의 한 과정에 불과했다. 시대와 사람들 모두가 그의 죽음에 대하여 법적인 차원은 아닐지라도 일종의 부작위범不作爲犯이라는 부채의식을 지고 있는 것은 아닌지.

"삶은 외롭고 서글프고 그리운 것", 그가 표표히 떠나면서 남기고 간 이 메시지가 청량하고 해맑은 가을 하늘 아래 메아리치면서 우리의 삶을 되돌아보게 한다.

– 이 글은 2015년 9월, 서귀포시와 조선일보가 주최한

'이중섭과 서귀포' 세미나에서 발표한 것임

'정책탕평'도 필요하다[*]

나름대로 사회현안을 분석하여 국가진로와 정책결정에 기여하겠다는 마음으로 비판과 대안 제시의 글을 쓰면서도 가끔 회의에 빠지곤 한다. 막상 그 결정은 비선 실세들에 의하여 이루어지고 있음이 어제오늘의 일이 아니기 때문이다. 우리 정부의 의사결정 구조가 취약하다는 것, 나 역시 직접 경험한 바 있다. 그러나 "잘못된 정치를 아는 자는 초야草野에 있다"(왕충의 「논형」)는 말을 위안 삼아 다시 붓을 들어본다. 일을 직접 진행하는 자는 갈피를 잡지 못하지만, 방관자는 분명하게 깨어있을 수 있기에.

[*] 2017. 6. 문화일보

'정책탕평'도 필요하다

닉슨에서 클린턴에 이르기까지 4명의 미국 대통령을 보좌했던 데이비드 저겐D.Gergen은 대통령의 성공조건으로 크게 5가지를 들고 있다. - ①개인적 일관성 ②국민과 정치인에 대한 설득력 ③소명 의식 ④취임 초기의 순발력 ⑤숙달된 참모진(「권력에의 증언」). 나는 그중에서도 숙달된 참모진과 취임 초기의 순발력이 대통령 성공의 절반을 좌우한다고 본다. 취임 초기에는 국민적 지지를 바탕으로 한 정권의 역동성이 어느 때보다 충만하다. 취임 한 달째를 맞고 있는 문재인 정부 마찬가지다. 예컨대 역대 정권이 시도하려다 되레 당한 검찰개혁만 하더라도 그 대안과 답은 이미 다 나와 있다. 선택과 결단의 문제다. 어느 국가 기관도 자기 목적적인 존재일 수 없다. 국민 개개인의 존엄성과 행복추구권의 확보라는 최고의 헌법적 가치를 구현하는 수단적 존재일 뿐이다. 검찰권을 개혁해야 한다는 국민적 공감대 이미 충분히 형성되어 있다.

말이 나온 김에 문재인 정부의 개혁정책 내지 국정운영에 대해서 몇 가지 고언을 하고자 한다.

무엇보다도 워싱턴 시절에 노예를 해방하고자 하는 조급한 이상주의를 버려 달라는 것이다. 대통령은 이상만을 추구할 수 없다. 현실이 있기 때문이다. 우리 헌법은 정권이 특정 정파나 집단에 의해서 독점 행사되는 것을 방지하기 위해 정치적 의사형성과정에 모든 국민이 균등하게 참여할 것을 요구하고 있다. 참여의 기회균등에 바탕한 국정운영이야말로 민주주의의 요체다. 지금 우리 사회는 모든 면에서 변화를 요구하고 있다. 다만 그 변화는 적법절차에 따라 국민적 공감대하에서 점진적으로 이루어져야 한다. 이는 앞서 본 취임 초기의 순발력과 모순되는 주장이 아니다.

둘째, 한국 현대사를 보면 과거 정권으로부터 배우려 하지 않는 것이 우리 정치의 특징 중 하나다. 과거 정권의 모든 것을 부정하는 것이 개혁이고 새 정권의 큰 특권인 것처럼 치부되어왔다. 과거 정권의 잘한 일은 배우고 승계하며 잘못된 일에서는 반면교사反面敎師 내지 타산지석의 교훈을 얻어야 한다. 이를 무시하고 새 정권마다 원점에서 출발한다는 것은 그만큼 국익을 손상시키고 국민역량을 낭비하는 것이다. 또한 천하를 얻는 자는 사사로운 원한이나 감정에 사로잡혀서는 안 된다. 지도자가 잘못된 과거에서 배우지 못하면 잘못된 역사가 반복된다. 문재인 대통령은 과거 정권의 공과功過, 특히 참여정부의 학습효과를 충분히 반영해야 할 것이다.

셋째, 현행 법제상 정부조직과 청와대는 원칙적으로 분권형 시스템이다. 이런 구조하에서 청와대가 일일이 간섭하면서 중앙집권식으로 운영하다 보니 대통령 업무의 과부하 현상이 발생하고 각 부처는 청와대만 바라보고 있다. 시정되어야 한다. 그 일환으로 문 대통령은 이낙연 국무총리에게 책임총리제를 약속했다. 신선하게 다가온다. 아울러 정부의 모든 정책을 이념의 차원이 아닌, 객관적이고 과학적인 분석평가의 관점에서 접근하는 '정책 탕평책'이 요구된다. 정책집행과정에서의 저항과 혼란을 최소화하기 위해서다.

끝으로 듣기에 따라 거북할 수도 있지만 "우리만이 정의를 독점하고, 정의를 구현할 수 있다는 편협한 우월주의 내지 영웅주의"에서 탈피해야 한다. 나는 일찍이 광화문광장에서 시발된 촛불집회를 헌법의 테두리 내에서 이루어진 정당한 국민저항권 행사로 자리매김한 바 있다. 문재인 정부는 촛불집회로 인한 저항권 행사의 산물이다. 그리고 나는 감히 단언한다 – 촛불집회는 전체 국민의 대략 70%를 차지하는 중도보수세력 중 70% 정도가 동조하거나 자발적으로 참여함으로써 성공할 수 있었다고. 따라서 문재인 정부 탄생의 주역은 사실상 합리적인 중도보수세력이었다. 그 점이 바로 혹시라도 "우리가 해냈다."는 우월감에 빠져 독단과 독선적인 국정운영이 되어서는 아니되는 이유다. 지금 국민들은 문재인 정부의 성공을 바라면서도 그 일거수일투족을 예의 주시하고 있다.

지식인의 속성과 대통령의 안목[*]

마오쩌둥毛澤東은 지식은 존중했지만, 지식인은 무시했다. 이유는, 지식인들이 "거지 근성이 강하고, 고마워할 줄 모르고, 남 평계 대기 좋아하고, 정확히 알지도 못하는 주제에 온갖 잘난 척은 다 하고, 무책임하다."는 것이었다(김명호, 「중국인이야기1」). 물론 지식인 에는 정치인도 당연히 포함된다. 마오쩌둥이 지식인을 폄훼하는 다섯 가지 이유를 보면서 나 자신도 그렇지는 않았는지 되돌아보 곤 한다. 『사기열전』을 보면 한漢 고조 유방도 마오쩌둥이 지적한 것처럼 입만 살아있는 선비들을 무척 싫어했다는 것을 알 수 있 다. 유방은 만나는 사람마다 목청을 높여 선비들에 대한 욕을 늘

어놓는 것은 물론 자신을 찾아온 선비의 관冠을 빼앗아 그 안에 오줌을 누기까지 했다. 유방의 무례한 태도는 그의 오만한 성품 탓도 있었겠지만, 더 중요한 것은 실천이 없이 말만 늘어놓는 선비들의 고약한 습성 때문에 유발된 것이라 여겨진다. 그러나 모든 선비들이 그렇지 않은 것은 물론이다. 마오쩌둥이 말한 지식인의 병폐는 바로 자신만의 안위를 위해 세상의 불의를 외면하는 지식인들의 무관심한 태도에 대한 구체적인 질타라 할 수 있다.

옳은 일에 대해서는 옳다고 말하기는 쉽지만 그른 일에 대해 그르다고 말하기란 쉽지 않다. 모두가 '예'라고 할 때 혼자 '아니요'라고 할 수 있는 용기가 바로 지식인이 견지해야 할 자세이다. '아니요'의 정신은 개인의 단순한 부정의식이 아니라 사회 전반의 문제점을 지적하는 총체적 인식이자 결연한 비판정신이다. 창백한 지식인, 무기력한 지식인이라는 말을 우리는 가끔 듣는다. 평소에는 온 세상을 주름잡던 기세로 큰소리 떵떵 치던 지식인이 진작 나서야 할 상황 앞에서는 찍소리 못하고 비슬비슬 주저앉는다. 막상 그 행동이 요구될 때 그는 움츠러들고 만다. 그리하여 법정 스님은 말한다. ─ 지식이 이런 것이라면 그게 뭐 그리 대단하단 말인가. 용기 있고 바람직한 행동은 이론에서 나오지 않는다. 이러한 작용은 신념에서만 나올 수 있다. 그런 신념은 따지고 쪼개는 분별의 지식에서가 아니라 무분별의 지혜에서 저절로 우러난다고.

　「사기」의 저자 사마천은 절대 권력자(황제) 앞에서 모두가 '예, 예' 할 때 '아니오'라는 바른말(직언)을 한 죄로 궁형(거세형)이라는 치욕의 형벌을 받은 사람이다. 그는 「사기」 곳곳에서 갈파한다. 최고 통치자(황제) 곁에는 천 사람의 '예, 예'하는 사람보다 바른말 하는 한 사람의 선비가 필요하다고. 인사가 만사라는 말이 있다. 인재를 적재적소에 잘 기용하면 나라의 만사가 잘 풀린다는 의미이다. 중국 춘추시대부터 진秦의 천하통일까지 장구한 550년 역사를 이야기로 풀어쓴 「열국지」는 이렇게 끝을 맺는다. "자고로 흥하고 망한 나라를 살펴보아라. 모든 원인은 당시에 어진 신하를 등용했느냐 아니면 간신을 등용했느냐에서 판가름 났도다."

　한국 역대 대통령의 실패는 인사정책에 있었고 인사정책 실패의 원인은 주변의 지인들 특히 선거 때 도왔다는 사람들이나 자신의 심기를 편안하게 해 줄 사람들을 능력과 도덕성에 대한 제대로 된 검증도 없이 무리하게 기용한 데서 시작되었다. 링컨은 "대통령이 되자, 나의 입장은 백팔십도 달라졌다. 나는 이제 적들에 둘러싸이게 되었다. 나를 위하는 체하면서 실제로는 자기의 이익을 추구하는 적들 말이다."라고 한탄한 적이 있다. 측근을 적으로까지 여겨 철저히 경계하겠다는 링컨의 혜안에 감탄하지 않을 수 없다. 그는 "유능한 인재들이 나라에 공헌할 수 있는 기회를 빼앗을 권리는 대통령인 나에게는 없다."고 하면서 반대 입장에 있는 인사들을 과감히 기용해 연방을 해체의 위기에서 구하고 진정한 통합을 이룰 수 있었다.

직언하는 신하 없이 성공한 군주는 없다. 만고의 진리이다. 마찬가지로 대통령이 어떤 사람인지를 판단하려면 그가 기용한 사람이 누구인지를 살펴보면 알 수 있다(부지기군 시기소사:不知其君 視其所使). 인사 문제의 팔 할은 지도자의 탓에 기인한다 해도 무리가 없다. 인재를 몰라보는 것, 알면서도 쓰지 않는 것, 쓰더라도 위임하지 않는 것이 나라의 불상사라는 말이 있다. 이는 지도자의 안목이 그 정권의 성패를 떠나 그 나라의 흥망을 결정한다는 것과 상통하는 내용이다. 인재를 적재적소에 배치하는 대통령의 안목과 혜안이 오늘의 국가 위기와 혼란을 잠재우고 통합을 이룰 수 있는 바로미터다. 어느 대통령이던지 대통령의 성공의 관건은 인사정책에 달려있다.

[Kim Seong-kon] Korea in the eyes of a lawyer/historian*

Recently, I came across a book by Lee Seog-yeon, a famous Korean lawyer and civil rights activist, entitled "Sima Qian's Korea Travelogue." Sima Qian was a legendary Chinese historian of the Han Dynasty (206 BC to AD 220) who wrote the celebrated book "Records of the Grand Historian," compiling Chinese history covering approximately 2,000 years. In his intriguing book, Lee, the Korean lawyer, perceives and interprets modern Korea through the eyes of Sima Qian, who enlightens us with his extraordinarily

* 이 글은 김성곤 서울대 영문과 명예교수가 졸저 「사마천 한국견문록」을 읽고 KOREA HERALD에 기고한 글이다. (2019. 9. 11자)

clairvoyant vision and the remarkably insightful sense of history.

Since Sima Qian is my favorite historian and Lee Seog-yeon one of my favored lawyers, I read Lee's book with great enthusiasm. Using Sima's profound perceptions and insights, Lee powerfully criticizes contemporary Korean society and politics in his book. Lee's critique of Korea, backed up by Sima's brilliant theories and colorful examples, is so persuasive and penetrating that the reader cannot but help nodding constantly while reading it.

First, Lee agrees with Sima that anybody can turn evil if he is egotistical, dogmatic and self-righteous. We tend to think that evil men are born evil, different from us. Contrary to our popular belief, however, Lee and Sima point out that even a plain, ordinary man can easily turn into an evil terrorist if he is ignorant, obstinate and selfish. Ideologically-oriented political leaders, too, can legally terrorize their political opponents and the people in the name of ideology and social justice. That is exactly what has been happening in Korea since the liberation in 1945.

That is why Lee argues that the leader of a nation should govern his country and people not with strict rules and regulations but with generosity and magnanimity. Indeed, Confucius and Sima Qian alike maintained that a king should rule his kingdom with morality and flexibility rather than with punishment and retribution. According to them, law should exist to make people comfortable, not to intimidate them. Besides, when and if the leader becomes exemplary by being virtuous and morally impeccable, the people will respect and follow him. If he severely punishes people, however, they will turn against him.

Lee persuasively contends that Korean politicians have a bad habit of denouncing everything accomplished in the previous administration and incriminating high-ranking government officials who were involved in them. Oftentimes they arrest even former presidents and lock them in prison. But that is something we expect to happen only in an underdeveloped country, not in an advanced country such as South Korea. Lee writes that regrettably, in Korea, not a single ex-president has stepped down with applause.

Borrowing from Sima Qian, Lee also maintains in his book that it is extremely important for the leader of a country to appoint highly competent professionals as his secretaries and cabinet members. Unfortunately, however, no Korean president has succeeded in doing so. Instead, all our presidents have been surrounded by those belonging to their faction. Since most of them were amateurs and incompetent, they could not lead the nation in the right or prosperous path.

The result has always been disastrous.

If the leader favors only sweet talkers and flattering disciples, he will ruin his country. Lee writes that the leader will be doomed to fail if he cannot recognize a talented man, does not invite him to his cabinet and fails to make the most of him.

Meanwhile, Lee laments that we seriously lack true intellectuals in our society, who have the courage to say "No!" when everybody chants "Yes!" Intellectuals should not be silent in times of national crisis or in front of injustice, oppression or tyranny. When politicians lead the nation in the wrong direction, it is the intellectual who must play the role of a warning prophet.

Borrowing from Sima Qian, Lee also asserts that the government should not interfere with people's wealth and personal property. Both the historian and lawyer point out that taking from the rich to give to the poor does not help the economy at all. They agree that government should leave everything to the market economy. Indeed, it is true that when the rich open their purses, the economy will prosper. Then the benefits will go to the poor. If the government treats the rich as thieves, then the rich will zip up their purses. If so, it is the poor who will suffer the consequences.

Inspired by Sima, Lee advises that the leader of a nation not wage war according to his own personal belief or political ideology. If so, he will eventually destroy his nation and put his people in misery. Moreover, Lee warns that the leader not be obsessed by the past or his own personal vendetta. In addition, he should not be obsessed with the notion that he must do something during his tenure, either.

Our political leaders should listen to the wisdom and warnings of the great historian and the insightful lawyer, for the sake of the future of Korea.

Kim Seong-kon

Kim Seong-kon is a professor emeritus of English at Seoul National University and a visiting professor at the University of California, Irvine. -- Ed.

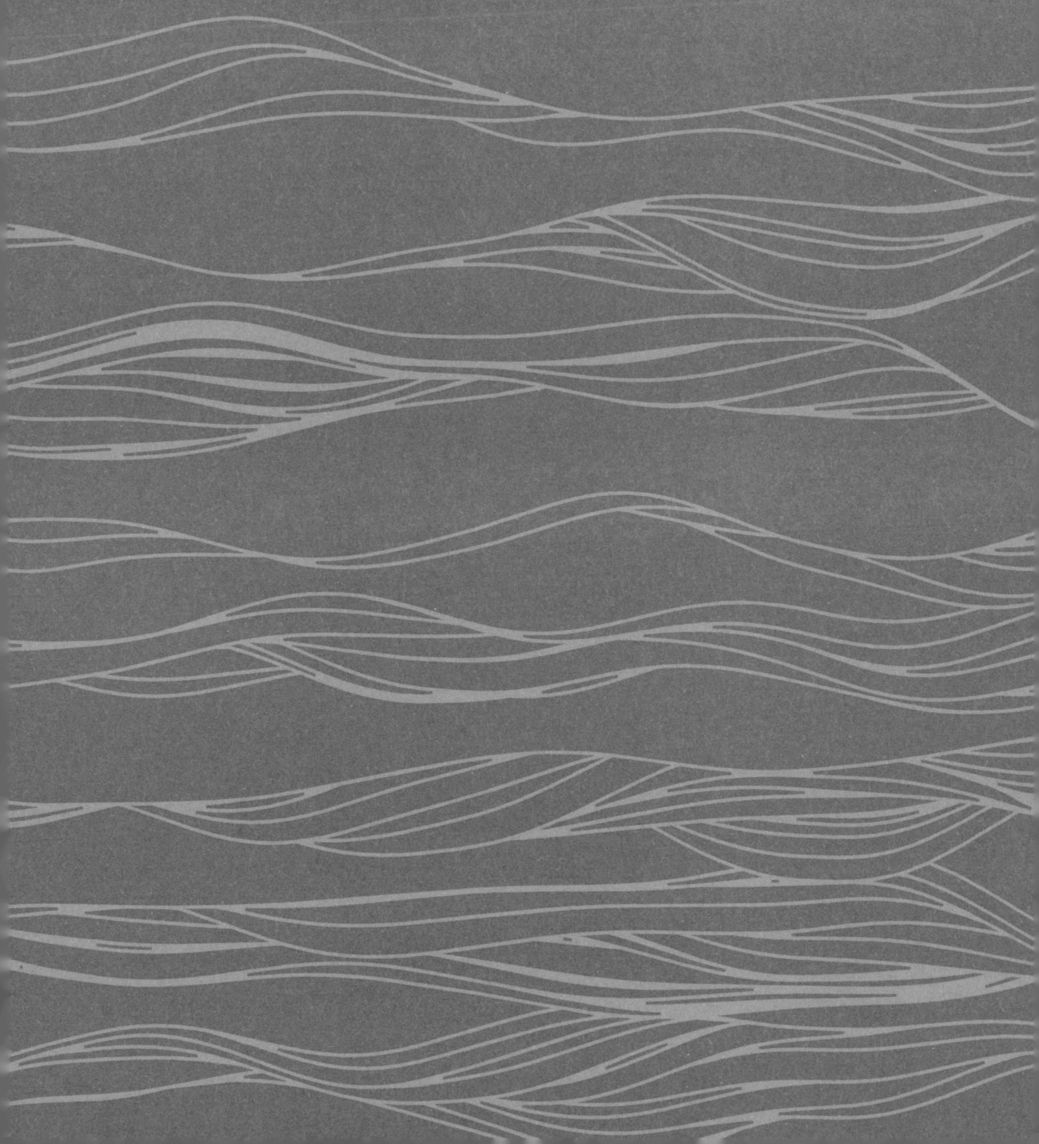

시대와 맞선 항해

격랑의 한국사회,
헌법주의자로 살아낸 길

처음부터 싸우기를 즐기는 사람은 아니었다. 초등학교 2학년 초, 급장을 하라는 담임 선생님의 말을 듣고 종일 울었을 정도로 나서기를 싫어하고 수줍음을 잘 타는 소년이었다. 지금도 영화나 드라마 등에서 가슴이 찡한 장면을 마주하면 나도 모르게 쉬이 눈물을 훔치곤 한다. 나는 조용한 성격에 가까웠고, 갈등을 피하고 싶었던 순간도 많았다. 그러나 현실은 종종 나를 선택의 기로에 세웠다. 눈앞에서 상식이 무너지고, 법이 권력에 종속되고, 사회가 균형을 잃어갈 때, 침묵은 편안함이 아니라 공모에 가까웠다. 그때마다 스스로에게 물었다. "이 상황에서 내가 침묵한다면, 나는 어떤 사람이 되는가." 결국 행동은 결심이라기보다 양심의 결과였고, 싸움은 공격이 아니라 책임의 다른 이름이었다.

살아오는 동안 한국 사회는 수없이 흔들렸다. 역사를 둘러싼 논쟁이 서로를 적으로 만들었고, 교육정책은 여론과 정치 논리에 휘둘렸으며, 경제는 성장했지만 정의는 뒤로 밀렸다. 어떤 이들은 법을 정의의 최후 보루로 생각했지만, 실제 법정에서는 상식이 통하지 않는 장면도 적지 않았다. 대통령이 바뀔 때마다 이전의 모든 것을 부정하고, 임기 내에 성과를 보여주겠다는 조급함이 국가 운영의 원리가 되어버리곤 했다. 나는 이러한 장면 하나하나가 서로 다른 사건처럼 보일지라도, 그 뿌리는 결국 하나의 질문으로 이어져 있다고 느꼈다. "우리는 왜 실패를 반복하는가."

법조인으로 살며 가장 많이 마주한 것은 거창한 이념의 충돌이 아니라 작은 상식의 붕괴였다. "재판은 상식이어야 한다"는 말은 이상적인 구호가 아니라 눈앞의 절박함이었다. 법률은 아무리 정교해도, 그것을 운용하는 사람이 원칙을 잃으면 그 순간부터 정의는 사라진다. 나는 현장에서 그 사실을 숱하게 확인했다. 복잡한 논리보다 단순한 순리가 더 멀리 간다는 것을 배웠다. 그래서 나는 '법치'라는 단어를 사용할 때마다, 그것이 단지 법 조문을 지키는 일이 아니라 법에 담긴 정신과 국민의 신뢰를 지키는 일임을 강조해 왔다.

시대의 격랑 속에서 나는 수많은 인물을 만났다. 김우중 회장은 나에게 "할복하고 싶다"는 표현을 남길 정도로 절망감을 토로했다. 그는 한때 나라의 경제를 이끌던 상징적인 인물이었지만, 하루아침에 죄인으로 전락했다. 누군가를 처벌할 수도 있다. 그러나 한 사람이 쌓아 올린 공과 과를 모두 지워버리는 방식으로 역사를 다루는 것은 건강한 사회가 아니다. 나는 그 불균형을 바로잡고 싶었다. 사건을 넘어서 원칙을 보고, 개인을 넘어서 구조를 보아야 했다.

그러나 원칙을 말하는 일은 쉽지 않았다. 상식을 말했을 뿐인데 어느 순간 한쪽 편으로 분류되기도 했다. 법률가로서 헌법의 기준을 말했을 뿐인데 정치적 해석을 덧씌우는 시선도 있었다. 때로는 고립되었고, 예상치 못한 비난을 받기도 했다. 그럴 때마다 스스로에게 되묻곤 했다. "나는 옳음을 말한 것인가, 아니면 옳다고 '믿는' 것만을 말한 것인가." 내 확신조차 점검하지 않으면, 나 또한 또 다른 형태의 독단에 빠질 수 있다는 경계심이 있었다. 그래서 나는 싸우면서도 끊임없이 고민했다. 법은 살아 있는가, 국가란 무엇인가, 정의는 누구를 향해야 하는가. 정의를 외면한 자에게 정의를 말할 수 있는 것인가.

지금 돌이켜보면, 내가 선택한 길은 화려한 전면전이라기보다 포기하지 않는 끈기에 가까웠다. 싸움은 목소리를 높이는 것이 아니라, 끝까지 자리를 지키는 일이었다. 때로는 패배를 감수해야 했고, 어떤 결론은 받아들이기 어려웠다. 하지만 후회하지 않았다. 누군가는 그 자리에 서 있어야 했고, 그 역할이 나에게 주어졌다면 도망치고 싶지 않았다. 침묵이 편안한 시대일수록, 말해야 할 사람은 더 간절해진다.

2부에 실린 글들은 그렇게 탄생했다. 각 글은 하나의 사건을 다루고 있지만, 서로 연결된 뿌리가 있다. "대한민국은 왜 같은 오류를 반복하는가?"라는 질문에서 출발했고, 해결의 열쇠를 단순한 정치 논쟁에서 찾지 않았다. 나는 헌법을 통해 문제를 바라봤다. 헌법은 추상적인 문서가 아니라, 국가의 중심을 바로 세우는 기준이며, 공동체의 양심을 지키는 마지막 장치다. 역사를 형벌로 재단할 때 왜 위험한지, 교육정책이 여론에 끌려서는 안 되는 이유가 무엇인지, 대통령이 왜 실패를 반복하는지, 제왕적 권력이 왜 구조의 문제인지… 이 모든 것들은 헌법의 언어로 풀어야 이해할 수 있는 문제였다.

나는 이 글들을 쓰며 한 가지를 분명히 하고 싶었다. 이것은 분노의 기록이 아니다. 시대를 비난하기 위한 고발문도 아니다. 나는 내 삶에서 마주한 현실을 외면하지 않았고, 그 현실을 헌법의 기준으로 해석해 보려고 노력했다. 옳다고 생각했기 때문에 말했지만, 그 옳음조차 늘 되짚어 보았다. 싸움은 상대를 무너뜨리기 위해서가 아니라, 우리가 함께 서야 할 자리를 지키기 위해서였다. 그리고 그 과정은 언제나 고독했지만, 동시에 가장 인간다운 시간이기도 했다. 이것이 내가 시대와 맞섰던 방식이며, 헌법주의자로 살아낸 이유이다.

역사논쟁에 형벌의 잣대를 대는 것은 헌법위반

역사학자 이덕일 교수(한가람역사문화연구소장)은 「우리 안의 식민사관」을 통하여 고려대 명예교수 김현구가 그의 저서 「임나일본부는 허위인가」에서 주장한 임나일본부설이 식민사관을 옹호하는 사론史論 이라고 비판하였다. 이에 김현구 교수가 이덕일 소장을 출판물에 의한 명예훼손으로 고소하여 이 소장은 1심법원에서 징역 6개월, 집행유예 2년을 선고받았다.

나는 이 사건은 전형적인 역사논쟁으로서 학문의 세계에서 논의, 규명되어야 할 사안을 형벌로써 제재하는 것은 헌법상 학문의 자유, 양심의 자유 등을 침해하는 것으로 보고 항소심(제2심)에서 공익변론을 자청하였다. 이 소장은 항소심에서 무죄를 선고받고 이 판결은 대법원에서 그대로 확정되었다(2017년). 이 글은 당시 내가 항소법원에 제출한 변호인 의견서(변론요지서)다.

1. 원심(제1심)판결의 위법, 부당함에 대해서는 기 선임된 변호인이 제출한 「항소이유서」와 피고인(이덕일)이 제출한 「피고인 변론서」의 내용을 원용합니다.

다만 본 변호인은 이 사건과 같은 학문적 논의의 대상인 역사논쟁을 사법적 영역으로 끌어들여 형벌로서 처단하는 것이 과연 우리 헌법 체계상 허용되는 것인지를 살펴보고자 합니다.

2. 원심판결의 헌법위반의 점

1) 우리 헌법은 정신적 영역의 기본권으로서 학문의 자유(제22조), 양심의 자유(제19조), 표현의 자유(제21조)를 보장하고 있습니다. 이에 학자로서의 양심에 따라 어느 분야를 학문적으로 연구하고 그 과정에서 타인의 견해를 분석, 비판하고 그 결과를 발표하는 행위는 헌법이 보장하는 정신적 자유권의 영역에 속하는 것입니다.

이 사건 고소의 발단이 된 피고인의 저서 「우리 안의 식민사관」을 정독해 보면 역사학자로서의 피고인이 특히 우리 고대사 부분에 대하여 이른바 일제 식민사관으로 굳어진 역사적 사실관계가 잘못되었음을 폭넓은 사서史書를 인용하면서 학자적 양심에 입각하여 의견을 개진한 내용입니다. 그 내용 중 고소인(김현구)의 연구 성과인 「임나일본부설」을 식민사관을 옹호하는 사론史論으로 보고 이를 비판하는 부분이 포함되어 있습니다. 고소인은 바로 이 점을 허위사실이라고 주장하면서 피고인을 출판물에 의한 명예훼손으로 고소하고 원심은 고소내용(공소사실)을 그대로 인정하여 피고인을 유죄로 판단하였습니다.

2) 그런데 원심이 유죄의 논거로서 허위사실이라고 판단한 고소인에 대한 세 가지 사실[①임나일본부설은 사실이다 ②백제는 야마토 조정의 속국·식민지이고 야마토 조정이 백제를 통해 한반도 남부를 통치했다 ③「일본서기」를 사실로 믿고 이를 옹호하는 일본인 학자(스에마쓰 야스카즈)의 임나일본부설을 비판하지 않고 있다]은 위 피고인의 저서에는 명확히 기술되어 있지 않습니다.

그러나 설사 위 사실들이 기술되어 있다 하더라도 피고인은 고소인의 연구성과(저서 「임나일본부설은 허구인가」)를 역사학적 방법론으로 분석하여 고소인이 위 세 가지 유죄 논거를 역사적 사실인 것처럼 기술하고 있음을 밝히고 있습니다 (원심 변론요지서, 항소이유서, 피고인 변론서 등). 반면 고소인은 자신의 저서에 피고인의 기술과 같은 내용이 들어있지 않다고 반박하고 있습니다.

　　따라서 이 사건이야말로 피고인과 고소인이 각자의 연구 성과물 (저서)을 통하여 논쟁을 주고받는 전형적인 역사논쟁이고 학문적 논의의 과정을 통해서 역사적 사실史實의 진위와 그 왜곡의 실체를 밝혀야 하는 학문의 자유의 영역에 속하는 사건입니다. 이러한 학문적 논쟁 과정에서 상대방에 대한 과격한 표현이나 어느 정도의 비방은 허용된다는 것이 각국의 통설, 판례이기도 합니다.

더욱이 이 사건이 있기 전까지 피고인과 고소인은 어떤 이해관계는 커녕 일면식도 없었던 사이입니다. 비방의 목적이 있을 리가 없습니다. 단지 역사적 사실관계의 진실을 밝히는 논쟁에서 다소 과격한 표현을 썼다 하더라도 이는 학문의 자유의 범주에 충분히 포섭되는 행위입니다.

3) 더욱이 이 사건이 다루고 있는 한일고대사는 양국의 첨예한 대립과 국민감정이 지금까지 이어지고 있는 국민적 관심사이기도 합니다. 고대사에 있어서 한일, 한중 관계의 올바른 정립 문제는 현재진행형이기도 하거니와 우리 한국사의 좌표이기도 합니다. 사대주의 중화사관과 일제 식민사관에 의해서 고착된 우리 역사를 바로 세우는 일은 이제 역사학계와 그 관련자들의 전유물이 아닌 국민들의 관심사가 되어야 할 때입니다. 그런 점에서 피고인과 고소인 사이에 진행된 임나일본부설의 허구 여부를 둘러싼 논쟁은 학문의 자유의 영역을 떠나 역사를 바로잡는 국민적 논의의 광장을 마련한 것으로

향후 더 많은 참여와 논쟁이 되도록 장려되어야 합니다.

그럼에도 불구하고 원심은 역사논쟁의 핵심인 피고인의 주장을 실체적 진실을 판단하는 사실주장의 논거로 보고 피고인의 역사적 사실에 대한 학자로서의 의견 개진을 허위사실 적시에 의한 명예훼손으로 판단하였습니다. 이는 피고인의 헌법상 보장된 학문의 자유, 양심의 자유, 표현의 자유를 침해하는 위헌적인 판단입니다. 뿐만 아니라 역사적 사실관계를 법원이 실체적 진실발견의 차원에서 판단하겠다는 위험한 사고의 발로입니다.

4) 피고인의 변호인 여부를 떠나 우리 시대를 살아가는 이른바 지식인의 한 사람으로서, 아니 역사에 관심이 있는 법조인의 한 사람으로서의 소회를 피력하고자 합니다.

역사의 진실을 밝히는 일은 결코 국수주의가 아닙니다. 세계 어느 나라를 막론하고 자국의 역사에 대해서는 국수주의적인 경향을 띠기 마련입니다. 임나일본부의 허구성에 대해서는 해방 후 최근에 이르기까지 역사적 자료가 꾸준히 밝혀지면서 그 허구성을 뒷받침하고 있습니다. 고소인의 저술 내용에서 강조한 임나일본부의 주장 등은 「일본서기」에만 언급되어 있고 우리 고대사의 기본사료인 「삼국사기」, 「삼국유사」나 당시 한일 양국 간의 교류 특히 일본 사신의 왕래 사실까지 기록한 중국의 고대역사서 어디에도 임나일본부가 한반도 남부에 진출했다는 기록이 없습니다. 아마 비전문가인 본 변호인이 임나일본부와 관계된 저술을 했다 하더라도 피고인과 같은 취지로 썼을 것입니다.

그럼에도 불구하고 일본의 극우적 전환이 뚜렷해져 가는 시점에 과거 일본이 한반도 침략의 논거로써 활용하였던 「가야 = 임나」를 전제로 한 임나일본부를 옹호하는 듯한 고소인의 저술을 비판한 피고인에 대하여 징역 6월, 집행유예 2년이라는 유죄를 선고한 원심을 보고 솔직히 충격을 받았습니다.

본 변호인은 머지않은 장래에 충분한 학문적 논의와 검증이 이루어져 고대 일본의 한반도 남부지배설은 더 이상 발붙일 곳이 없을 것이라고 확신합니다. 부디 고소인의 이론과 피고인의 비판과 반론을 소상히 살피시어 이 사건이 학문적, 역사적 논쟁으로 해결할 문제이지 법의 이름으로 재단할 성질이 아님을 판단해 주시기를 앙망합니다.

5) 이상 살펴본 바와 같이 이 사건 공소사실은 범죄의 증명이 없는 때에 해당합니다. 원심판결을 파기하고 형사소송법 제325조에 의하여 피고인에게 무죄를 선고하여 주시기 바랍니다.

교육정책은 여론이나 다수결에 의해 결정되는 것이 아니다

이 글은 내가 2018. 11 헌법재판소 대법정에서 행한 자율형사립고(자사고) 관련 헌법소원 사건에서의 마무리 변론의 요지이다.

---

1) 재판부에서 요청하신 자료와 답변에 대한 보완사항 및 교육부의 주장에 대한 반론 등에 대해서는 가능한 빠른 시일 내에 정리해서 제출하도록 하겠습니다. 다만 이 자리에서는 이 사건 헌법소원에 대한 교육부의 행태와 헌법 판단의 중요성에 대해서 마지막으로 한 말씀 드리고자 합니다.

2) 교육부는 이 사건에서 자사고 도입의 배경과 경과, 자사고의 그간 운영 현황 등을 무시한 채 자기들은 마치 현 정부 들어 새로 생긴 조직인 양 국가정책의 계속성을 완전히 부인하는 주장을 펴고 있습니다. 시종일관 교육 평준화를 신앙처럼 밑바탕에 깔고 우수 학생 선점과 고교서열화의 폐해를 시정하는 것이야말로 절대선인 것처럼 주장합니다. 자신들만이 정의를 구현하고 독점할 수 있다는 편협한 우월의식에 사로잡혀 마치 자사고를 적폐 대상으로 보는 듯한 정치적 형태를 보이고 있습니다.

그러나 각자가 지닌 재능과 적성, 소양에 따른 차별적 교육은 헌법이 보장하는 교육기본권의 핵심으로서 교육평준화정책과는 차원을 달리합니다. 이는 체제를 막론하고 각국 헌법의 정신이자 교육 현실이기도 합니다. 사회주의 체제인 중국의 수능시험에 13억 전 중국인이 노심초사하면서 매달리는 이유가 바로 무엇입니까? 이것이 바로 개인과 가족의 영광을 넘어 국가를 도약하게 하고 인류의 미래를 이끄는 원동력으로서 교육의 역할이기 때문입니다.

3) 교육부는 자사고 관련 각종 데이터와 심지어 교육기본권(사립학교 운영의 자유, 학교의 학생선발권, 학생의 학교 선택권 등)에 관한 헌법재판소의 확립된 판례까지도 외면하거나 입맛에 맞게 왜곡 인용하고 있습니다.

거듭 말씀드리거니와 학생 개개인의 능력과 적성, 개성에 따른 균등한 교육이야말로 교육기본권의 핵심이고 오늘날 번영을 구가하고 있는 모든 국가의 보편적 가치이기도 합니다. 아울러 자신 자녀를 타고난 소양을 살릴 좋은 학교에 보내 그 능력을 최고도로 발휘시켜 주고자 하는 욕망은 모든 학부모의 자연스러운 현상입니다. 이러한 학부모의 욕망이 오늘의 대한민국, 더 나아가 세계를 이끌어가는 동인입니다. 헌재도 일찍이 과외 교습 금지 위헌사건에서 "부모의 자녀에 대한 교육권"을 다른 교육 관련 기본권보다 우위적인 기본권으로 인정한 바 있습니다.

4) 교육부는 공교육 정상화는 고교평준화를 통해 이루어지고 고교평준화는 청구인 학교와 같은 잘 나가는 학교들을 비열한 방법으로 고사시킴으로써 이루어질 수 있다는 논리를 펴고 있습니다. 이러한 접근 방법이야말로 교육의 하향 평등화를 초래하는 무책임한 포플리즘적 발상입니다. 이야말로 교육생태계를 파괴하는 것입니다. 공교육 정상화는 청구인 학교들을 궤멸시키는 방식으로 이루어지는 것이 아니라 국가 스스로 다양하고 고뇌에 찬 노력에 의해서 이루어야 하는 것입니다.

교육 평준화의 기본은 큰 나무를 쳐서 작은 나무의 키에 맞추려는 하향 평준화식이 되어서는 아니 됩니다. 작은 나무를 잘 자라게 하는 상향조정식 이어야 합니다. 잘 나가는 사람과 학교를 깎아내려 다수 국민의 배 아픔을 해소하겠다는 이데올로기적 접근은 교육을 망치고 사회의 희망을 잃게 합니다. 인간의 맹점 중의 하나인 평등 의식을 자극하여 여론의 지지를 높이고 표를 끌어모으겠다는 교육의 정치화 현실을 경계해야 합니다. 교육정책은 여론이나 다수결에 의해서 결정되는 것이 아닙니다.

5) 모든 국민의 생활 수준을 평준화하고 생활 관계의 변화에 따른 위험부담을 일원화시키려는 잘못된 평등권과 분배의 개념은 사회주의 국가에서도 포기한 지 오래입니다. 특히 교육 분야에서는 더욱 그렇습니다. 그럼에도 현금 우리 사회에서 평준화, 일원화 과열 현상이 일고 있음은 시대역행적인 것으로 심히 우려됩니다. 상대적 박탈감에 빠져있는 다수 국민의 여론을 등에 업고 교육정책을 밀어붙이겠다는 교육부의 발상은 또다시 유한한 정권의 곡예를 보는 것 같아 가슴이 저며 듭니다.

6) 이 사건은 바로 교육의 정치화(이념화), 하향 평등화를 막고 인류 보편의 가치이자 민주주의 기본 이념인 능력에 따라 균등하게 교육을 받을 권리를 실현시키느냐를 가늠하는 리트머스시험지 역할을 하는 사건입니다. 부디 적극적인 헌법 판단으로 정권이 바뀔 때마다 그 입맛에 따라 널뛰고 있는 업적 위주의 교육정책에 쐐기를 박아주시기를 간절히 바랍니다.

　헌법재판소는 2019. 4 자사고를 지원한 학생들에게 평준화 지역 후기 학교에의 중복지원을 금지하는 교육법시행령 조항에 대해서는 재판관 전원일치로 위헌결정을, 자사고를 후기 학교로 정하여 일반고와 동시에 선발하도록 한 조항에 대해서는 재판관 5:4(위헌의견이 과반을 넘었으나 정족수 6인을 채우지 못함)로 합헌결정을 내렸다.

김우중 회장의 한탄,
"할복하고 싶다"

김우중 회장과의 인연

2014년 초 남산 힐튼호텔에서 김우중 회장을 처음 만난 후, 나는 2019년 초 타계하시기 1년 전까지 매년 두세 차례씩 뵙고 식사를 같이했다. 특히 대우세계경영연구회에서 운영하고 있는 글로벌 청년사업가 양성과정GYBM의 강의차 하노이에 두 차례 동행하면서 강의를 같이한 적도 있다. '세계는 넓고 할 일은 많다.'고 외치면서 세계경영을 주도했던 대기업가답지 않게 그는 소박하고 다정다감했다. 첫 만남에서 그는 말했다. 자신이 마치 파렴치한 기업가로 낙인찍히고 있는 현실이 받아들이기 어렵다면서 할복하고 싶은 심정이라고.

대우그룹 해체는 IMF 구제금융 하에서 정치적 희생양이었다. 무엇보다도 세계를 향한 모험과 도전의 기업가정신 후퇴이자 한 국경제의 역동성을 상실케 한 가슴 아픈 사건이었다. 김우중 회장에게 덧씌워졌던 재산 해외 도피니 은닉이니 하는 항간의 소문은 모두 근거 없는 것임을 나는 확신한다. 나는 당시 대우그룹 해체 관련 사건 재판기록을 면밀히 검토하고 적잖이 놀랐다. 시간에 쫓긴 듯한 짜맞추기식 사실인정과 증거채택으로 인한 졸속재판의 흔적이 곳곳에 있었다. 더욱이 재판 확정 후의 사실관계의 변동으로 인하여 원판결을 뒤집을만한 증거 등이 드러나고 있어 재심을 청구하기로 하고 당시 대우 관련 임원들과 상의하여 동의를 얻었다. 도대체 당시 관련 임원들에게 회사재산을 도피, 은닉했다는 이유로 18조 원 내지 23조 원의 금원을 추징하는 것이 말이 되는가! 그들 임원은 회사로부터 퇴직금 등 어떠한 혜택도 받지 못한 채 현재에 이르기까지 생계조차 어려운 질곡의 삶을 이어가고 있는데도 말이다.

나는 오랜 법리검토 끝에 대법원과 서울고등법원에 재심을 청구하였다(특히 추징금 부분). 그러나 사법부의 치부를 다시 드러내지 않으려 했는지 법원은 이를 모두 기각하였다. 이로써 법적 차원에서 대우그룹 해체사건에 대한 실체적 진실을 밝힐 수 있는 기회는 사라졌다. 김우중 회장 역시 그 한을 풀지 못하고 타계하였다. 나는 법률가의 양심으로 대우해체사건에 대한 형사재판이야말로 사법부의 부끄러운 단면을 보여주는 전형적인 졸속재판이라고 본다.

이제 후일의 기록을 위해서 대법원과 고등법원에 제출했던 재심청구서(2015. 1. 29.)를 요약해서 싣고자 한다.

재심청구 이유 (요지)

---

1. 재심청구인들의 지위 및 추징금 선고 내역

1) 청구인들은 모두 1998년 외환위기 당시 주식회사 대우(이하 (주)대우라 함)의 대표이사 등 임원으로 근무하던 자들입니다. 이들은 당시 대우그룹 김우중 회장과 공모하여 재정경제원장관의 허가를 받지 않고 수입대금 결제 명목으로 (주)대우의 해외계좌에 송금하였고, 국내에 반입하여야 할 자동차 수출대금을 국외에서 은닉 또는 처분하여 도피시켰으며, 해외 현지법인을 통하여 해외 금융기관으로부터 자금을 차입하였다는 혐의로 특정경제범죄가중처벌등에관한법률(이하 '특경가법' 이라 함) 상의 재산국외도피 및

외국환관리법 위반으로 기소되어 부가형으로서 합계 1조 4천억여 원(청구인 김영구)에서 23조여 원(청구인 이상훈)에 이르는 추징금을 선고받았습니다.(주형主刑으로는 청구인 강병호를 제외하고 징역 3년 또는 징역 2년 6월에 모두 집행유예를 선고받았음)

2) 한편 김우중 전 대우 회장은 나중에 별개의 사건으로 따로 기소되어 18조여 원의 추징금을 선고받았으나 이번 재심청구는 하지 않았습니다.

2. 재심청구에 이르게 된 경위

1) 재심대상판결이 국외에 도피시켰거나 또는 국외에서 은닉, 처분하였다고 본 재산(금원)은 모두 (주)대우에 귀속되었고 재심청구인들은 그로부터 한 푼의 이득도 취한 바 없습니다. 재심청구인들에 대한 판결에서 해외에 은닉되거나 처분되어 재산도피라고 보았던 (주)대우 자금은 (주)대우 계열사들에 대한 위 확정판결 후 회생절차 등을 거치면서 대부분 회수되었습니다. 뿐만 아니라 (주)대우가 금융기관으로부터 차입한 금원은 모두 상환되었고, 대우그룹 회생을 위해 투입된 공적 자금도 회수되었습니다. 그리하여 대우그룹 계열사들은 비록 경영진은 바뀌었지만 모두 회생되어 현재 국가 경제의 중심축으로 자리매김되었습니다.

그럼에도 불구하고 재심청구인들은 1조 4천억여 원에서 23

조여 원에 이르는 천문학적인 추징판결에 따라 회사로부터 퇴직금 등 어떠한 혜택도 받지 못한 채 추징금은커녕 생계조차 제대로 이어가지 못하는 질곡 속에서 노후의 삶을 이어가고 있는 실정입니다.

2) 이처럼 재심 청구인들은 위 확정판결상 국외에 도피된 재산이라고 보았던 자금들이 확정판결 후 ㈜ 대우나 그 계열사들에게 모두 회수되고, 해외법인의 차입금도 모두 상환된 사실과 무엇보다도 위 확정판결에서 추징금 선고의 논거로 작용하였던 '징벌적 추징'의 해석이 헌법에 위반된다는 사실을 새로이 알게 되어 그 모순점들을 바로 잡고자 재심청구를 하게 되었습니다.

3) 한편 이 사건을 맡은 본 대리인들 역시 당시 대우그룹 해체의 국민경제적 타당성 여부나 정책적 과오 여부에 대한 논의와는 별개로 최종적으로 마무리되는 사법처리 과정에서 검찰의 기소 및 법원의 판단이 어떻게 졸속으로 이루어졌고 그 문제점은 무엇이었는지를 밝혀야 한다는 사명감에서 공익소송 차원에서 이 사건을 대리하게 되었음을 부연하고자 합니다.

3. 재심청구이유의 요지

1) 재심청구인들은 범죄행위로 전혀 이득을 취한 바 없습니다.

가) 재심청구인들에 대한 추징 관련 범죄사실에 의하면, 수입대금결제 명목으로 자금을 해외에 송금하거나 해외에서 자동차를 판매하고 수금한 자동차 판매대금을 국내로 반입하지 아니하는 방법으로 재산을 국외 도피시켰다는 점과 재정경제원관의 허가를 받지 아니하고 해외 현지법인이 해외금융기관으로부터 자금을 차입하였다는 점 등 크게 나누어 2가지입니다. 전자는 특경가법상의 재산국외도피죄, 후자는 외국환관리법 위반죄로 보아 재심청구인들에게 천문학적인 추징금을 선고하였습니다.

그러나 위와 같은 거래는 모두 당시 국가의 외환위기 발생으로 재정적 위기에 처한 회사의 부도방지를 위한 차원에서 이루어진 것으로서 재심청구인들 누구도 이에 의하여 개인적으로 이득을 취한 바 전혀 없습니다. 재산국외도피 범죄사실의 실체는 (주)대우 회사 차원의 재정지원책이었고, (주)대우 해외법인이 해외금융기관으로부터 차입한 자금은 (주)대우의 채무변제나 계열사(주로 대우자동차) 지원용으로서, 사용인들에 불과한 재심청구인들이 그 자금을 소지하거나 취득할 여지가 전혀 없었습니다. 만약 그 이득이 있다면 모두 (주)대우에 귀속된 것입니다.

나) 대우 워크아웃 당시 실사 회계법인과 금융감독원의 현지조사를 통하여 재심청구인들은 위 거래를 통하여 개인적으로 횡

령이나 착복한 것이 전혀 없는 것으로 확인되었습니다. 뿐만 아니라 예금보험공사에서 당시 9개월에 걸쳐 청구인들을 포함한 대우그룹 임직원들에 대한 개인비리 등을 조사하였으나 전혀 문제가 없는 것으로 밝혀졌습니다. 그러므로 재심청구인들의 재산국외도피 등의 범죄사실은 대우그룹에 근무하면서 대우그룹의 자금난으로 인하여 발생한 것이지, 회사재산을 개인적으로 축적하거나 빼돌린 것이 아닙니다.

반면에 정작 이득의 귀속자인 ㈜대우는 특경가법상 국외재산도피의 점이나 외국환관리법 위반의 점에서 모두 양벌규정이 있음에도 같은 법 위반으로 기소되지 아니하였고, 경미한 주식회사의 외부감사에 관한 법률만으로 기소되는 데 그쳤습니다. 이는 법리적으로나 상식적으로 이해하기 어려운 정치적 사법처리의 수순이라고밖에 볼 수 없습니다.

다) 회사가 절차상 외국환관리법을 위반하였다고 하더라도 회사는 차입한 금액을 만기가 되는 때에 반복적으로 상환·연장하는 것이기 때문에 그 거래로 인하여 재심청구인들인 임원들 개인이 경제적 이익을 취득할 여지가 전혀 없습니다. 그럼에도 불구하고 회사는 제외하고 재심청구인들에게만 각 천문학적 추징금을 부과시킨 것은 명백히 법논리적으로 설득력이 없습니다.

2) 추징액 산정의 문제점

여기서는 추징금의 대부분을 차지하고 있는 무허가 해외 현지 법인 차용금 관련 추징액 산정의 문제점만 보겠습니다.

재심대상판결에서 밝힌 해외 현지법인의 범죄사실 해당 기간인 1997년~1999년의 연도별 차입금 잔액은 1997년 말 약 50억 불, 1998년도 말 약 37억 불, 1999년도 워크아웃 당시 약 35억 불로 지속적으로 축소되었습니다. 그럼에도 불구하고 3개월 내지 1년 단위로 만기연장Revolving되는 수많은 차입거래 개별건의 단순 합계 {금융권 용어 : 적수누계積數累計} 전체인 약 157억 불(약 19조 원)을 법 위반 금액으로 처리하고 그 금액을 추징금으로 선고한 것입니다. 이는 마치 도박판의 판돈 계산과 비슷한 논리로 계산한 금액입니다.

3) 몰수, 추징의 법적성격과 징벌적 추징의 위헌성

가) 형법상 몰수는 형 종류의 하나입니다(형법 제41조). 몰수는 범죄행위에 제공한 물건이나 범죄로 인하여 취득한 물건을 환수 하기 위한 것입니다(형법 제48조). 몰수하기 불능한 경우에 그 가 액을 추징합니다. 이처럼 형벌(부가형)의 일종으로서의 추징은 범 죄행위로 인하여 생겼거나 그 대가로 취득한 물건 등을 몰수하기 불가능할 때 그 가액을 법인으로부터 추징함으로써 범죄로 인한 이득을 박탈하려는데 그 목적이 있습니다. 이는 당해 법률에 특

별한 규정이 없는 한 형사특별법상의 추징에 있어서도 마찬가지입니다. 그리고 청구인들에게 적용된 특경가법상의 추징과 외국환관리법상의 몰수·추징은 형법상의 몰수·추징과 마찬가지로 범죄로 인한 이득을 취득한 범인으로부터 몰수·추징하는 취지로 규정하고 있습니다.

나) 그런데 대법원은 위 외국환관리법과 특경가법상의 추징을 징벌적 성격의 추징으로 보고 범죄로 인한 이득의 귀속 여부를 불문하고 범죄자 전원에 대하여 공동연대하여 추징을 명하여야 한다고 판시하고 있습니다(대법원 1998. 5. 21.선고 95도2002 전원합의체 판결의 다수의견).

형벌 법규는 헌법 제 12조 제1항, 제 13조 제1항, 제2항 등에 의하여 보장되는 죄형법정주의 원칙상 유추해석이나 확장해석 특히 피고인에게 불리한 유추해석이나 확장해석은 엄격히 금지됩니다(헌법재판소의 확립된 판례). 또한 형벌 법규의 해석은 엄격하여야 하며 명문 규정의 의미를 피고인에게 불리한 방향으로 지나치게 확장해석하거나 유추해석하는 것은 죄형법정주의에 어긋나는 것으로서 허용되지 않습니다(대법원 1997. 7. 9. 선고 98도1719판결, 1993. 2. 23. 선고, 92도3126판결 등).

다) 이와같이 법률의 명확한 규정이 없는데도 재심대상판결이 특경가법 및 외국환관리법상의 위 몰수·추징 규정을 형법상의 몰수·추징과는 달리 재산 국외도피사범에 대한 징벌의 정도를 강화한다는 징벌적 성격의 처분으로 보면서 피고인들이 국외로 이동시킨 재산이나 해외 현지법인의 차입금으로부터 어떤 이득을 취한 바 없음에도 도피시킨 실제 금액이 아닌 적수누계積數累計 방식으로 계산하여 징벌적 성격의 천문학적 가액을 추징금으로 부과한 것은 형벌 법규의 유추해석과 확장해석을 금하는 죄형법정주의 헌법 원칙에 위배될 뿐 아니라 헌법상 과잉금지의 원칙에서 파생되는 형벌개별화의 원칙에도 위배됩니다. 앞서 본 대법원 95도2002 전원합의체 판결의 반대의견에서도, 외국환관리법상의 추징을 징벌적 성격의 추징으로 보고 법리를 전개하고 있는 다수의견을 헌법상 죄형법정주의와 형벌개별화의 원칙에 반하는 것으로 강하게 비판하고 있습니다.

라) 더욱이 징벌적 손해배상 제도는 아직 우리나라에서는 도입되지 않아 민사소송에서도 징벌적 성격의 배상을 명할 수 없는 실정입니다. 재심대상판결이 형사피고인들에게 징벌적 손해배상금과 비슷한 성격의 징벌적 추징을 선고한 것은 이런 점에 비추어 보아도 설득력이 없습니다.

4) 증거의 신규성 및 명백성에 관하여

가) 재심청구인들에 대한 판결이 확정된 후에도 해외에 수입대금결제 명목으로 송금한 돈이나 해외에서 판매한 자동차 판매대금 중 ㈜대우의 해외계좌인 런던의 BFC 계좌에 송금한 돈이 많은 부분 국내에 재반입되거나 회수되었습니다. 또한 추징선고 근거인 허위수입대금 송금액 및 해외에서의 자동차 판매대금 중 국내 미반입 부분은 BFC 계좌로 보내져 대우 현지법인이 해외금융기관으로부터 차입한 대출금을 상환하는 데 사용되거나 현지법인 사업자금 지원 등 ㈜대우의 사업을 위하여 사용되었습니다.

한편, BFC 계좌에 입금된 위 허위수입대금이나 자동차 판매대금 중 국내 반입분을 제외한 금액 중 대우자동차㈜의 사업을 위하여 지출한 부분은 대우자동차㈜와의 정산을 통하여 ㈜대우가 대우자동차㈜에 가지는 채권으로서 상계하였습니다. 위와 같이 국내 회수분, 대우자동차와의 상계에 의한 회수분, 그리고 나머지 미 회수분은 ㈜대우 현지법인의 해외금융기관 등에 대한 채무에 포함되어 남아 있다가 한국자산관리공사KAMCO에 인수되었습니다. 한국자산관리공사는 이 사건의 무허가 해외금융기관으로부터의 차입금을 포함한 ㈜대우에 대한 해외금융기관 채권을 34%에 (할인)인수하여 그중 44%를 회수하였으나, 국내채권을 포함한 인수채권 전체로는 112.28%를 회수하여 오히려 총 채권

액을 넘어 회수하였습니다 (KAMCO 부실채권정리기금 백서 237쪽).

그러므로 이 사건은 국외재산도피라고 볼 수 없고 거래에 따른 허가나 신고 절차 없이 거래하였다는 점에서 단순 외국환관리법 위반죄의 적용에 그쳐야 할 사건이었습니다. 따라서 이는 원판결(재심대상판결)이 인정한 죄(특경가법상의 재산국외도피)보다 경한 죄를 인정할 명백한 증거가 새로 발견된 때에 해당한다 하겠습니다.

나) 위헌심판제청 사유의 존재(조건부 위헌심판제청)

앞서 본 바와 같이 특경가법 제10조 제3항, 제1항의 재산국외도피사범 및 외국환관리법상의 무허가 자본거래행위에 대한 추징을 명한 재심대상판결의 '징벌적 추징'이라는 해석은 헌법상 죄형법정주의의 핵심 내용인 유추해석금지원칙 내지 명확성의 원칙에 반할 뿐 아니라 헌법상 과잉금지원칙에서 파생되는 형벌개별화의 원칙에도 반합니다. 그리고 특경가법 제10조 제3항, 제1항이나 구 외국환관리법 제33조 후단(구 외국환거래법 제30조 후단)을 위와 같이 해석하면 동 조항은 그 범위 내에서 위헌·무효라고 할 것입니다. 따라서 재심청구인들에게 선고된 추징은 이와 같은 위헌적 해석하에 내려진 판결로서 이는 '유죄의 선고를 받은 자에 대하여 명백한 증거가 새로 발견된 때'에 해당한다고 보아야 할 것입니다.

이 사건 재심청구의 전제가 되는 위 특경가법 및 구 외국환관리법(구 외국환거래법)의 각 법률조항을 위와 같이 해석하는 것을 전제로 재심청구인들은 위 법률조항의 헌법적 해석을 구하는 위헌제청신청을 할 예정입니다.

4. 결어

결과적으로 상고를 기각함으로써 재심대상판결을 확정시킨 위 대법원 판결의 '징벌적 추징'이라는 해석은 명문의 규정이 없음에도 그 해석만으로 재산국외도피사범에 대한 형을 정함에 있어 범죄행위로 인한 이득을 점유하거나 소유한 적이 없는 공범자들에 대하여서도 공동연대추징을 선고하도록 하급심 법관들을 기속하고 있어 마치 해석에 의한 입법과도 같은 강력한 효력을 가지고 있습니다. 그러므로 이제는 위 추징규정의 해석에 있어서 위와 같이 위헌적인 낡은 해석을 벗어버리고 전향적인 해석을 할 때가 된 것입니다.

이에 재심청구인들은 재심대상판결이 인정한 죄보다 경한 죄를 인정할 명백한 증거가 발견되었으므로 실제로 범죄행위로 인하여 취득한 금원이 있다면 그 범위 내에서, 그리고 재심대상판결 확정을 전후하여 특경가법 위반혐의나 무허가 자본거래로 판시한 금원이 국내에 재반입되거나 회수된 증거 등을 고려하여 경한 죄(무죄 포함)나 추징금을 재산정함이 마땅하다고 보아 추징부분에 대하여 재심 개시신청을 하게 되었습니다.

재판은 상식과 순리에 입각한 단순명료한 것이어야 한다

변정수 헌법재판관을 추모하며*

지난 4일(2017. 11. 4) 변정수 초대 헌법재판관(재임 기간 1988-1994년)이 타계하셨다. 나는 헌법재판소 연구관으로 5년간 변 재판관을 보좌했다. 변 재판관과의 만남은 법조인으로서 오늘의 내 삶의 자세를 견지하도록 하는 데 깊은 영향을 준 소중한 인연이었다. 사건의 배후에 있는 인간에 대한 깊은 성찰, 소수자와 사회적 약자에 대한 배려, 공권력 남용에 맞선 투쟁 정신 등이다. 더 나

＊　이 글은 2017. 11. 타계하신 변정수 헌법재판관을 추모하며 경향신문에 기고한 것이다.

아가 재판은 건전한 상식과 순리에 입각한 단순명료하고 간단 명쾌한 것이어야 당사자와 국민을 설득할 수 있다는 것, 논리적이고 현학적 법리에 입각한 재판만이 정의를 실현하는 것은 아니라는 것도 역시 그의 지론이었다.

변 재판관은 한국의 올리버 웬델 홈즈다. 홈즈는 '법은 논리가 아니라 경험'이라고 주창한 미국 연방대법원의 위대한 소수의견자다. 많은 학자들은 변 재판관이 재임 중 낸 60여 건의 소수의견과 20여 건의 위헌결정이 오늘의 헌재 위상 정립에 지대한 공헌을 했다고 평가하고 있다. 검사의 불기소처분에 대한 첫 위헌결정으로 검찰권에 대한 헌법적 통제를 가능하게 했으며, 대법원 규칙인 법무사법시행규칙에 대한 위헌결정으로 헌재와 대법원의 관계 정립뿐만 아니라 법률의 하위 법령에 대한 헌법심사를 가능하게 했다. 특히 위 대법원 규칙에 대한 위헌결정이 나오기까지 주심인 변 재판관이 겪었던 고초는 재판 사상 전무후무한 일로서, 그의 불굴의 소신이 아니었다면 불가능했을 것이다. 변호인이 구속 피의자를 만날 때 교도관이 입회하여 대화 내용을 적고 사진 찍는 관행을 없앤 것도 그의 공로였다.

'나는 이런 사람이다. 허약한 체질에다 잔병이 많고 하루도 편할 날이 없이 평생 병에 시달려 왔다. 마음도 몹시 약하고 눈물이

헤프다. 마음은 너그럽지 못하고 소심하다. 사교는 즐기지 않고 혼자 있기를 좋아한다. 많은 사람들 앞에서는 가슴이 두근거리고 얼굴이 붉어지기 때문에 말도 잘하지 못한다. 머리의 회전도 느리다.'(변정수 회고록, 〈법조여정〉 중에서)

참으로 겸허한 자기 성찰이다. 그러나 곁에서 지켜본 그는 다정다감하고 인정이 넘쳤다. 약자를 편들고 강자를 싫어했다. 고집은 세지만 옹고집은 아니었다. 합리적인 논거와 이유를 제시하면 자신의 주장을 시정하였다. 책임감이 강하고 돈보다 명예를 중히 여기고, 항상 검소한 생활 태도를 잃지 않았다. 농촌 풍경, 특히 논두렁, 밭두렁을 너무 좋아한다고도 했다.

그가 낸 소수의견은 대부분 8대 1, 아니면 7대 2의 외로운 길이었다. "나와 뜻을 같이하는 재판관이 한 사람이라도 있다면 연구관한테 이런 얘기는 안 해도 되는데…." 평의를 끝내고 종종 나를 불러 한 말씀들이 지금도 생생하다. 그는 재임기간 내내 인간적인 외로움을 감내했다. 퇴임 후에는 장관급 공직자에게 의례적으로 주어지는 청와대의 훈장 제의를 끝내 거절했다.

그가 개척했던 길은 이제 아름다운 동행이 넘치는 길로 헌법재판史(사)에 우뚝 섰다. 법조인으로서 초입에 그를 만나 엄격한 단련을 거쳤던 것은 나에게는 큰 행운이었다. 반면 그 후 나로 하여금 때로 남들이 가지 않는 고난과 투쟁의 길로 가도록 책무감을 고취시켜 준 가시밭길이기도 했다. 관용과 진실에 기초한 공동체 정신을 헌법적 가치로 회복해야 할 이 시기에 우리는 헌법의 거목을 잃었다. 부디 평안히 영면하시기를….

공정한 사회, 법치의 길을 묻다*

여러분, 반갑습니다. 윤동주 시인은 "인생은 살기 어렵다는데 시가 이렇게 쉽게 쓰여지는 것은 부끄러운 일이다"고 읊었습니다. 오늘 제가 말씀드릴 내용에 저 나름의 신념과 소신의 일관성을 담아내기 위해서 고민하였습니다만, 윤동주 시인이 읊은 것처럼 "시대처럼 올 아침"을 기다리던 많은 분들에게 혹시 쉽게 쓰여진 시가 되지 않을까 걱정됩니다.

저는 과거 15년간 공직(행정부, 사법부)에 있다가 이어 14년간 변호사 생활을 하였습니다. 변호사 때는 시민운동에 주도적으로 참

---

* 이 글은 2010. 11. 3(11:00~11:55) KBS 1TV에서 '공정사회, 법치에 길을 묻다'는 제목으로 방영된 특강원고임.

여했습니다. 그러다 재작년 현 정부 출범과 동시에 법제처장을 맡아 2년 6개월간 근무하다가 지난 8월에 퇴임했습니다.

법조인, 시민운동가로서 우리 사회의 현안에 대하여 때로는 온몸으로 부딪히면서 논의의 중심에 서기도 했습니다. 그 과정에서 법의 역할은 무엇이며 법치주의가 어떻게 구현되어야 국민의 공감과 참여를 이끌어 낼 수 있는지 고민했습니다. 특히 법을 운용하는 사람들, 즉 사회지도층의 역할과 자세가 국민통합과 공정한 사회를 구현하는 데 중요한 역할을 한다는 사실을 절감했습니다.

오늘 이 자리에서는 공정한 사회로 가기 위한 제도적 장치는 무엇이며 그리고 그 토대가 되는 법과 법치주의가 어떻게 기능해야 하는지 사례를 곁들여서 말씀드리겠습니다. 또한 제가 공직자로서, 변호사나 시민운동을 하면서 체험하고 고민했던 것들을 같이 생각해 보겠습니다.

I.

___

버트런드 러셀은 영국의 철학자이자 문학가입니다. 노벨상을 받은 분이죠. 평화운동가로서도 활약을 한 분입니다. 이분은 98세까지 장수했습니다. 이분이 88세가 되던 1961년 핵무기 개발에 반대하는 시민불복종운동을 주도하면서 대중에게 불법행동을 선동했다는 이유로 재판에 회부되어 법원에서 징역 1월의 실형을 선고받았습니다. 판결이 내려지자 방청객 한 사람이 외쳤습니다. "부끄러운 줄 아시오. 88세 노인에게 징역형이라니…" 그러자 판사가 맞받아쳤습니다. "나잇값을 하라 하시오."

방청객과 판사의 재치문답을 소개하자는 게 아닙니다. 여기서 주목하고자 하는 것은 영국 법치주의 현실입니다. 노벨상을 수상한 세계적 석학의 평화를 위한 정당한 목적을 지닌 행동이라도 법이 허용하지 않는 불법적 수단에 의한 것이라면 법 위반에 대한 책임을 물어 법치주의를 확립하겠다는 영국 법치주의의 전통입니다. 동시에 법은 공정하고 일관되게 적용되어야 한다는 법치 확립의 의지를 읽을 수 있습니다.

작년 (2009년) 4월 미국 워싱턴에서 미 하원의원 5명이 시위를 하다가 폴리스라인을 넘었습니다. 경찰은 즉각 의원들의 손을 등 뒤로 모아 노끈형 수갑을 채웠고 의원들은 순순히 체포에 응하는 장면을 CNN 화면에서 본 적이 있습니다. 이러한 일이 우리나라에서 일어났다면 큰 이슈였겠지만 미국언론은 이를 당연한 것으로 여겨 단신으로 처리하더군요.

우리 사회에서는 언제부터인지 "목적이 정당하다면 수단이나 절차의 불법쯤은 괜찮다", "불법행동이라도 정당한 주장은 들어줘야 한다"는 주장과 분위기가 조성되어 있는 것 같습니다. 그러나 이런 생각은 민주주의와 법치주의의 본질을 잘못 이해한 것입니다. 물론 불법행동으로 나올 수밖에 없었던 법치주의의 또 다른 맹점에 대해서는 다시 말씀을 드리지요.

인간 의지의 산물인 민주주의는 절차 내지 수단을 존중하는 것이지 목적만을 제일로 삼는 것은 아닙니다. 적법절차^{Due process of law}가 무시되는 조치라면 추구하는 목적과 관계없이 공권력의 남용이자 자의적^{Willkür}인 것으로 위헌적 공권력의 행사입니다. 대통령을 비롯하여 어떠한 공권력도 법의 지배하에 있습니다. 다시 말씀드려 헌법과 법률이 정한 절차에 따라 권한을 행사하고 의무를 다해야 합니다. 이것이 예측가능성과 법적안정성을 생명으로 하는 법치주의의 핵심(요체)입니다.

그리고 다소 추상적이고 원론적인 얘기 같지만 우리 사회의 모든 국정현안 및 사회문제 역시 헌법과 법률이 정한 적법절차에 따라 합리적으로 논의되고 해결되어야 합니다. 또한 원칙(헌법정신)이 분명한데도 편법으로 원칙을 대신하려는 변칙이 허용되어서도 아니 될 것입니다.

그동안 우리는 새 정부가 들어설 때마다 지난 정부에 대한 심판론 내지 청산론이 대두되었습니다. 그 과정에서 지난 정부의 업

적은 가려지고 적법절차를 지켰는가, 국민적 합의절차를 거쳤느냐 등의 문제가 부각되면서 측근이나 핵심세력이 처벌을 받고 결국 전직 대통령에게까지 책임을 추궁하는 후진적 정치형태가 되풀이됐습니다. 저는 정부에 있으면서 다시는 이런 일이 되풀이돼서는 안 된다고 실감하면서 국정운영의 헌법·법률 적합성과 투명성을 강조한 바 있습니다.

II.

___

제가 고시 공부를 할 때부터 지금까지도 선뜻 이해가 안 가고 의아하게 생각하는 법률 규정이 있습니다. 똑같이 기간을 준수하라는 규정인데 법원이나 행정부 등에 대해서 규정한 것은 이를 지키지 않아도 아무런 문제가 없고 국민에게 요구한 것은 하루만 늦어도 가차 없이 권리행사의 기회를 박탈하는 제도입니다.

예컨대 헌법재판소법(38조)이나 민사소송법(199조) 등에 보면 헌법재판소는 헌법소원을 접수한 날로부터 180일 이내에 종국결정의 선고를 하여야 한다, 또 법원은 소송이 제기된 날로부터 5월 이내에 선고를 하여야 한다고 되어 있습니다. 그런데 이 180일, 5개월 등은 법리상 훈시규정으로서 이를 지키지 않더라도 부적법한 것이 아니어서 아무런 문제가 없는 것으로 운용하고 있습니다. 그리고 실제로 소송을 제기한 국민입장에서는 제때 판결이 선고되어 신속한 권리구제를 받는 것이 절실히 요청됨에도 판결선고 기간을 훨씬 넘어서 (심지어 몇 년이 지나서) 선고하는 예가 비일비재합니다.

국회의 경우도 마찬가지지요. 예컨대 헌법(제54조)에는 국회는 회계연도 개시 30일 전까지 예산안을 의결하여야 한다고 되어 있습니다만, 이 기간을 지키는 경우는 거의 없지요. 이런 예는 행정부, 법원, 국회 등의 관련 법령에 많이 있습니다.

반면 헌법소원이나 행정소송 등은 공권력에 의한 기본권 침해가 있음을 안 날로부터 또는 행정청의 잘못된 처분이 있음을 안 날로부터 각각 90일 이내에 제기하여야 한다고 규정하고 있습니다. 그런데 이 경우 90일의 기간은 법리상 이른바 효력규정으로서 특별한 사유가 없는 한 하루만 늦어도 소송을 제기하지 못하는 것으로 운용하고 있습니다. 똑같이 일정한 기간 내에 하여야 한다고 되어 있습니다만, 어느 경우는 훈시규정이므로 이를 지키지 않아도 되고 어느 경우는 효력규정이기 때문에 지키지 않으면 불이익을 받도록 하고 있습니다. 그리고 그 판단은 공권력의 주체(법원 등)가 하도록 하고 있습니다.

이처럼 권력을 행사하는 측에서는 지키지 않아도 아무런 문제나 책임이 따르지 않고 반면 상대방인 국민에게만 준수를 요구하는 제도나 법의 운용은 고쳐져야 합니다. 법치주의는 일방통행이 되어서는 안 됩니다. 국민에게만, 약자에게만 일방적으로 준법을 강요하는 것은 진정한 의미의 법치주의가 아닙니다. 권력을 행사하는 측에서도 헌법과 법률이 정한 절차에 따라 권한을 행사하고 잘못된 법 집행에 대해서는 책임을 져야 합니다. 법치주의는 국민과 국가기관 모두가 준수하는 쌍방통행이 될 때 비로소 공정한 사회의 토대가 됩니다.

우리 주변에는 사회적 약자, 소수자그룹, 소외계층 등이 많이 있습니다. 우리 헌법은 이분들의 인간다운 생활을 할 권리, 사회보장 등 국가의 보호를 받을 권리, 행복을 추구할 권리 등을 기본권으로 보장하고 있습니다. 따라서 국가의 이들 사회적 취약계층에 대한 배려는 정부의 시혜적 차원이 아닌 국민의 기본권리이자 국가의 의무이기도 합니다. 이명박 정부가 중점적으로 추진하고 있는, 이른바 친서민 중도실용정책은 바로 헌법이 보장한 사회적 약자의 기본권을 실질화, 내실화하는 과정입니다.

저는 사회적 약자나 취약계층의 눈물과 한숨을 담아내지 못하는 법은 제대로 된 법이 아니라고 늘 주장해 왔습니다. 같은 맥락에서 실정법을 어기면서까지 불법행동으로 나올 수밖에 없도록 하는 약자에 대한 배려가 부족한 법제는 제쳐 둔 채 그들의 행위에 대해서만 엄격한 법 집행을 요구하는 것 역시 헌법의 정신과 공정사회 원리에 부합하지 않습니다.

피해를 입지 않은 자가 피해를 입은 자와 똑같이 분노할 때 비로소 정의가 실현된다는 것을 강조하고 싶습니다. 따라서 정부의 친서민 정책도 피해를 입은 자의 입장에서 애정을 가지고 접근할 때 더 넓은 국민의 공감과 참여를 이루어 낼 수 있을 것입니다.

III.

저는 법치의 핵심을 세 가지로 요약하고 싶습니다. 첫째, 법은 공정하고 일관되게 적용되어야 한다(법 적용의 일관성, 형평성), 둘째, 법은 투명하고 모두에게 열려있어야 한다(법의 개방성, 투명성), 그리고 마지막으로 법의 적용은 효율적이고 시의적절해야 한다(법 적용의 적시성, 경제성)는 것입니다. 이 중에서 가장 중요한 것은 법 적용의 공정성, 일관성입니다.

한국법제연구원에서 최근 조사한 자료에 따르면 우리 국민의 약 70%는 법이 공정하지 않다고 보고 있으며, 3명 중 1명은 법대로 살면 손해라고 생각하고 있습니다. 72%가 법대로 살면 손해라고 투표한 조사결과도 있습니다. 바로 많은 국민들은 법 적용의 형평성, 일관성 결여를 문제 삼고 있는 것입니다. 그런데 한 가지 흥미로운 것은 중·고등학생을 대상으로 한 조사에서 감옥에 10년을 살더라도 10억 원을 벌 수 있다면 부패를 저지를 수 있느냐는 질문에 20% 가까이 "그렇다"고 답변했습니다. 참으로 충격적입니다. 한마디로 우리 사회의 기성질서에 대한 불신이자 사회적 신뢰의 위기입니다.

공자는 논어에서 국가의 구성요소를 군사력, 경제력, 사회적 신뢰라고 하면서 그중 사회적 신뢰를 가장 중시했습니다. 법치 열외 내지 예외주의, 적법절차를 거추장스럽게 여기는 법치 불감증 내지 목표지상주의가 일부 사회지도층, 고위공직자 사이에 만연되어 있는 것을 느끼곤 합니다.

사마천은 「사기열전」에서 법이 공정하지 못한 이유는 윗사람부터 준수하지 않기 때문이라고 하면서 "윗사람들의 행실이 바르면 명령하지 않아도 저절로 이행되지만, 윗사람들의 행실이 바르지 못하면 명령을 내려도 복종하지 않는다"고 갈파했습니다.

「선비의 도」와 「지성인의 사명」을 강조한 조지훈 선생은 「지조론」에서 국민이 국정을 맡기기를 갈망하는 인물은 ①언행이 일치하여 솔선궁행하는 사람, ②청렴강직하되 무능하지 않아 말단의 부패까지 불식하려는 능력이 있는 사람, ③앞날의 정치적 계산이나 개인적 영달에 개의치 않고 법치에 기대어 국정의 대의에 임하는 사람이라고 강조한 바 있습니다.

최근 고위공직 후보자 검증과정에서 국민들은 후보자들의 높은 도덕성, 살아온 과정의 투명성, 엄격한 법치준수를 요구하고 있습니다. 어떤 사람들은 너무 가혹하지 않느냐고 합니다만, 저는 이러한 현상을 우리 사회를 투명하고 공정한 사회로 가기 위하여 한 단계 업그레이드시키고 있다는 점에서 긍정적으로 보고 있습니다. 앞으로 고위공직자에 대하여 더 높은 수준의 도덕성과 법 준수가 요구되어야 하고 국민은 이를 요구할 권리가 있다고 봅니다.

고대 로마시대 연전연승하는 한니발을 격파하고 로마를 포에니 전쟁의 수렁에서 구한 로마의 영웅 스키피오 아프리카누스도 사용처가 분명치 않은 500 달란트의 돈을 추궁당하여 물러난 바 있습니다. 이런 지도층에 대한 엄격한 잣대가 로마를 대제국으로 1000년 이상 지속시킨 원동력이었습니다.

IV.

조선왕조는 백성들이 초근목피, 즉 풀뿌리와 나무껍질로 연명한다는 말이 있을 정도로 가난한 나라였습니다. 이렇게 가난한 나라가 500여 년이라는 장구한 세월 동안 단일왕조의 기틀을 유지

할 수 있었던 요인은 국가 기강이 무너지지 않았다는 것입니다. 국가 기강을 유지시킨 것은 바로 도덕적 용기를 갖춘 선비의 직언과 정승을 비롯한 권력 핵심층의 청렴성이었습니다.

최고통치자, 즉 임금에 대한 직언은 개인의 영달이나 정치적 계산에 매달리면 불가능합니다. 백성이 원하는 바른말을 하려면 관직은 물론 때로는 목숨까지 걸어야 합니다. 한마디로 참선비로서의 기개와 의리가 살아 있을 때에만 가능합니다. 「조선왕조실록」은 이와 같이 목숨을 건 선비들의 직언을 낱낱이 기록하고 있습니다. 몇 가지 예를 들어보겠습니다.

선조 임금이 이순신 장군을 적과 내통했다는 모함에 휘둘려 투옥시키고 죽이려 하자 중견 관료인 조사관 정경달이 직언합니다. "장수가 기회를 엿보고 정세를 살피는 것을 가지고 전투를 기피한다고 하여 죄를 물을 수는 없습니다. 전하께서 통제사(이순신)를 죽이시면 사직을 잃게 될 것입니다."

세종 때의 황희 정승은 원래 양녕대군의 폐세자에 반대하여, 다시 말하면 세종의 즉위에 반대하여 태종 이방원에 의하여 귀양을 갔으나 세종은 그런 황희를 다시 불러들여 영의정까지 시켰습니다. 황희는 국정의 고비마다 세종에게 직언을 하고 세종은 이를 받아들였습니다. 예컨대, "전하, 그것이 비록 왕실과 나라에 큰 도움이 되는 일이라도 백성이 원치 않으면 시행하지 않는 것이 도리인 줄 압니다"라는 직언이 곳곳에 비칩니다.

광해군 때 임숙영은 과거의 마지막 관문인 전시(임금이 친전)에서 "지금 나라가 어려운 원인은 무엇인가"라는 광해군의 질문에 "나라의 병, 즉 나라가 잘못되어가고 있는 원인은 바로 임금 자신에게 있습니다." 이른바 삭과파동으로 목숨마저 부지하기 어려운 상황인데도 결국 급제했습니다.

최익현은 대마도에서 굶어 죽어가면서도 임금의 분발을 촉구하는 직언을 했습니다. 조지훈 선생은 「지조론」에서 "직언하는 선비는 함부로 죽이지 못한다. 역사의 준엄한 감시가 있기 때문이다"라고 했습니다. 「자치통감」을 보면 "임금이 어질면 신하는 곧다君仁則臣直"는 말이 나옵니다. 신하의 직언이 살아있어야 성군, 현군이 나온다는 것입니다. 깊이 새겨야 할 말입니다. 직언하는 사람을 꺼리게 되면 그 화는 결국 통치자 자신에게 온다는 것을 역사는 말해주고 있습니다.

한 조사에 따르면 조선왕조 500년 동안 황희, 맹사성 등 218명의 청백리가 배출되었으며 그 중 정승급 34명을 위시하여 이권부서인 호조, 공조, 형조 순으로 청백리가 많았다고 합니다. 비록 하위직이나 지방관서에서는 시대에 따라 부정부패가 심했다 하더라도 권력핵심층의 청빈함과 공직에 대한 헌신적 태도가 정권에 대한 불만을 잠재우고 국가의 기틀을 유지한 것입니다.

한마디로 국가지도층의 참선비로서의 기개와 정신, 즉 사명의 식(노블레스 오블리주)이 조선조에 의연히 살아 있었다는 것입니다. 오늘의 우리들, 특히 지도층과 공직자들도 이러한 전통을 의연히 계승해야 합니다. 궁형이라는 치욕의 형벌을 감내하면서 위대한 역사서인 「사기」를 남긴 사마천은 그 열전편에서 힘주어 말하고 있습니다. "최고통치자 곁에는 천 사람의 '예, 예'하는 사람보다 한 사람의 바른말 하는 선비가 필요하다"는 것을.

V.

저는 시민운동을 했던 법조인으로서 그리고 고위공직을 지냈던 사람으로서 앞으로 재야에 있으면서 두 가지 일을 꼭 해보고 싶습니다. 우리 사회에서 억울하게 당한 사람이 줄어들게 하는 일과 국민이 낸 세금이 공정하게 제때 제 곳에 쓰여지는가를 감시하는 일입니다.

우리 주변에는 정말 억울하게 당한 사람(단체, 조직)이 의외로 많습니다. 때로는 권력, 때로는 사회의 거대한 세력, 때로는 잘못된 제도에 의해서 말입니다. 어디에다 호소할 곳도 없고 호소를 해도 여러 제약에 막혀 결국 구제받지 못하고 국가에 대한 원망과 사회에 대한 한을 품은 채 살고 있는 사람들입니다. 저에게는 전부터 이런 억울함을 호소해 오는 사례가 종종 있었습니다만, 정치적 사건 등에 얽매여 이를 제대로 들어주지 못한 것이 부끄럽습니다. 이런 억울한 사례들을 방치하고 공정사회, 국민통합의 길을 요원합니다.

한 사회의 문명 수준을 알려면 그 사회가 소수자와 약자, 억울한 사람을 어떻게 대우하느냐를 보란 말이 있습니다. 이제 저는 이런 사례 중 몇 가지를 사례별로 분석 검토하여 무엇이 어디에서 잘못되었는가를 파헤쳐 제도적 허점으로 인한 것은 소송이나 헌법소원 등을 통하여 바로잡고 권력남용이나 횡포로 인한 것은 그 책임을 묻는 일을 하고자 합니다. 이렇게 해서 억울하게 당한 사례가 밝혀지면서 그 원인과 대책이 공론화되면 권력남용이나 강자의 횡포나 법제의 미비 등으로 인한 억울함이 점차 줄어들 것입니다.

두 번째로, 국민이 낸 세금으로 이루어진 예산이 제 곳에 적정하게 분배되고 그 집행이 제때 낭비 없이 이루어지는가, 즉 예산분배 및 집행의 감시운동을 체계적으로 펴는 일입니다.

제가 다시 정부에 들어와 일하다 보니 예산분배의 적정·형평성 문제, 예산집행과정에서의 적시성, 낭비성 문제가 크게 가슴에 와닿더군요. 법제처의 경우 1년 예산이 겨우 220억 원 정도인데 이 중 인건비, 고정사업비 등을 빼면 실제 사업비는 50억 원 정도입니다만, 이 돈을 가지고 참으로 많은 일을 했습니다. 몇천억, 몇 조 단위의 예산이 제대로 분배되고 쓰여지고 있는지, 특수활동비 등의 명목으로 검증대상에서 제외된 돈이 과연 적정한 것인지 등을 국민의 입장에서 직접 따져 보는 것입니다. 이 문제는 예산심의확정권을 가진 국회에도 상당 부분 책임이 있다고 봅니다.

어느 조사에 의하면 납세자 10중 중 8명이 세금내기를 꺼려하는 이유로 예산이 낭비되고 있다는 점을 지적하고 있습니다. 잘못 분배되거나 낭비되고 있는 예산만을 추슬러서 복지예산으로 돌려도 약자와 취약계층에 대한 배려가 실질적으로 이루어질 수 있다고 봅니다. 이 운동은 많은 전문가, 전문가 단체, 실무경험자의 참여와 협조를 받아 전개할 필요가 있습니다. 그리고 이 운동을 성공적으로 이끌기 위해서 가칭 「예산과정에서의 국민참여 및 감시에 관한 법률」의 초안을 만들어 공론화할 필요가 있다고 하겠습니다.

VI.

자, 질문 하나 하겠습니다. 병역을 필한 제대군인에게 공무원, 공기업 등의 채용시험에서 3%, 3%가 너무 많다면 1%의 가산점을 주는 것에 대해서 어떻게 생각하십니까? 그 전제로서 헌법은 평등권과 이를 토대로 직업의 자유, 공무담임권 등에서도 평등한 대우를 규정하고 있습니다. 반면 헌법 제39조에서는 모든 국민의 국방의무와 병역의무 이행으로 인한 불이익 대우 금지를 규정하고 있습니다.

(답변 내용 생략)

제대군인 가산점 제도는 10년 전 제가 공익소송으로서 헌법소원을 제기하여 위헌결정을 받았던 사례입니다(당시에는 5%, 3% 가산점). 최근 제대군인에 대한 역차별 논의와 관련하여 이 제도의 부활을 둘러싸고 각 이해관계인, 기관, 단체 사이에 의견이 대립되고 있습니다. 이 문제는 방금 몇 분의 답변 내용에서 볼 수 있듯이 각자의 입장에 따라 차이가 나고, 결국 옳고 그름의 가치 판단의 문제가 아닌 어떻게 하는 것이 공동선을 추구하는데 더 유용한가라는 선택의 문제로 옮아갑니다.

최근 우리나라에서도 많이 읽히고 있는 하버드대학의 마이클 샌델 교수가 쓴 「정의란 무엇인가」라는 책의 결론도 이와 유사합니다. 즉 공정한 사회는 정의로운 사회이고 정의로운 사회는 각자의 행복을 극대화하거나 선택을 존중하는 것만으로는 이루어질 수 없다고 합니다. 결국 정의는 좋은 삶의 의미(공동선의 추구)를 함께 고민하고 그 과정에서 생기게 마련인 다름과 차이異見를 존중하고 받아들이는 문화를 가꾸어 가는 데서 이루어진다고 하고 있습니다.

같은 맥락에서 우리 사회에 실패를 용인하는 시스템이 구축되어야 한다고 봅니다. 우리 사회는 실패자, 패배자에 대하여 가혹합니다. 한 번의 실수와 잘못으로 공들여 가꾼 기업이나 직업의 발판을 잃었던 사람들이 재기할 수 있는 풍토가 제도적, 법적으로 조성되어야 합니다. '성공의 신화'보다 '실패의 교훈'이 잔잔한 감동과 의욕을 불러일으키는 분위기가 마련되어야 합니다. 모험과 도전, 용기를 강조하는 사회 분위기 속에서는 성공자보다 실패자가 많습니다. 실리콘밸리는 성공의 요람이라기보다 실패의 무덤이라는 말이 있습니다. 그들 중 극히 일부가 재기에 성공하여 신화의 주인공이 되는 것입니다. 공정한 사회는 1등과 성공자만이 대접받고 그들의 독무대가 되어서는 안 됩니다. 승리자로 가득찬 세상만큼 삭막하고 재미없는 사회는 없습니다. 그나마 우리의 삶을 참을만하게 하는 것은 패배자 내지 실패자들입니다. 공정한 사회는 비주류가 경쟁력인 사회이고, 비주류가 좌절하지 않고 언제든지 주류로 편입할 수 있는 길이 열려있는 사회여야 합니다.

그런 점에서 국가인적충원제도로서의 고시제도는 비주류가 주류에 편입할 수 있고 패자가 재기할 수 있는 오랜 세월을 걸쳐서 검증된 시스템입니다. 따라서 시험과목과 방법(절차)의 개선을 거쳐 더욱 존치 발전시킬 필요가 있다고 봅니다.

VII.

이제 서서히 결론으로 들어가 봅니다.

시오노 나나미가 쓴 「로마인 이야기」에 보면 이런 얘기가 나옵니다. 지성에서는 그리스인보다 못하고, 체력에서는 갈리아(켈트족)인이나 게르마니아인보다 못하고, 기술력에서는 에트루리아인보다 못하며, 경제력에서는 카르타고인보다 뒤떨어졌던 로마인들이 이들을 차례로 정복하고 2000년 넘게 대제국으로 존속할 수 있었던 원인은 바로 로마인들이 가진 패배자도 동화시킨다는 관용성, 포용성에서 찾고 있습니다. 인종과 종교, 피부색이 다른 상대를 포용하여 동화시키는 로마인의 유전자, 오늘 한국사회의 통합 논의에서도 큰 시사점이 된다고 봅니다. 패자에게 관용을 베풀고 나와 다른 생각을 가진 상대방을 포용하여 함께 가는 노력이 필요합니다.

최근 우리 사회는 이념편향적이고 파편화된 개인과 집단들의 극단적인 주장으로 공동체적 연대가 급속히 허물어지고 있습니다. 그 결과 국가정체성이 흔들리고 개인 사이의 연대의 끈도 점차 사라지고 있습니다. 관용과 진실에 기초한 공동체 정신을 헌법이라는 가치로 시급히 회복해야 할 때입니다. 대한민국 국적을 가진 사람들이 이념과 가치관을 떠나서 합의할 수 있는 기본 텍스트는 바로 헌법입니다. 헌법이 추구하는 자유민주주의 시장경제의 이념과 적법절차(법치주의), 기본권 존중이라는 두 이념이 서로 조화를 이루어야 합니다. 헌법은 국민통합의 나침반이 되어야 한다고 믿습니다. 더 이상 철 지난 이념조각을 붙들고 국민 편 가르기에 열중하거나 지연, 학연 등 패거리 문화에 심취해서는 우리의 미래가 없습니다. 양분법으로 상대방을 매도하는 독선에 빠져서도 안 됩니다.

헌법이 요구하는 국민적 합의는 참여의 기회균등에 바탕을 둔 것일 때에만 그 의미가 있습니다. 참여의 기회균등에 바탕을 둔 국민적 합의야말로 헌법이 추구하는 정의를 실현하는 길이며 사회통합, 나아가 국격향상을 위한 길이기도 합니다.

끝으로 맹자의 말을 인용하면서 제 얘기를 마칠까 합니다. 맹자 「진심盡心」 편에 "流水不盈科不行유수불영과불행"이라는 말이 있습니다. 흐르는 물은 구덩이를 채우지 않고는 앞으로 나가지 않는다는 뜻입니다. 첩경, 효율, 외형에 연연하지 말고 당장은 좀 더디고 불편하더라도 적법절차와 충분한 합의과정을 거쳐 다름과 차이를 인정하면서 함께 가는 것, 이것이 바로 국민과의 소통입니다. 그리고 공정사회로 가는 디딤돌이자 마중물입니다.

이상 제 강의를 마치겠습니다. 감사합니다.

위기의 대한민국,
그 헌법적 해법은 없는가*

헌법 초월적인 헌법해석이 난무하고 있다. '국회 추천 총리에게 내각통할권 주겠다', '거국내각 총리에게 국정을 맡기고 대통령은 국정에서 손을 떼라'고 한다. 그런가 하면 '헌정중단'이니 '헌정 마비 사태'라는 말이 아무렇지도 않게 오르내린다. 대통령은 대통령대로 자신이 초래한 이 엄중한 국정파탄과 민심이반을 모면하기 위하여, 야권은 야권대로 이 기회에 국정 장악과 차기 대선 승리라는 복선을 깔고 자의적인 헌법해석을 하고 있는 것이 아닌가 한다. 진정성이 결여되어 보인다.

＊ 2016. 11. 동아일보

먼저 우리 헌법상 내각이라는 용어는 존재하지 않는다. 내각은 내각책임제하에서의 국정의 최고 의결기구이다. 국무총리는 대통령의 명을 받아 행정 각부를 통할하는 지위에 있을 뿐 헌법상 국정에 관한 최종적인 책임자는 어디까지나 대통령이다. 그동안 국정파탄의 고비마다 국무총리 이하 내각 총사퇴를 주장하고 대통령은 마치 국정에 초연한 것처럼 치부해 왔다. 이는 잘못된 헌정 관행이다. 따라서 책임내각 또는 거국내각이라는 것은 그 개념부터 헌법과는 거리가 먼 정치적 수사에 지나지 않는다. 국회 추천 인사를 총리로 임명하는 것은 헌법상 가능하다. 내각통할권을 총리에게 주겠다는 것은 별 의미가 없다. 내각의 조각추천권과 내각통할권은 헌법에 명문으로 규정된 총리의 실질적 권한이다. 그간 대독代讀 총리, 방탄 총리 역할만 하다가 그 권한을 유명무실하게 행사한 것이다. 헌법은 총리는 대통령을 보좌하며 대통령의 명을 받아 내각을 통할하도록 하고 있고, 대통령의 모든 헌법상의 행위는 반드시 문서로서 하되 총리가 부서하도록 하고 있다. 아무리 국회 추천 총리라도 대통령 보좌권과 부서권만 가진 총리가 헌법을 초월하여 대통령의 권한을 대신할 수 없다.

대통령이 총리의 결정을 그대로 따르는 한 가능할 수도 있으나 이는 정치적 문제로 귀착된다. 예컨대 국군통수권은 국가보위의 책무를 지닌 대통령이 갖는 본질적 권한으로 대통령이 사임하지 않는 한 이 권한을 대행시키는 것 자체가 위헌이다. 그런 점에

서 대통령의 2선 후퇴나 외치전념 등의 수사는 헌법의 정신과는
거리가 멀다. 대통령제의 현 헌법은 대통령의 권한을 내치, 외치로
명확히 구분하고 있지 않다.

현 대통령제 정부 형태의 본질상 대통령이 직책을 제대로 수
행하지 못하여 국가적 혼란을 야기할 경우에는 임기 중이라도 그
진퇴를 명백히 해야 한다는 것이 헌법의 취지이다. 적시에 권력을
이양함으로써 국가의 계속성을 수호하는 것도 대통령의 직무이
다. 헌법이 정한 절차에 의하지 않고 국가기관의 권능을 정지시키
거나 빼앗는 것이 헌정중단이다. 대통령의 하야(사임)나 탄핵은 헌
정중단이나 헌정 마비 사태가 아니다. 헌법은 그러한 경우를 대비
하여 자세한 규정을 두고 있다. 대통령이 사임한 때에는 사임 당
시의 국무총리가 권한대행으로 국정을 이끌고 60일 내에 대통령
선거를 실시해야 한다. 이때 선출된 대통령의 임기는 전임자의 잔
여기간이 아닌 5년의 임기이다. 이는 우리 헌법의 확고한 뜻이다.
탄핵의 경우 국회의 탄핵의결(국회의원 200인 이상 찬성) 후, 헌법재
판소의 탄핵결정(재판관 9인 중 6인 이상 찬성)을 기다려야 한다. 탄핵
으로 대통령이 물러날 경우 역시 60일 이내에 새 대통령을 선출
한다.

그렇다면 이 난국을 타개하고 국민의 상처를 치유할 헌법합치

적인 대안은 무엇인가? 우선 국회 추천 총리를 임명하여 대통령이 권한 행사를 사실상 자제하는 것이다. 앞서 본 바와 같은 헌법적 문제점은 있으나 대통령과 총리가 국정 전반에서 협치의 정신을 발휘하면 가능할 수도 있다. 이때 대통령 탈당과 국회의 협조가 필수적이다. 이 과정에서 국회와 정부는 개헌에 힘을 모아 내년 상반기까지 헌법을 개정하고 새 헌법에 의해서 내년 대선을 치를 수 있도록 하는 방안도 강구해 볼 수 있다. 헌법의 5년 단임 대통령제는 30년 헌정실험 결과 사실상 실패한 제도이다. 만일 거국내각구성 해법에도 대다수 국민이 반대하고 국정혼란이 계속된다면 대통령의 사임과 사임거부시 탄핵으로 이어질 수밖에 없다. 어느 것 하나 불행한 헌정사의 한 페이지를 장식한다는 점에서 고민이 깊어진다.

　박근혜 정권의 실패는 이미 그 출범 때부터 예견됐다. 「사기열전」에 '부지기군 시기소사'(不知其君 視其所使, 그 군주가 어떤 사람인지를 알려거든 그가 기용한 사람을 보라)라는 명언이 나온다. 「자치통감」에는 '군인즉신직'(君仁則臣直, 성군이 되려면 직언하는 신하가 반드시 있어야 한다.)이라고 했다. 만고의 진리이다. 이 나라의 대통령이나 지도자가 되겠다는 사람들은 반드시 새겨두어야 하리라고 본다. 더 나아가 선택과 결단을 스스로 창출하지 않고 그것이 자신에게 던져지기만을 기다리는 사람, 위기 시 몸을 사리다가 중도적인 인물로 평가되어 그 과실을 차지하려는 사람은 나라의 중책을 맡을 자격이 없다고 본다. 이제 우리는 과대 포장된 인물 착시현상에서 벗어나야 한다. 새로운 패러다임, 시대정신을 이끌어갈 인물이 필요할 때이다.

한국의 대통령은
왜 실패를 거듭하는가*

박수받으며 떠난 대통령이 없는 나라

지난 금요일 박근혜 대통령이 헌법재판소의 파면 결정으로 대통령직을 상실했다. 대한민국 정부 수립 이후 70여 년 가까이 된 현재까지 우리는 열한 분의 대통령이 물러나는 것을 지켜봤다. 불행히도 국민의 박수갈채를 받으면서 청와대를 떠난 대통령은 한 분도 없었다. 박수는 아니더라도 국민의 마음속에 아쉬움을 남기면서 떠난 대통령도 없었다고 나는 보고 있다. 여기서의 국민은

* 2016. 11. 동아일보

건전한 양식과 사회통념을 지닌 다수 국민을 이름은 물론이다. 임기 말이 가까워질수록 국민들의 손가락질을 받으면서 쫓기듯 황망히 떠나는 대통령의 모습에서 한국 정치의 후진적 자화상을 보는 것 같아 허탈감이 엄습한다. 권좌에서 물러난 후에도 심판론이니 몸통론이니 하는 여론의 압박감에 시달리면서 편안한 일상의 삶을 살지 못하는 것이 현실이다. 과연 우리 국민들의 심성이 모질어서 그런가 아니면 영웅을 키우지 않는 우리의 고질적인 풍토 때문인가? 나는 그 일차적 책임은 대통령 자신에게 있다고 본다. 그다음으로 총리를 비롯한 측근들에 있다. 한국 대통령 실패의 가장 큰 원인은 대다수 국민들의 뜻을 저버린 대통령의 독선적인 인사정책에서 온 민심이반이었다. 이는 5년 단임의 현행 대통령제에만 해당하는 것이 아니었다. 어떤 형태의 대통령제 정부 형태에서도 일어날 수 있는 사단이다.

중국 춘추시대부터 진秦나라 통일까지의 장구한 550년의 역사를 풀어쓴 「열국지」는 이렇게 끝을 맺는다.

"자고로 흥하고 망한 나라를 보라, 모든 원인은 당시에 어진 신하를 등용했느냐 아니면 간신을 등용했느냐에서 판가름 났도다."

통치자가 어떤 인재를 쓰느냐에 그 정권, 더 나아가 그 나라의 흥망성쇠가 결정된다는 것이다. 군인즉신직君仁則臣直 - 임금이 어질면 신하는 곧다. 즉, 바른말 하는 신하가 있어야 성공한 군주가 된다. 「자치통감」에 나오는 명언이다. 대통령에게도 똑같이 적용되는 말이다. 지도자가 어질다는 것은 성품이 완벽하여 흠이 없다는 것을 의미하는 것은 아니다. 세상에 완벽하고 흠이 없는 것은 있을 수 없다. 어질다는 것은 자신의 과오를 인정할 수 있는 넉넉함과 남의 말을 잘 들을 수 있는 아량과 자신의 잘못을 시정하여 바로 행동으로 옮길 수 있음을 의미한다. 직언을 하는 자를 내치고 입에 맞는 말만 하는 자를 곁에 둔 지도자들은 대업을 성취할 수 없음은 물론 나라를 위태로운 지경으로 몰고 갈 수도 있다.

사마천은 「사기」에서 통치자 곁에는 천 사람의 '예, 예'하는 사람보다 바른말 하는 한 사람의 선비가 필요하다고 하면서 "통치자가 어떤 사람인지를 알려거든 그가 기용한 사람을 보라(부지기군, 시기소사 不知其君, 視其所使)"고 했다. 만고의 진리라 아니할 수 없다. 인재는 그 무엇과도 바꿀 수 없는 나라의 소중한 재산이자 보물이다. 링컨은 "유능하고 뛰어난 인재들이 나라에 공헌할 수 있는 기회를 빼앗을 권한은 대통령인 나에게 없다고 하면서 라이벌을 비롯한 반대당의 인사들을 폭넓게 기용하여 내전의 위기를 극복하고 국가통합을 이룰 수 있었다.

한국 대통령들의 인사정책의 잘못은 주변의 지인들이나 그들이 추천한 인사들을 자질과 적소에 대한 검증 없이 무리하게 기용하거나 기용하려 한 데서 비롯되었다. 이로 인해 대통령과 정권에 대한 신뢰 추락으로 이어졌던 것이다. 널리 인재를 구하지 않고 자신의 구역(나와바리)에서 심기 편하게 할 사람을 골라 쓰려다가 초래된 인사실패를 인사청문회 탓으로 돌리는 것은 소가 웃을 일이다.

국민의 뜻을 제대로 파악해 대통령에게 건의하고 국정에 반영하는, 다시 말해 직언과 실천력을 지닌 인물이 주변에 있어야 성공한 대통령으로 이어진다고 확신한다. 우리 헌법은 정권(권력)이 특정 집단이나 특정 정파에 의해 독점 행사되는 것을 방지하기 위하여 정치적 의사형성과정에 모든 국민이 균등하게 참여할 것을 요구하고 있다. 정권을 잡았다고 마음대로 인사권을 행사한다는 것은 헌법의 기본취지에 반하는 것이다. 참여의 기회균등에 바탕을 둔 국민적 합의만이 헌법이 선언하고 있는 민주개혁과 사회통합을 이루는 길이다. 역대 한국 대통령의 실패는 참여의 기회균등의 헌법 원리를 망각한 데서 그 원인을 찾을 수 있다.

이제 어느 누가 집권하든 진보보수, 좌우를 뛰어넘는 통 큰 국정운영을 하지 않으면 안 된다. 더 이상 철 지난 이념 조각이나 파벌, 파당 의식에 매몰되어 편 가르기식 국정운영이나 정치행보를 보이면 우리 사회의 공동체적 연대는 급속히 허물어질 것이다. 대권후보들에게 이 점을 맹성하기를 촉구한다.

제왕적 '대통령제'도
내로남불인가[*]

나는 박근혜 전 대통령(이하 박근혜라 약칭)의 퇴진을 요구하는 촛불집회에 박수를 보내고 탄핵에 찬성하는 입장에 섰던 사람이다. 국민의 소리를 장기판의 졸(卒)로 보는 박근혜의 불통과 독선에 진절머리가 났었다. 무엇보다 그런 권력의 횡포를 가능하게 하는 대통령제(제왕적 대통령제)를 끝낼 때가 됐다고 보았기 때문이다. 사실 박근혜에게 낙인찍힌 국정농단의 탄핵 사유는 그렇게 중한 헌법 위반은 아니었다. 그럼에도 국민은 권력을 전횡하는 대통령을 더이상 원하지 않았고 헌법재판소는 그런 국민의 여망을 받들어 대통령의 파면을 선언하였다. 사실 촛불집회에 동조했던 대다수 국민

[*]   2019. 9. 조선일보

이 원한 것은 제왕적 대통령의 탄생을 원천 차단하는 현행 헌법의 대통령제 폐지로서 박근혜 퇴진은 그에 따른 부차적인 것이었다.

따라서 문재인 대통령이 당선 직후 먼저 했어야 할 일은 헌법의 권력 구조를 개편하는 개헌을 단행하여 새 헌법에 의한 선거를 실시하고 새로운 국가수반에게 권력을 이양하는 일이었다. 이것이 촛불혁명의 완성이다. 대통령과 측근들은 이 정부는 촛불혁명으로 탄생했다고 자화자찬하곤 한다. 아전인수격의 촛불혁명 해석이다. 오해마시라. 촛불혁명으로 탄생한 진정한 정부는 제왕적 대통령제에 의하지 않는 헌법에 의하여 탄생할 정부이다. 문재인 정부는 과도기적 성격이라는 태생적 한계를 안고 있는 것이다. 현행 헌법이 정한 임기 종료 때까지 집권하겠다는 것은 제왕적 대통령을 5년 더 연장하겠다는 것이나 다름없다. 그런 의미에서는 아직 촛불혁명은 완성되지 않았다.

문 대통령의 권력 행사과정에서의 독선과 불통은 역대 대통령의 수준을 넘어섰다고 본다. 이번 조국 씨의 법무장관 임명 강행에서 보듯 그간 문 대통령은 인사청문회 결과 부적격 시비에 휘말려 청문보고서가 채택되지 못한 20명이 넘는 고위공직자를 자신의 뜻대로 임명했다. 전무후무할 일이다.

흔히 인사권은 대통령의 고유권한이라고 한다. 잘못된 표현이다. 대통령의 인사권은 헌법과 법률에 따라 국민이 위임한 권한이다. 헌법의 수권에 따라 제정된 국민의 대표기관이 행한 인사청문회를 통과하지 못한 사람을 임명 강행함은 헌법위반이라고 본다.

인사청문회를 통과할 수 있는 인사를 발탁하라. 그것이 헌법의 정신이자 국민의 가장 큰 심부름꾼인 대통령의 직무다. 내 주변에는 문 대통령의 공직배제 5대 원칙(병역면탈, 부동산투기, 탈세, 위장전입, 논문표절)공약에 공감해서 표를 던졌다는 사람이 상당수 있었다는 것을 상기하고자 한다. 자기들만이 정의를 독점하고 정의를 구현할 수 있다는 편협한 우월의식, 영웅주의에서 벗어나라. 참으로 소가 웃다가 코뚜레가 부러질 일이다. 5공 전두환 정권도 '정의 사회 구현'을 국정의 제일 목표로 내세우지 않았던가!

문 대통령의 외교, 안보, 경제정책에서의 헌법과의 부조화를 여기서 거론하고 싶지는 않다. 다만 한가지 – 국민은 국가 안위에 관련된 통일, 외교, 국방정책 등에 관하여 자유로운 의견개진과 토론을 통해 최종적인 결정권을 행사할 수 있는 헌법적 수권을 부여받고 있다는 것, 따라서 국민적 합의나 국회에서의 논의 과정을 배제한 정부 또는 정권적 차원의 독단이나 밀실행위에 의한 통일, 외교, 국방정책의 선언, 집행은 위헌적인 행위라는 것을 지적하고자 한다.

문 대통령의 지지율이 탄탄하지 않느냐고 반문할지 모른다. 수년 전 박근혜에 대한 30%대의 지지율이 요지부동처럼 보이자, 당시 유시민 씨가 박근혜가 나라를 팔아먹어도 지지할 사람들이라고 발언한 것을 기억한다. 박근혜 지지층에 대한 모독이었다. 그러나 그 지지율이 3~4%대로 무너지는 데는 6개월도 채 걸리지 않았다. 문 대통령은 이를 타산지석 내지 반면교사로 삼아야 한다. 우리 현대 정치사의 특징은 과거 정권으로부터 배우지 않으려는 데 있다. 전 정권을 부정하면서 원점에서 다시 시작하려다 보니 국민적 에너지와 소모적 국론분열이 되풀이되고 있다. 지금까지도 적폐청산이라는 초헌법적 개념을 내세워 과거 특정 정권에 대한 부정적 이미지를 적절히 환기시키면서 국민 편 가르기에 나서고 있다. 문 대통령의 국정운영 행태는 현행 헌법의 맹점인 제왕적 대통령의 행태를 이미 충분히 답습하고 있다. 그렇다면 묻고 싶다. 제왕적 대통령제도 내로남불(내가 하면 로맨스, 남이 하면 불륜)인가?

나라에 원로元老가 없다[*]

이명박 정부 후반기 때다. 나는 당시 이상득 의원이 구속되어 재판을 받고 있을 때 구치소로 접견을 간 적이 있다. 사건을 수임한 변호사가 아니라 도의상 찾아간 것이다. 그때 이상득 의원이 동생인 이명박이 대통령에 당선된 직후 장남이 자신에게 "이제 모든 공직에서 물러나 쉬십시오."라고 말했다면서 고개를 떨구던 모습이 생생하다. 만일 그때 이 의원이 장남의 요청대로 모든 직위에서 물러나 초야에서 유유자적했더라면 우리 사회의 존경받는 원로로서 남지 않았을까 하는 아쉬움이 남는다.

＊   2017. 2. 문화일보

우리에게는 존경할 만한, 특히 젊은이의 귀감이 될 만한 원로가 거의 없다. 국가가 위기에 처하거나 국론이 분열되었을 때 국민이 그 말의 무게감을 피부로 느끼면서 위안을 삼을 만한 원로가 몇이나 될까? 김수환 추기경, 법정 스님, 함석헌 선생 같은 반열의 경륜을 갖춘 분들은 아니더라도. 원로가 거의 없다는 것은 물러날 때가 되었는데도 물러나지 않고 권력욕, 명예욕, 재물욕에 집착하는 노욕老慾 때문이다. 노욕에 사로잡혀 그동안 쌓아왔던 명성마저 와르르 무너뜨리고 비참하게 퇴장한 원로들을 우리는 그동안 수없이 보아왔다.

내가 존경했던 약전 김성식 교수, 5공 시대 80이 다 되어서도 돌아가시기 전까지 직필을 휘둘렀던 분이다. 그는 한탄한다. 그동안 큰소리치면서 세상을 놀라게 하던, 이른바 명사들이 늙어가면서 자기 의사대로 행동하지 못하고 돈 따라 권력 따라 노구를 이끌고 다니는 것은 민망스러울 정도라고. 그러면서 "노욕을 가진 사람은 자신의 안위를 염려해서 과분한 욕심 때문에 분수에 넘는 일을 하고 사소한 개인감정으로 대의를 저버리기 일쑤다."라고 꼬집었다. (김성식 저「쓴소리 곧은 소리」) 인생을 보려면 다만 그 만년을 보라는 「채근담」의 경구는 종종 곱씹어볼 만하다. 이제 세상을 달관하면서 젊은이들에게 용기와 교훈을 주어야 할 명사들이 아직도 권력의 한켠을 서성대거나 정권 창출이라는 그럴듯한 명분

등에 휘말려 말년을 소모하는 것은 노욕이 아니면 무엇이겠는가.

나는 몇 년 전에 낸 저서 「사마천 한국견문록」에서 2014년 7.30 재·보궐선거에서 패한 당시 새정치민주연합 손학규 고문이 정계 은퇴를 하면서 던진 말을 원용했다. 그는 "정치인은 들고 날 때가 확실해야 한다는 것이 평소 생각"이라며 "지금은 제가 물러나는 것이 순리"라고 밝혀 사람들의 아쉬움을 샀었다. 나는 자신의 패배를 인정하고 물러나는 그의 뒷모습이 참으로 아름답다고 썼다. 그런 그가 다시 대선에 도전하겠다고 나섰다. 책의 개정판을 써야 할 것 같다.

반기문 전 유엔사무총장. 그는 이미 우리 젊은이들의 우상이고 세계인에게 각인된 인물이다. 나는 그가 퇴임 후에 국가와 국제사회의 원로로서 국내정치에 초연하면서 더 큰 역할을 하기를 기대했다. 그런데 역시나 귀국과 동시에 대권 도전을 선언하고 세를 규합하다가 지지율이 급락하면서 여의치 않자 정치판을 비판하면서 뜻을 접었다. 정치교체를 주장하면서도 정치교체와는 거리가 먼 인사들을 세 과시용으로 접촉하는 것을 보면서 국민들은 실망했을 것이다. 어떻든 본인의 표현대로 자신과 유엔의 명예에 큰 상처를 남겼으며 사회원로로서의 이미지를 반감시켰다. 인명진 목사, 성직자이기도 한, 때로는 시민운동을 함께 한 나로서는 그를 시민운동의 원로로서 존경했다. 그런 그가 국정파탄의 한 축인 집권당의 대표를 기다렸다는 듯이 맡았다. 오죽했으면 그가 관여하고 있는 「경실련」에서는 영구제명이라는 규약에도 없는 처분을 했겠는가! 안타까운 일이다. 이 모두가 나에게는 노욕의 소치라고 밖에 보이지 않는다.

그만둘 때를 알고 물러나는 자의 앞에 꽃잎 화사한 또 하나의 길이 있다는 것을 몸소 보여주는 강직하고 아름다운 정치인과 지도자들의 뒷모습을 보고 싶다. 로마의 정치가이자 철학자인 키케로는 폐부를 찌르는 애기를 한다. "노욕은 나그넷길은 얼마 남지 않았는데 노자路資를 더 마련하려는 것과 같아 어리석은 일이다"고.

사마천의 「사기」 이장군 열전 편에 도리불언 하자성혜桃李不言 下自成蹊라는 명구가 나온다. 복숭아나무와 오얏나무는 말이 없지만 그 아래에는 저절로 길이 생긴다는 뜻이다. 덕과 경륜을 쌓으면서 한 길을 가는 원로의 곁에는 그를 존경하고 따르는 사람들이 모여들게 마련이다. 나라에 도리桃李의 역할을 할 원로들이 그립다. 원로가 없는 사회는 삶의 풍경이 경박해질 수밖에 없다는 것을 사회의 지도자들은 깊이 인식할 필요가 있다.

3부

귀거래사^{歸去來辭}의 언덕

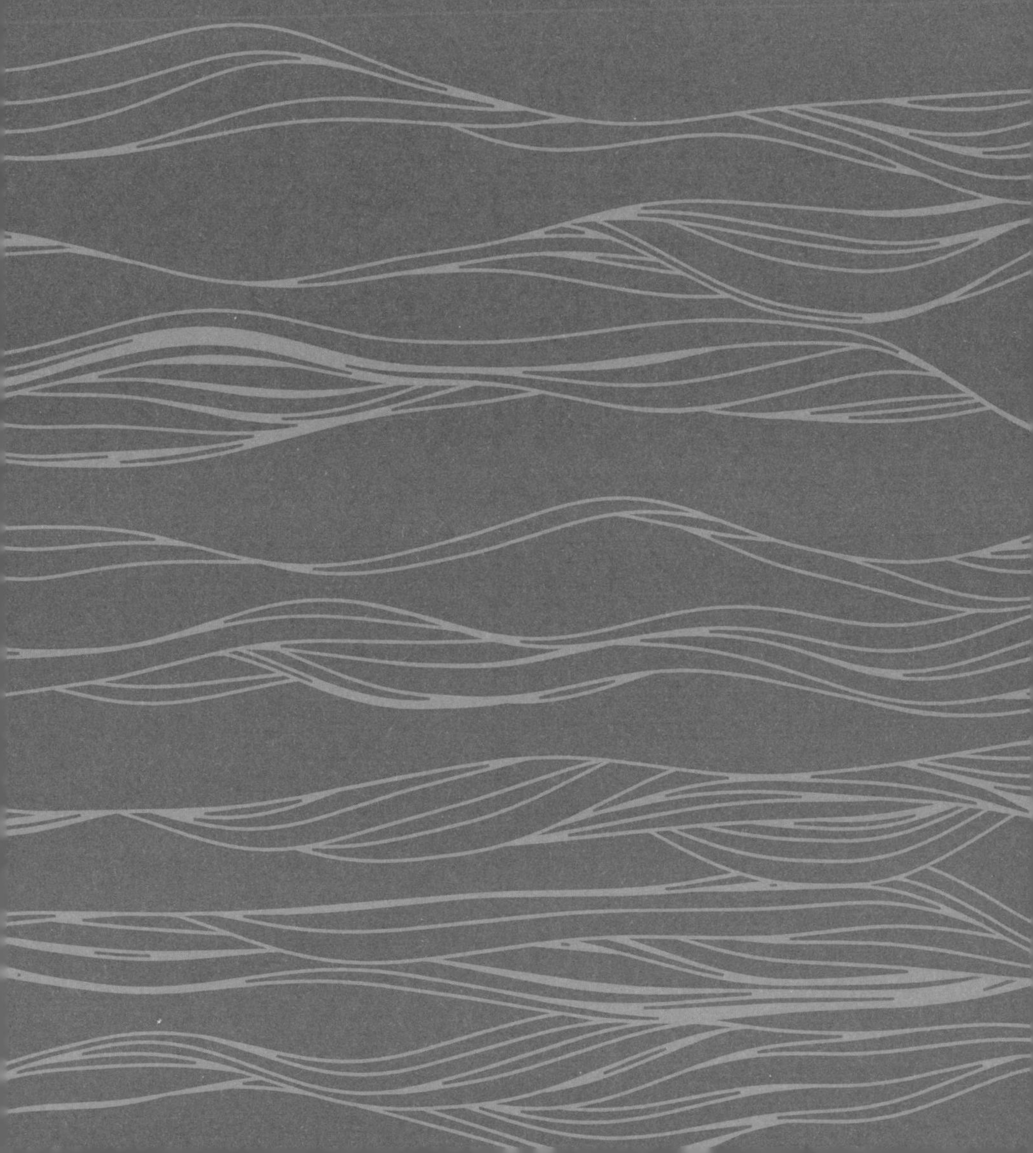

삶을 돌아보며 발견한
자유와 성찰

"돌처럼 착하게 생긴 한 녀석을 노래 불러 우리네 삶을 도탑게 하다." 행정고시 동기였던 친구가 내게 보내준 짤막한 시구다. 그는 나를 '돌못'이라고 불렀다. 돌처럼 단단한 마음을 지녔지만 연못처럼 넓은 가슴을 가진 사람이 되라는 격려였다. 그 노랫말 속에는 삶의 여정이 먼 길을 돌아 다시 원점으로 향하는 순간, 단단함과 넉넉함을 동시에 지니라는 메시지가 담겨 있다. 제3부의 제목 '귀거래사의 언덕'은 바로 그런 돌아봄의 마음을 뜻한다. 바쁜 공직과 시민운동, 법률가의 길을 걸어온 내가 이제 뒤돌아보며 발견한 자유와 성찰을 이야기하고자 한다.

1990년부터 30년 동안 사용해 온 일자형 지갑은 시간이 지나 겉면이 삭아도 내게는 소중한 추억이 담긴 물건이다. 그 지갑을 일본에서 두 번이나 잃어버렸다가 모두 되찾았다. 화장실에 올려둔 지갑을 호텔 직원이 찾아주고, 바쁜 열차 시간에 놓고 내린 지갑을 역무원이 뛰어와 건네주는 모습에서 나는 잔잔한 감동과 감사를 느꼈다. 현금과 신분증이 가득한 외국인의 지갑을 미련 없이 돌려주는 일본인들의 도덕심과 책임 의식에 고개를 숙이지 않을 수 없었다. 그 사건을 통해 깨달은 것은 두 가지다. 하나는 세상에는 아직도 남을 배려하고 공공의 책임을 지키는 사람들이 많다는 사실이고, 다른 하나는 내가 알지 못하는 사이에 운명을 바꾸는 일들이 벌어질 수 있다는 사실이다. 이후 나는 과거에 연연하거나 작은 일에 화내지 말고 현재의 순간을 즐기라는 괴테의 말을 마음에 새겼다.

이 이야기들은 단순한 분실 사건이 아니다. 돌이켜보면 나의 성격과 삶의 태도를 비추는 거울과 같다. 건망증과 작은 일에 지나치게 연연하는 성향은 스트레스를 쌓이게 하고 마음의 여유를 갉아먹는다. 지갑을 잃어버린 사실조차 모른 채 평온하게 생활하다가 되찾은 경험은, 때로는 과도한 걱정과 집착을 내려놓는 것이 오히려 삶을 낫게 한다는 것을 깨닫게 했다. 이런 깨달음은 법조인으로서 치열한 현장을 살아오면서 잊기 쉬운 삶의 기본을 다시 일깨워 준다.

또 하나, 3부에서는 일본에 대한 단상이 중요한 자리를 차지한다. 나는 1996년 이후 일본을 자주 방문하며 역사를 공부하고 현장을 둘러보았다. 일본에 대한 호감과 비판을 모두 경험한 만큼 감정적인 평가를 경계하려 노력했다. 우리는 일본을 "가깝고도 먼 나라"라고 하지만, 나는 "가깝고도 모르는 나라"라고 표현하고 싶다. 일본을 제대로 알지 못하면 많은 것을 놓치게 되고, 선입견으로 상대를 단정하면 서로에게 도움이 되지 않는다. 3부에서 나는 일본의 장점과 문제점을 균형 있게 바라보며, 이웃을 이해하는 일이 결국 우리 자신을 이해하는 일임을 전하고자 한다.

이렇듯 귀거래사歸去來辭의 언덕에서 바라본 나의 삶은 과거와 현재, 타국과 자국, 개인과 사회를 잇는 길 위에 서 있다. 오래된 지갑을 통해 '신뢰'와 '포용'을, 친구의 시를 통해 '넓은 가슴'을, 일본과의 관계를 통해 '이해와 성찰'을 배웠다. 이러한 경험들은 3부 전체를 관통하는 주제가 된다. 법과 정의의 현장에서 겪은 이야기뿐 아니라, 일상의 작은 사건과 여행에서 얻은 통찰도 함께 담겨 있다. 돌아가는 길목에서, 나는 비로소 자신을 돌아보고 자유의 의미를 묻는다. 독자들 역시 이 여정을 통해 자신의 삶과 주변 세계를 다시 바라보는 기회를 얻길 바란다.

石淵付頌(석연부송) —
석연에게 부치는 노래

오후 한나절 짧아서

生생을 讚찬하기에는

여유가 없다

人情인정도 없어 메마른 세파

사랑을 念염하기에는 주체할 체면이 없다

친구, 내 친구, 전라도 친구

그 이름은 돌못

천하를 포용하는 그의 넓은 가슴은 돌 연못이래도 좋다

높은 기개는 졸부가 아니어도 되고

義의만 통하는 친구만 있으면 된다

유월 어느 날
돌처럼 착하게 생긴 한 녀석을
노래 불러 友誼우의가 우리네
生생을 도탑게 하다

1980. 6. 18. 木立(목립) 鍾海(종해)

＊　이 시를 쓴 김종해는 저자의 행정고시 동기로서 평생을 공직에 봉직했다.

두 번 잃었다가 되찾은 지갑과
일본 단상斷想*

나는 크라운 마크가 새겨져 있는 검정 지갑을 1990년부터 30년 간 소지하고 있다. 접이식이 아닌 일자형 지갑이다. 오랜 세월 매일 갖고 다니면서 사용하다 보니 지금은 지갑 가장자리 올이 빠지고 가죽이 삭아서 무척 조심스럽게 다루고 있다. 그렇지만 나는 죽을 때까지 이 지갑을 쓰리라고 다짐하곤 한다. 이 소중한 지갑을 두 차례 잃어버렸다가 찾은 적이 있다. 지갑 안에 현금 등 귀중품이 잔뜩 들어 있는 상태로. 그것도 다 일본에서 일어난 일이다. 지갑 되찾음 사건은 일본에 대한 소회와 더불어 항상 내 뇌리에 새겨져 있다. 이제 그 일화를 공개하고자 한다.

*　이 글은 월간조선 2021년 2월호에 게재된 것임

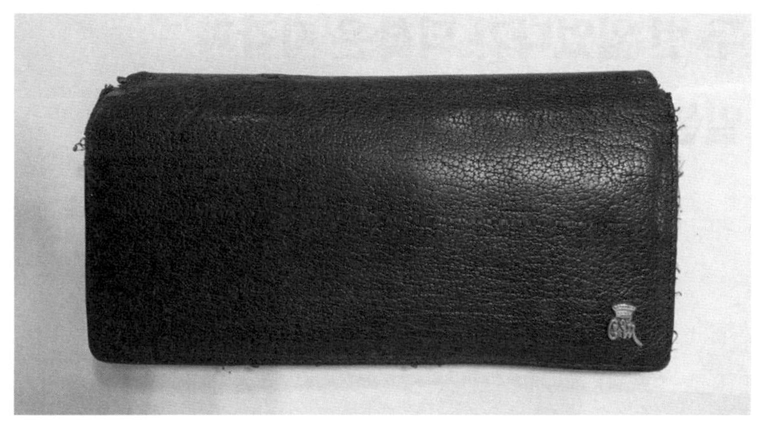

두 번 잃어버렸다가 찾은 지갑

앞부분은 분실사건이 있은 지 5일 후에 쓴 글로서 그대로 옮긴다. 뒷부분은 그날 메모해 둔 여행 수첩을 토대로 사실관계를 복원했고, 일본 단상 부분은 그간 느꼈던 나의 일본론의 일단을 피력했다.

첫 번째 되찾음과 그 소회

1) 2003. 11. 8. 고베神戸 Portopia 호텔에서다. 나는 그날 한일변호사협의회 참석차 동 호텔에 머물렀다. 기억하기론 13:00경 호

텔 로비 층에 있는 화장실에서 용변을 보는 중에 양복 상의에서 지갑을 꺼내어 명함과 전날 환전한 돈이 정확히 얼만지 확인한 바 있다.

지갑에는 일본 엔화 12만 6천 엔(한화 127만 원 정도)과 한국 돈 125,000원(자기앞수표 100,000원권 1매 포함), 여러 은행 신용카드와 신분증 그리고 내 사진 2매와 명함이 있었다. 무엇보다도 그날 오후 16:15 발 동경행 신칸센 티켓(전날 예매)이 같이 들어있었다. (그때 나는 게이오大 객원 연구원으로 한국과 일본 동경을 오가며 생활하고 있었다) 아마 화장실 문 뒤쪽에 걸어놓은 양복 상의에 지갑을 넣기 위해서는 용변 도중 일어나는 번거로움이 있으므로 용변 후에 넣으려고 지갑을 용변기 뒤에다 올려놓고서 그대로 나온 것 같다. 나는 이 사실을 전혀 알지 못했다.

곧이어 오후 1시 반부터 시작된 한일, 일한 변호사 협의회(25회) 정기총회에 참석하고 이어서 新堂行司 교수(일본 측 회장)의 특강을 들으면서 오후 세미나 일정을 다 채우지 못한 상태에서 15:00경에 호텔을 나서 신고베 新神戸 역으로 향해야 한다는 생각으로 마음은 바빴다. 그런데 新堂 교수의 강의가 끝날 무렵 호텔 직원이 내 자리에 찾아와 메모지와 함께 내 지갑을 건네주는 것이 아닌가. 메모지에는 "李石淵 先生 LEE SEOG-YEON 1F トイレに忘れ物"라고 적혀 있었다. 그때까지 나는 지갑을 잃어버린 사실조차 모르고 있다가 지갑을 받아 들고 비로소 상의 안쪽의 오

른쪽 호주머니가 텅 비어 있는 현실을 인지하고 말문이 막혔다. 정확히 1시간 반 동안에 지갑이 주인이 인식하지 못하는 사이에 분실되어 호텔 측의 노력으로 나한테 다시 돌아온 것이다.

다행히 지갑에 명함과 사진 등이 있고 그 호텔에서 한일변호 사협의회가 개최되고 있는 바람에 주인을 찾기가 좀 쉬웠는지도 모른다. 지갑 안의 내용물은 그대로 있었다. 나는 지갑을 누가 습득해서 호텔 측에 주었으며 나에게 어떻게 찾아오게 되었는가 등의 과정은 묻지 않았다. 일단 Hotel 프런트에 고맙다는 거듭된 마음을 전했다.

누가 주웠던지 일본 돈 현금이 130만 원 가까이 들어 있는 지갑을, 그것도 외국인의 것을, 쉽게 주인을 찾아 달라고 호텔 측에 넘겨준(그가 비록 호텔 직원이라 하더라도. 그러나 그날 토요일 오후에는 호텔에 여러 행사로 인하여 많은 사람들로 붐벼 호텔 종업원이 습득할 가능성은 거의 없는 것으로 보임) 사람의 마음가짐에 감탄과 경의를 표할 수밖에 없었다. 일본인들의 평균적인 도덕 수준과 사회적 의무감(책임 의식)의 일단을 보는 것 같았다.

오늘날 일본경제가 좀 침체되고, 일본 정치인들의 잇따른 한국 폄하 발언 등으로 일본에 대한 한국인의 감정이 저하되고 있다고는 하지만 세계 제2의 경제 대국을 이룬 일본의 저력은 이와 같은 작은 일(나에게는 중요한 일이었을지도 모른다)에서부터 아직도 건재하고 있음을 실감했다.

2) 이번 "지갑 되찾음 사건"에서 나는 3가지를 깨닫고, 반성하면서 개선해야 할 사항으로 꼽았다.

첫째, 건망증이 심각한 것이 아닌가이다. 이런 유사한 일이 종종 있었다. 그날 오전만 해도 로밍이 된 휴대전화를 한일 양국 이사회 회의실 자리에다 그대로 둔 채 점심 식당으로 왔었다. 이 사실 역시 까맣게 모르고 있다가 20여 분 후 경수근 변호사가 식당에서 휴대전화 주인이 누구냐고 찾을 때 비로소 알게 되었다.

두 번째로 그날 두 가지 분실 사건에서 보듯 작은 일에 지나치게 신경을 쓰는 나의 소심한 성격에서 그 분실 원인이 제공되었다고 생각하고 성격 개조(내지 개선) 노력이 요구되었다. 나의 결함 중 하나는 지난 일에 지나치게 연연해하거나 작은 일에 화내거나 신경 쓰는 것이다. 그러다 보니 현재를 편안하게 즐기는 마음의 자세가 부족하여 스트레스가 쌓이고 건강이 퇴보되는 상황이 종종 있는 것이 아닌가 한다.

세 번째로, 크게 깨달은 것은 내가 모르는 사이에 나의 운명을 결정짓는 일이 벌어지고 있다는 사실이다. 나에게 닥친 어떤 사실을 모르고 지내는 것이, 즉 운명의 화살을 피하기 위한 노력 없이 운명이 나를 비껴가거나 나를 옹호해 주는 행운을 얻게 될 때가 있다는 것이다. 내가 지갑을 잃어버린 사실을 알고 전전긍긍했

다면 얼마나 스트레스를 받고 정신건강의 훼손은 물론 자태의 초
조함을 드러냈겠는가. 오히려 그럴 경우 정작 지갑을 찾지 못하는
것으로 귀결 지어지는 것이 아니던가. 건망증에 유념하고 이를 제
거하기 위해 사소한 일에 신경 쓰면서 속으로 꿰맞추려는 초조함
과 나약함을 드러내는 생활을 과감히 탈피하여야 한다.

"지난 일에 연연하지 말고 특정인을 미워하지 말고, 작은 일에
화내지 말며 최선을 다하는 생활자세, 앞으로의 일은 신에게 맡
기고 현재의 이 순간 오늘의 이 시간 자체를 즐기는 것이 행복한
삶을, 보람 있는 삶을, 건강한 삶을 사는 길이다."(괴테)

3) 그날 Portopia 호텔에서의 지갑 되찾음 사건을 접하면서 문
득 떠오른 사건이 있었다. 금년(2003년) 5.30 제주 서귀포 KAL 호
텔에서 열렸던 역시 한일변호사 협의회 판례발표회 때의 일이다.
행사가 모두 끝나고 저녁 식사 도중에 일본 측 하마다 히데토시濱
田英敏(일본 오이타현 소속) 변호사가 서귀포 시내에서 쇼핑하고 오는
길이라면서 내가 있는 테이블로 허겁지겁 합류했다. 한참 분위기
가 무르익을 무렵 택시기사라고 밝힌 한 분이 호텔직원과 함께 우
리 테이블로 와서 자기 택시에 떨어뜨리고 갔다면서 하마다 변호
사의 지갑을 건네주는 것이었다. 지갑 안에는 다량의 현금과 각종
신분증명서, 카드 등이 들어 있었다고 한다. 나는 그 운전기사의

높은 도덕심과 책임 의식에 찬탄을 보냈으며 그 사실을 글로 써서 공표하려다 그만 게으른 탓에 그치고 만 적이 있었다. 하마다 변호사 역시 지갑을 분실하고 온 사실을 찾을 때까지 까맣게 모르고 있었던 점, 내 경우와 마찬가지였다.

그날 신칸센을 타기 위해 급히 Portopia 호텔을 나오면서 마침 로비에서 바로 그 하마다 변호사와 조우하였다. 내가 규슈의 오이타에 가면 한번 연락하겠다고 하였더니, 부디 그렇게 해달라면서 만면에 웃음을 띠고 있었다. 물론 지갑을 잃었다가 되찾았다는 얘기는 하지 않았으며 그렇게 할 시간도 없었다.

2003. 11. 13 게이오대학 연구실에서

두 번째 일화 - 도바역에서

2010년 10월 12일 나는 나고야에서 용무를 마치고 이세신궁伊勢神宮을 가기 위해 도바鳥羽행 열차를 탔다. 늦은 시간 미에三重현 도바에 도착하여 그곳에서 1박을 했다. 도바는 온천으로 유명할 뿐만 아니라 미키모토 코우키치御木本幸吉가 세계 최초로 진주 양식

에 성공한 곳으로 지금도 미키모토 진주는 세계적인 상품이다.

다음 날 09:00 도바역 티켓구매 창구에서 이세伊勢행 티켓(230엔)을 사려고 지갑에서 1,000엔 지폐를 꺼내 티켓과 거스름돈 동전을 받아 들고 지갑은 그대로 티켓 창구 위에 놓은 채 09:10 발 열차를 타려고 승차 체크대를 지나 지하층 플랫폼으로 내려갔다.

지갑을 놓고 온 줄은 전혀 모르고서 열차를 기다리던 중 09:08경 티켓 창구의 여직원이 황급히 계단을 내려와 나를 발견하고 지갑을 건네주고 총총히 돌아가는 것이 아닌가! 나는 순간 고맙다는 말만 하고 경위를 물어볼 경황도 시간도 없었다. 이미 열차가 플랫폼으로 들어오고 있었던 것이다. 내가 티켓을 구매할 때 영어로 말하고 특히 nine ten(9시 10분)을 복창한 것을 여직원이 기억하고 있어서 열차 출발 전임을 알고 쏜살같이 플랫폼으로 달려온 것이리라. 아마 나 다음으로 온 승객이 티켓 창구 받침대에 있는 지갑을 발견하고 그 여직원에게 건네준 것으로 추정된다.

지갑에는 엔화 9만 엔(110만 원 정도)과 각종 신용카드, 신분증 등 귀중품이 들어있었다. 그날 나는 이세역에 09:27에 도착(17분 소요)하여 2시간 반에 걸쳐 이세신궁 내 외궁을 둘러보았으나 종일 도바역에서의 그 극적인 장면이 뇌리에서 떠나지 않았다. 그리고 도바역 근무 그 여직원의 투철한 직업윤리와 책임 의식을 일본

이세신궁 내궁 앞에서 (2010년 10월)

언론에 기고하여 널리 알리고자 생각했다. 그러나 차일피일 미루다가 시기를 놓치고 이제야 그 일화를 활자화한다.

당시 20대 초중반 정도의 그 직원이 지금도 그 역에 근무하고 있는지 궁금하다. 벌써 10년이 지났으니….

---

1) 나는 1996년 이후 일본을 한 달에 한두 번 정도로 자주 가는 편이었다. 때문에 일본에 대한 호오好惡의 감정은 누구 못지않게 있을 수 있다. 특히 2003년 9월부터 2005년 3월까지 게이오대학 visiting scholar 시절은 격주로 일본과 한국을 오가며 머물렀다. 일본 역사와 인문 지리에 대하여 꽤 연구하고 현지답사를 한 바도 있다. 그 과정에서 일본의 저력과 문제점 또한 누구 못지않게 깊이 인식하고 체험했다. 그래서 일본에 대한 감정적이고 국수주의적인 성급한 평가를 자제하고 있다. 또한 일본의 방자한 태도에 대한 근거 없는 우월감에 입각한 의견표출도 자제하고 있다.

다만 이곳에서는 내가 구상하고 있는 일본, 일본인론의 극히 일부를 생각나는 대로 간략히 적는다.

2) 우리는 일본을 흔히 가깝고도 먼 나라라고 한다. 그러나 나는 가깝고도 모르는 나라라고 말하고 싶다. 일본을 모르면 많은 것을 잃고 사는 것이 된다. 일본은 들여다보면 빠져들고 등을 돌리면 잊는 나라다.

과거 일본이 우리로부터 많은 문물을 들여다가 오늘의 번영을 이루었다며 일본을 모방의 천재, 기술 복제의 도사라고 흔히 평가절하한다. 그러나 노벨상의 진수인 과학상 분야(물리학상, 화학상, 생리의학상)에서만 일본은 24명의 수상자를 배출했다(2020년 현재). 그것도 제2차 세계대전 이후에….

또 하나 우리가 간과하고 있는 일본 저력의 이면으로, 에도시대 (도쿠가와 막부)부터 메이지明治 이전까지 일본 국민의 절반 정도가 글을 읽을 수 있었다는 것은 잘 알려지지 않은 사실이다. 에도시대 테라코야寺子屋라는 서민교육 기관이 설치되어 평민들에게 교육을 시킨 결과이다. 19세기 중엽 세계적으로 식자율이 50%에 달한 나라는 영국밖에 없었다. 1862년에 출간된 후쿠자와 유키치의 「학문의 권장」이 340만 부가 넘게 팔렸다고 한다. 당시 일본 인구가 3,500만 명인 것에 비할 때 그들의 독서열은 광기에 가까웠다. 이것이 바로 메이지유신과 일본 군국주의, 나아가 오늘의 일본을 이룬 원동력이기도 하다. 반면 일본을 미개국으로 여기던 우리는 20세기 초 문맹률이 90%가 넘었다. 우리는 일본의 저력을 제대로 알고 일본을 극복克日하기 위한 노력을 경주해야 한다.

가끔 열차를 타고 일본을 여행하다 보면 기찻길이 마을에 바짝 붙어있다. 벌판이 푸르름으로 가득하다. 어느 곳 하나 빈 곳이 없다. 모든 면에서 이제 일본은 서구 모방의 단계를 지나 자기화 내지 창조를 향한 자신감의 단계에 들어서 있음을 느끼게 된다.

과거 우리를 통하여 문물을 받아들이고 국가 형성과 발전을 이룩하였던 일본인들이 근대에 눈이 먼저 뜨이자, 그들은 그들의 발전시험장으로 한반도를 택했다는 불쾌한 현실 앞에 우리는 분개한다. 그러나 화려했던 과거를 매양 운위한다는 것은 그만큼 부족한 현실을 합리화하는 것밖에 안 된다. 이제 우리는 그들을 이길 수 있다는 힘(정신력)을 지녀야 한다.

그간 일본이 방자하고 무례할 때마다 우리는 흥분하고 개탄하지만 달라진 것이 없었다. 격분과 망각을 되풀이했을 뿐 천편일률적인 반응만 되풀이해 왔다. 종종 국내 정치적으로, 국민 단합용으로, 정략적으로 일본을 편리하게 이용하는 세력에게 박수를 쳐주기도 하면서.

일본의 철저한 준비성, 미래 대처능력은 소름 끼칠 정도다. 내가 그날 도바에서 이세신궁伊勢神宮에 갔을 때 안 사실이지만 20년에 한 번씩 신궁을 새로 짓는 식년천궁式年遷宮을 위한 식목을 몇 년 전에 이미 끝냈다고 한다. 20년 후의 일들을 지금 해놓아야 한다는 것은 우리로서는 생각하기 힘들다. 그들은 이렇게 철저하다. 그들의 자로 우리를 볼 것은 아니어도 그들로부터 배울 것은 배워야 한다.

일본의 신궁이나 신사 구역은 철저히 통제되고 담 밖에서 안을 들여다볼 정도로만 공개된다. 밖에서의 촬영도 금지된다. 반면 바티칸 성베드로 성당 내부와 기자의 피라미드 안에서까지 카메

라를 들이대어 물의를 빚었던 그들이기도 하다. 외국인 관광객들에게 편의를 주고 있는 JR 패스 일등석을 휴대하고도 신칸센(도카이도, 산요, 규슈 신칸센) 중에서 가장 빠른(정차역이 적은) 노조미와 미즈호는 탈 수 없도록 하는 그들이기도 하다.

3) 우리는 일본을 알아야 한다. 역사상 한 민족이 이웃 민족을 이렇게 2000년 동안 괴롭히기만(?) 한 예는 없었다. 역사를 제대로 알면 우리는 일본에 대해 너그러울 수가 없다. 물론 오늘의 일본인들이 과거 그들의 선조들이 벌인 집단적 광기 형태의 침략의 잔인성에 대해 직접적인 책임은 없다. 그럼에도 과거 역사에 대한 일본인들의 적극적인 양심회복 운동을 기대해야 한다.

일상적 삶에서는 앞서 분실 지갑 사건에서 보듯이 지구상에서 둘째가라면 서러워할 정도로 선량하고 책임을 다하는 일본인들이다. 하지만 예의와 싹싹한 미소 뒤에 차가운 무표정을 숨긴 그들이기도 하다. 일본인의 생활문화에 접해보면 처음에는 깨끗하고 질서정연한 모습에 감탄하다가 나중에는 그 천편일률적이고 철저한 구역주의(이른바 나와바리 정신)에 갑갑함을 느끼기도 한다.

일본은 우리로부터 배워갔다. 지금도 우리보다 우리를 더 철저히 연구한다. 우리는 그들로부터 배우지 못하였다. 배울 수 있고 받을 수 있는 자가 더 가지게 되어있다. 우리는 그동안 일본의 무례와 방자에 대하여 격분하고 개탄했다.

　그간 한국 사회는 '친일 프레임' 내지 '친일 트라우마'에 빠져 있었다. 한국 사람이 가장 싫어하는 것 중의 하나가 '친일파'라는 프레임에 덧씌워지는 것이다. 친일파라는 말을 과잉해석해서 일본에 당연하게 해줘야 하거나 당연한 평가를 해야 하는 상황까지도 끌어넣고 한일 간 여러 현안을 파행적으로 몰고 갔었다. 특히 정치권이 이를 은근히 부추겼다. 이제는 바꿔야 한다. 왜냐, 우리가 자신감을 지니고 있고 일본을 극복할 수 있는 저력을 갖추었기 때문이다. 그런 바탕에서 양국은 상호보완적, 협력적 관계로 나갈 수밖에 없다.

　제레드 다이아몬드는 지적한다(「총, 균, 쇠」).

　"한국인과 일본인은 성장기를 함께 보낸 쌍둥이 형제와도 같다. 그럼에도 오랜 기간 양국은 서로에 대한 적의를 키워왔다. 동아시아의 정치적 미래는 양국이 고대에 쌓았던 유대를 성공적으로 재발견할 수 있는지에 달려있다."

　동의하기 어렵다고 하는 견해도 있겠지만 위 지적에 공감한다.

(2020. 12.)

'간양록'의 원류를 찾아간 시코쿠四國에서의 하루*

이국땅 삼경이면 밤마다 찬 서리고 / 어버이 한숨 쉬는 새벽달일세 / 피눈물로 한줄한줄 간양록을 적으니 / 임 그린 뜻 바다 되어 하늘에 닿을세라

조용필이 부른 '간양록'입니다. 애절한 가사에 가슴 밑창에서부터 쥐어짜듯 치솟아 오르는 격정을 담은 노래로 TV 드라마의 주제곡이기도 합니다.

이 간양록의 주인공이 바로 조선 중기의 선비 수은睡隱 강항姜沆 선생입니다. 전남 영광군 불갑면에서 태어난 선생은 세조 때의

* 2013. 7. 대한변협신문

문장가인 강희맹의 5대손으로 일곱 살 때 맹자 한 질을 하룻밤 사이 독파하였다는 신동이었습니다. 27세에 문과에 급제하여 형조좌랑으로 있던 1597년 정유재란 때 향리에서 왜장 토도 타카토라藤堂高虎軍에게 포로로 붙잡혀 두 형과 함께 일본으로 압송됩니다. 강항이 끌려간 곳은 토도가 성주로 있던 지금의 시코쿠 에히메현의 오즈大洲시였습니다. '간양록'은 강항이 이때 보고들은 왜국의 실상과 왜인들의 무지한 모습을 소상히 적어 선조 임금에게 올리는 형식의 글입니다.

지난 3월 초 나는 역사문화탐방의 일환으로 아내와 둘이서 일본 시코쿠 지방을 찾았습니다. 에히메현의 현청 소재지인 마쓰야마松山, 일본에서 가장 오래된 3000년의 역사를 자랑한다는 도고온천이 있는 곳입니다. 마쓰야마역에 도착하자마자 특급열차로 40분 거리에 있는 오즈시로 달려갔습니다. 풍치가 아름답고 수려하여 작은 교토라 불리는 오즈시, 그 역에서 택시로 15분, 오즈시민회관 앞에 있는 강항 선생의 현창비 앞에서 옷깃을 여몄습니다.

강항은 이곳 오즈성에서 억류생활을 하면서 탈출을 시도하다 붙잡혔으나 그의 문재를 아낀 승려 가이케이의 도움으로 목숨을 건지기도 합니다. 그의 고매한 학식이 널리 알려져 교토에 있는 후시미성으로 거처를 옮기게 되고 그는 그곳에서 후에 일본 주자학의 개조가 되는 승려 후지와라 세이카를 만납니다. 후지와라는 강항의 제자가 되어 강항이 친필로 써준 사서오경에 왜인들이 읽을 수 있도록 '왜훈'을 달아 일본 유학을 싹트게 합니다. 강항은 후지와라의 도움으로 억류 생활 4년 만인 1600년에 귀국하였고, 그 후 조정에서 내린 두 차례의 관직을 마다하고 향리에서 여생을 마칩니다.

강항이 포로로 머물렀던 오즈시에서는 그와의 인연을 기리기 위하여 현창비를 세우고 그 왼편에 한글과 일본어로 된 똑같은 크기의 비석문을 따로 세워 '일본 주자학의 아버지 유학자 강항'이라고 새기고 있습니다.

화강암으로 된 현창비는 벌써 검게 변해가고 있었고 비석 앞 제단 분향대는 빗물과 돌로 메워져 있었습니다. 나는 분향대를 청소한 후 인근 가게에서 꽃 한 다발을 사다가 꽂고 묵념을 올렸습니다. 3월 초인데도 주변의 벚꽃이 흐드러지게 피고 있었습니다. 마침, 토요일이라 시민회관의 당직 관리자를 찾았습니다. 한국에서 찾아오는 사람들이 거의 없다고 힘주어 말하는 것을 듣고 기분이 착잡했습니다.

마쓰야마는 인천공항과 정기 항공편이 있어(2013년 현재) 많은 한국인들이 찾는 곳입니다. 더욱이 이곳은 일본의 국민작가 나쓰메 소세키의 소설 '도련님'의 무대이자 시바 료타로의 '언덕 위의

마쓰야마현 오즈시 강항 선생 현창비 앞에서 (2013년 3월)

구름'의 주인공으로서 근대 일본 자존심의 상징적 인물인 아키야마 형제와 일본 국어학(하이쿠, 단카)의 대가인 마사오카 시키正岡子規의 고향이기도 합니다. 그곳으로부터 불과 1시간 거리에 포로의 신분으로서도 꿋꿋하게 절개를 지키면서 왜국의 지성을 일깨워 준 우리 선비의 발자취가 있습니다. 마쓰야마 아니 시코쿠 지방까지 갔다면 한번 찾아가 봄직하지 않은가! '간양록'과 서애 류성룡이 쓴 '징비록'을 읽으면서 말입니다. 역사를 알고 여행을 하는 자는 인생을 두 배로 산다고 했습니다.

나의 경찰대학 강의 —
추억과 현실이 어우러진 회상의 장場

내가 경찰대학에서 강연을 하기 시작한 것은 지난 2000년부터로 기억된다. 당시 나는 한국의 대표적 시민단체인 경제정의실천시민연합(경실련) 사무총장으로서 시민운동을 주도하고 있었다. 시민참여에 의한 정치, 경제, 사회개혁운동이 전 세계적으로 일고 있었으며 여론조사에서 한국을 움직이는 가장 영향력 있는 세력으로서 시민단체가 수년째 압도적 1위를 차지하고 있던 때였다. 2001년 8월경이었을 것이다. 나는 경실련 사무총장으로서 '한국시민운동의 역할과 바람직한 방향'이라는 주제로 치안정책과정에서 강의를 하였다. 그런데 강의 전날 문화일보(석간) 기자가 어떻게 알고 내 사무실로 찾아와 강연 내용을 알고 싶다면서 강연원고를 좀 얻었으면 했다. 이에 강연원고 없이 비공개로 진행하는 강연이라고 하면서 평소 내 시민운동관에 대해서 말하면서 대충 그런 내용이 될 것이라고 했다. 즉 '시민운동도 법의 테두리 내에서 해야 한다', '비록 법과 제도가 잘못되었다 하더라도 적법절차에 의해서 개폐될 수 있도록 해야지, 악법이라고 선언하면서 불복종 운동을 해서는 안 된다', '시민단체의 권력화, 관료화를 경계해야 한다', '시민단체의 정치참여는 바람직하지 않다'는 등 주로 시민운동의 순수성과 정치적 중립성을 강조하는 내용이었다. 나 역시 그러한 시민운동관에 바탕을 두고 경실련을 이끌고 있었음은 물론이다.

강의가 있던 날, 문화일보는 나의 이러한 견해를 1면 머리기사로 보도하면서 경찰대학에서의 강연내용이었음을 강조하였다. 그 무렵 나는 시민운동의 방법론을 놓고 박원순 참여연대 사무처장, 최열 환경운동연합 사무총장 등과 견해를 달리하고 있었다. 이에 모든 언론이 이 기사를 받아 대서특필함으로써 우리 사회를 뜨겁게 달군 바 있다. 그리고 마치 경찰대학 강연에서 내 강연내용이 공개된 것처럼 비쳐 당시 실무진이 곤혹스러워했다는 후일담을 듣고 미안한 마음을 전하기도 하였다. 내 견해에 비판적인 측에서는 내가 경찰대학에서 강연한 것 자체를 문제 삼기도 하였다. 그때는 바로 그런 분위기였으니까.

그 후 2003년 경찰대학발전위원회가 만들어지면서 그 위원으로 참여하여 매달 한 번씩 경찰대학 혁신방안에 대해 논의하던 기억이 새롭다. 위원으로 당시 방송인이던 유인촌 전 장관, 이상기 한국기자협회장 등이 참석한 기억이 난다. 법제처장 재직시에도 두 차례 경찰대학에서 특강을 한 적이 있으며 지금까지도 1년에 두세 차례의 강연을 지속하고 있다.

나는 시민운동가, 공직자, 법조인 등 어느 직위에 있든 경찰대학에서의 강의요청만은 거절한 적이 없다. 아무리 업무적으로 경황이 없고 시간에 쫓기더라도 경찰대학으로 가는 마음의 짬은 낼 수 있었다. 용인으로 가는 차창 밖으로 펼쳐지는 전원풍경에서 잠시 고향의 향수에 취하면서 어느덧 야산의 구릉지에 오롯이 자리한 경찰대학 캠퍼스의 해맑은 공기를 접하면 오히려 내 스스로가 어느 곳에서보다도 더 많은 마음의 안정과 평온을 느낄 수 있었다. 경찰대학 강의 과정에서 그려지는 마음속의 정경은 이제 나에게 추억과 현실이 어우러진 회상의 장場이 되었다. 그러다 보니 자연히 경찰공무원의 열악한 처우의 개선과 불합리한 경찰제도의 개혁에도 관심을 갖게 되고 때론 참여를 하다보니 어느새 나는 친親 경찰인사가 되어버린 것 같다. 그래 이제 명예경찰까지 되지 않았는가!

　요즘 내 강의의 주된 관심사는 "책과 더불어 남이 가지 않는 길을 간다"는 내 좌우명을 낳게 한 책 이야기다. 특히 내 인생을 사로잡은 책과 그 키워드를 통하여 삶의 지혜와 인간의 길을 모색하고 더 나아가 우리 사회가 나갈 방향 내지 바람직한 지식인(공직자)의 길을 성찰하는 체험적 강연이다. 직설적이고 딱딱한 내용보다 훨씬 관심과 호응이 컸음을 강의장 곳곳에서 느낄 수 있었다.

　주지하다시피 책을 많이 읽고 생각하는 힘을 기른 사람들은 사고가 자유롭고 하는 일에 자신감을 갖는다. 아울러 무언가 새로운 것에 도전하는 모험심과 용기가 충일하다. 비록 시행착오를 겪을지라도 종국에는 제대로 된 길을 찾는다. 바로 이런 사람들이 우리 사회에서 요구되어지는 것이다. 나 역시 공직자, 시민운동가, 법조인으로서 항상 '남이 가지 않는 길을 간다'는 모험과 도전정신으로 임하였지만, 늘 책 속의 지혜와 함께했기 때문에 큰 틀에서 벗어난 적이 없었다. 그리고 나름대로 소신의 일관성을 지켜왔다고 자부해 본다. 그런 의미에서 젊은 시절부터 나에게 많은 영향을 주었고 지금도 내 곁을 떠나지 않는 몇 권의 책을 추천하면서 글을 마치고자 한다.(2015. 2)

① 사마천의 「사기」
② 괴테의 「파우스트」

③ 플루타르코스의 「영웅전」

④ 조지훈의 「지조론」

⑤ C.W.체람의 「낭만적인 고고학 산책」

⑥ 마르코폴로의 「동방견문록」과 연암 박지원의 「열하일기」

⑦ 서애 류성룡의 「징비록」

⑧ 칼릴 지브란의 「예언자」와 「진리의 말씀」(법구경, 법정 스님 번역)

⑨ 「손자병법」과 「노자 도덕경」 등

범우 윤형두 출판역정 54년,
그 이문회우以文會友의 삶

以文會友 以友輔仁 (글로써 벗을 모으고, 벗 함으로써 서로의 인덕을 돕고 높인다. 논어 안연편)

윤형두, 그는 자유인이다. 그의 수필의 백미라 할 수 있는 〈연鳶처럼〉에서 소년시절부터 자유인으로서의 그의 기질을 엿볼 수 있다. 소년시절 그가 날리곤 했던 초라한 가오리연이 왕연王鳶의 횡포와 위세에 맥없이 실이 끊어지면서 허공으로 날려간다. 하지만 그는 희미하게 자취를 남기며 사라져 간 연을 동경하고 꿈꾼다. 당시 강박관념처럼 그를 짓누르곤 했던 가난과 고독, 수모를 겪지 않을 자유로운 세계를 꿈꾼 것처럼.

40대 초반에 쓴 그 글에서 고백한다.

「마음이 만들어 버린 속박, 눈으로 느낄 수 없는 질시와 모멸, 예기치 못했던 이별이 나를 엄습할 때면 나는 줄 끊어진 연이 되어 훨훨 하늘 여행이 하고파진다.」

그가 쌓아 온 출판인, 문필가, 생활인으로서 숱한 업적의 기저에는 이와 같은 자유인으로서의 신념과 소신이 뒷받침되었기에 가능하였다고 나는 확신한다.

30여 년 전, 나는 불후의 명작 〈그리스인 조르바〉를 쓴 니코스 카잔차키스의 묘비를 찾은 적이 있다.

나는 아무것도 바라지 않는다
나는 아무것도 두려워하지 않는다
나는 자유다

카잔차키스, 그는 일생을 여행과 꿈으로 점철시킨 진정한 자유인이었다. 나 역시 지금부터라도 자유인으로서 살고자 귀거래사를 읊조리던 차에 이 글을 쓰면서 윤형두 회장의 인생역정에서 또 하나의 자유인의 참모습을 보는 것 같아 흡족해 마지 않았음을 고백한다. 만약 윤형두 회장이 생전에 묘비명을 미리 쓴다면 자유인의 취지를 담은 한 문장 정도는 들어가야 하지 않을까?

윤형두, 그는 한국 출판문화를 이끌어온 원로元老다.

나는 중국 남송 때의 시인 육유陸游의 〈유산서촌遊山西村〉이라
는 한시를 즐겨 암송한다. 특히 끝부분의 두 구절을 좋아한다.

山重水複疑無路 (산중수복의무로)

柳暗花明又一村 (유암화명우일촌)

산 첩첩 물 겹겹 길 없는 듯 싶더니

버드나무 우거지고 꽃잎 화사한 곳에 또 마을 하나가 있네

이 구절을 읊을 때마다 가야 할 길을 알고 돌아가는 자의 앞
길에 꽃잎 화사한 또 하나의 마을이 있다는 것을 몸소 보여주는
강직하고 아름다운 원로들의 뒷모습을 그려보곤 한다.

우리 사회에는 존경할 만한, 젊은이들의 귀감이 될 만한 원로
가 거의 없다. 원로가 없다는 것은 그만둘 때가 되었는데도 물러
나지 않고 권력욕, 명예욕, 물욕에 집착하는 노욕 때문이다. 그런
가 하면 어느 분야에서 이룩한 업적을 발판으로 권력과 명예를
찾아 기웃거리다가 그동안 쌓아 온 명성마저 와르르 무너뜨리게
된 경우도 있다. 노욕에 사로잡혀 추한 모습을 보이고 비참하게
퇴장한 원로들을 그간 수없이 보아왔다.

물론 사람의 욕심은 끝이 없다. 하나를 얻으면 또 하나를 얻고

싶어 하는 게 인지상정이다. "말 타면 경마 잡히고 싶다"는 속담도 그런 보편의 심정을 대변하고 있다. 문제는 정도를 벗어난 탐욕이다. 멈춰야 할 때 멈추지 못하는 것이 바로 탐욕의 속성이다. 추醜하다는 것은 바로 멈추지 못함에서 오는 욕망의 과잉이다. 시인 이형기는 〈낙화〉라는 시에서

가야 할 때가 언제인가를

분명히 알고 가는 자의 뒷모습은

얼마나 아름다운가

라고 읊었다. 아름다움은 바로 가야 할 때를 아는 자족自足에서 출발한다.

법정 스님은 말한다 "나이 70이 넘어서도 어떤 지위에 집착하는 것은 통행 금지 시간이 지났는데도 길을 가는 것과 같아서 위태롭다"고. 로마의 정치가이자 철학자인 키케로는 폐부를 찌르는 얘기를 한다. "노욕은 나그넷길은 얼마 남지 않았는데 노자路資를 더 마련하겠다고 하는 것과 같이 어리석은 일이다."

원로가 없는 사회는 삶의 풍경이 경박해질 수밖에 없다.

윤형두 회장은 1970년대 초 이른바 〈다리〉지 필화 사건에서 보듯이 군사독재 암울했던 시절 민주화 투쟁에 참여했다. 그 후로도 출판을 통한 민주화운동을 꾸준히 전개해 왔다. 그로 인해

물질적, 정신적으로 불이익을 받기도 했다. 민주화운동을 주도하던 인사들과 깊은 교분을 맺으면서 고락을 함께해왔음은 잘 알려진 사실이다. 그 후 민주화 세력이 집권하고 힘든 시절을 함께 해왔던 분들이 권력의 전면에 나서게 되었다. 윤형두 회장도 마음만 먹으면 정계에 진출하거나 관련 공직 한자리쯤은 충분히 꿰찰 수 있었을 것이다. 그러나 그는 그렇게 하지 않았다. 그는 권력의 세계와 일정한 거리를 두면서 출판인으로서의 자세를 지금까지 견지하고 있다. 그가 쓴 글을 보면 종종 정치인 관련 행사나 정부 행사에 다녀와서 행사 분위기 등과 관련하여 불편한 심기를 드러내면서 자신은 흔들리지 않고 갈 길을 가겠다는 결의의 장면이 나온다. 나는 읽던 글을 멈추고 안도하면서 출판인 윤형두를 다시 생각하곤 했다. 그렇기에 누가 뭐래도 그는 오늘의 한국 사회에서 출판문화와 독서문화를 이끌어온 존경할 만한 원로로서 자리매김하였다고 본다.

내가 즐겨 읽는 사마천의 〈사기史記〉 「이장군 열전」에 도리불언 하자성혜桃李不言 下自成蹊라는 명구가 나온다. 복숭아나무와 오얏나무는 말이 없지만 그 아래 저절로 길이 생긴다. 즉 덕이 있는 사람 밑에는 따르는 사람들이 모여든다는 뜻이다. 참으로 멋진 말이다. 내가 가장 좋아하는 말이기도 하다. 진정한 원로의 역할이 무엇인지를 알려주는 사자성어가 아닐 수 없다. 윤형두 회장이야말로 그 분야에서 바로 도리桃李의 역할을 했던 분이라고 말하고 싶다. 단순히 덕담 치레에 한몫 끼려는 게 아니다. 그가 걸어온 86년 삶의 궤적이 그렇지 아니한가!

그는 어느 글에서 「나는 내가 직접 글을 쓰거나 다른 분들의 글을 모아서 책을 만들고 책을 파는 일로… 남들이 만들어 놓은 좋은 책을 모으는 일로 평생을 살아왔다.」고 고백한 적이 있다.

그는 한마디로 논어(안연편)의 「이문회우 이우보인以文會友 以友輔仁」정신을 실천한 삶을 살아왔다. 글로 벗을 모으고 벗과 사귐으로써 서로의 인덕을 쌓아 삶의 질을 가꾸고 높여온 것이다.

나 역시 범우문고를 비롯, 범우사상신서, 범우세계문학, 범우고전선 등을 통하여 지금까지도 지식과 지혜의 자양분을 흡수하고 있다. 그런 점에서 사사로운 인연을 떠나 그가 깔아준 글文을 통하여 나도 그의 벗이 되어 내 삶을 풍요롭고 돈독히 하고 있다고 하겠다.

윤형두, 그는 문필가(수필가)다. 그의 뛰어난 필력과 다양한 문력文歷이 출판인으로서의 비중에 가려진 감이 없지 않다. 나는 그의 수필의 정수를 모아놓은 수필집 〈바다가 보이는 창〉을 늘 가까이 두고 본다. 그런가 하면 그의 여행기와 일기체의 글 등도 흥미롭게 읽곤 한다.

문여기인文如其人, '글은 곧 그 사람이다'란 말이 있다. 글 속에
는 그 사람의 성정과 인품이 묻어난다. 문자향文字香이다. 그의 글
에는 섬세함과 외로움, 서글픔이 묻어나면서도 끝맺음의 울림이
묵직하다. 때로는 에둘러 표현하는 현실비판과 접촉 인물에 대한
솔직한 호오好惡의 감정이 절제된 문장으로 녹아있다. 나는 〈책
과 인생〉에 연재 중인 「한 출판인의 사초私草」를 빠뜨리지 않고 읽
는다. 일기체의 다소 산만한 구성이라서 가볍게 읽다 보면 어느덧
깊이 빨려든다. 그 행간에서 그 시절 그 시대의 체취를 느낄 수 있
고 인간관계에서 오는 심적 갈등을 표출한 장면에서는 인간 윤형
두의 진면목을 엿보기도 한다.

산악인이기도 한 윤형두 회장은 2000년 60대 후반의 나이에
아프리카 킬리만자로 등반 중 맹장이 파열된 상태로 열흘을 버텨
일정대로 귀국한 적이 있다. 당시 그는 극도의 고통을 참으면서 초
인적 의지를 발휘하고 있다(〈책과 인생〉 2000년 5, 6월호 「한 출판인의 사
초」), 극한의 과정에서도 그는 여정을 기록하고 있다. 그러면서 다
짐한다.

"헤밍웨이는 〈킬리만자로의 눈〉이란 작품에서 다가올 죽음을
예감하면서 지나온 생애를 회상하는데, 나는 살아서 정들었던 사
람과 나를 괴롭혔던 사람들의 삶을 보기 위해서도 살아야 한다"
라고.

헤밍웨이의 명작 〈킬리만자로의 눈〉, 나는 이 소설과 동명의
영화를 두어 차례로 번갈아 가면서 읽고 본 적이 있다. 책의 여운
과 영화의 잔영이 지금도 눈에 선하다.

상류사회로 진입하여 돈 많은 여자와 결혼한 주인공(작가)이
아내와 사파리 여행을 하던 중 킬리만자로의 산 아래에서 괴저병
에 걸린다. 그는 서서히 죽어가면서 작가로서 자신의 재능을 사
용하지 않은 채 수년 동안 안락과 편안함만을 추구하다가 결국은
그의 열정과 욕망이 천천히 고갈된 자신의 과거를 회상한다. 그는
비록 육체적인 고통 없이 죽어가고 있지만 정작 그를 고통으로 몰
고 간 것은 쾌락과 안락에 안주하여 자신의 재능을 꽃피울 기회
를 잃어버린 그의 과거에 대한 후회였다.

그 배경과 상황이 우연히도 일치하는 킬리만자로에서 〈킬리만
자로의 눈〉의 주인공이 죽음을 향해갈 때 윤형두 회장은 극도의
고통을 극복하고 무사히 귀국, 수술을 받고 쾌유할 수 있었다. 극
한의 고통을 수반한 한계상황을 극복 가능한 희망의 무지개로 반
전시킨 것이다. 그 후 20년이 지난 지금까지도 그는 일관된 소신
과 열정으로 그의 길을 묵묵히 가고 있다.

　　범우사와 함께한 그의 54년 삶의 역정에 축하의 말씀과 존경의 마음을 전한다. 범우사 창립 60주년, 70주년 때에도 한결같은 그의 모습을 기대하며 아울러 범우사의 앞길에도 깊은 신뢰와 응원의 박수를 보내고자 한다.

「범우 68집, 2020」

마이애미에서
아내에게 띄우는 편지

사랑하는 아내에게!

집을 떠난 지가 17일째, 아마 결혼 후 당신 곁을 가장 오래 떠나있는 시간으로 접어드는 것 같소. 한 달간에 걸친 이번 미국방문은 국제문제에 대한 인식의 폭을 넓히는 외에도 나에 대하여 그리고 당신과 우리 가족의 소중함에 대하여 되돌아볼 수 있는 기회가 되지 않았나 하오.

이국에서의 형식적이고 판에 박힌 인간관계를 느낄 때마다, 이름 모를 미국 가족들의 단란한 모습을 볼 때마다, 홀로 짐을 꾸려 이 도시 저 도시를 옮길 때마다, 호텔 방에서 일과를 정리하면서 상념에 잠길 때마다, 당신과 아이들 특히 당신 생각이 항상 내 마음을 점하고 있소. 당신과 함께하는 여행이었으면 일시적인 의견 충돌로 언성을 높이는 일이 있더라도 더 이상 무엇을 바라리오.

금년 5월이면 우리 결혼 18주년이 되는군요. 그동안 때로는 성취의 뿌듯함으로 점철된 나날이 있었는가 하면, 때로는 아쉬움과 서운함으로 가슴 조이던 시간도 있었던 것 같소. 하지만 나는 지금까지 달려온 길을 접어두고 다시 새로이 시작하는 마음으로 하루하루를 살고 싶소. 지난날의 성취감에 집착하는 것은 그만큼 부족한 현실을 합리화함과 동시에 미래에 대한 도전정신을 스스로 꺾는 것이 되기 때문이오.

그간 당신은 근평, 근우, 근경 세 아들을 올바르게 키웠으며 이에 내가 크게 기여를 못 한 것이 죄송할 따름이오. 이 세 아이가 무엇이 되느냐보다 이들이 현재 이만큼 성장하여 제 몫을 하고 있다는 그 자체가 중요한 것이고 그에 쏟은 당신의 숨은 노력을 높이 사고 싶은 것이오. 아마 우리 아이들은 당신이 바라듯 자신이 처한 위치에서 최선을 다하는 성실한 사람으로 커갈 것을 굳게 믿고 있소, 그리고 나 자신도 이제 좀 더 아이들과 함께 思考하고 고민하는 시간을 많이 가지려고 하오.

그간 당신에게 사랑이 담긴 다정한 말을 표출하지 못한 데 대하여, 그리고 쉽게 성질을 내고 투정(?)을 부린 데 대하여 항상 미안하게 생각하고 사과하고 싶소. 당신에게 성질을 내고 제풀에 못이겨 금방 후회하는 못된 성격이 있는 것 같소. 내 마음은 항상 그렇지 않으리라는 것, 누구보다도 당신이 알고 있으리라 믿소. 그렇지만 내가 쉽게 낸 성질의 여파가 당신의 마음에 상처를 주고, 우리 부부공동체에 대한 신뢰의 훼손을 가져다줄 수 있을지 모른다는 것을 항상 염두에 두고, 앞으로 나 자신이 좀 더 성숙한 인격의 소유자가 되기 위하여 노력하겠소.

이제 우리 앞으로 더 멋지고 품격 있는 생활을 영위하고자 하오. 미래를 위해 열심히 부와 명예를 쌓는 것도 중요하지만 오늘 바로 현실에서 생활의 질이 더욱 중요한 것이라고 생각하오. 우리의 그런 생활을 떠받쳐주는 돈이야 까짓 우리의 수요에 응해서 따라 주겠지, 하는 그런 운명론적인 생각을 나는 항상 가지고 있다오.

내 의식의 밑바닥에서 우러나오는 진한 사랑의 마음을 전하면서 이 글을 맺고자 하오.

2001. 2. 26 미국 국무부초청 여행 중 플로리다의 마이애미에서

당신이 사랑하는 남편 석연 씀.

나의 귀거래사歸去來辭

봄의 꽃자리에 연두색 신록이 탐스럽게 펼쳐지고 있습니다. 비가 한 순씩 내릴 때마다 잎새의 푸르름은 눈에 보이게 짙어만 갑니다. 불어오는 바람결은 싱그럽고 휘날리는 여인의 머리칼은 인간에의 향수를 자아내게 합니다. 陽春佳節, 그동안 미혹에 홀려 이제야 느낍니다.

"세속이 나와는 어긋나는데 다시 나가 무엇을 더 얻으리오."
도연명은 이렇게 읊으면서 나이 40에 귀거래 하였습니다. 나는 무엇을 더 구하겠다고 허송대다가 60 중반이 넘어서야 귀거래사를 읊조리게 되었는가!

이제 철저히 내 삶을 살 때가 온 것 같습니다. 아니, 나만의 삶을 찾으려고 합니다. 좀 늦은 감이 있습니다만 "지금이 바로 그때이다. 그때가 따로 있는 것이 아니다 即時現今 更無時節."

30여 년 전인 1991년 10월, 나는 바르셀로나에서 열린 세계법률가대회에 참석하고 일행과 함께 그리스의 크레타섬을 찾았습니다. 크노소스 궁전 유적지를 답사하기에 앞서 불후의 명작 〈그리스인 조르바〉를 쓴 니코스 카잔차키스 묘비를 찾은 적이 있습니다.

나는 아무것도 바라지 않는다
나는 아무것도 두려워하지 않는다
나는 자유다

그가 생전에 직접 쓴 묘비명, 그 당시 별 감흥 없이 메모한 것이 이제야 절절히 다가옵니다. 그는 일생을 여행과 꿈으로 보낸 진정한 자유인이었습니다. 나 역시 지금부터라도 以文會友(논어 안연 편) 하면서 자유인으로 살고자 합니다.

벗이여, 와인잔을 기울이는 조촐한 자리 마련하고 기다리겠네!

2020. 4. 19. 이석연 드림

4부

헌법의 나침반을 붙들다

혼란의 시대,
신념이 길을 지킨다는 증언

세월 속의 바다는 한순간도 같은 얼굴을 보여주지 않는다. 평온한 날의 잔잔한 물결도 있지만, 뜻하지 않은 폭풍과 마주할 때도 있다. 법과 정치의 바다도 마찬가지다. 자유와 권력이 서로 끊임없이 부딪히고, 때로는 거친 파도가 우리 사회를 뒤흔든다. 4부에서 나는 이러한 파도 속에서 헌법을 어떻게 붙잡고 항해해 왔는지 이야기하고자 한다.

권력은 국가를 움직이는 동력이지만 무분별하게 휘두를 경우 민주주의를 침몰시킬 수 있다. 칼은 칼집에 있을 때 그 가치가 빛나는 법이다. 반대로 자유는 소중한 가치지만 절제되지 않으면 공동체의 안전을 위협한다. 헌법은 두 요소 사이에서 균형을 찾는 저울과 같다. 여기에 스스로를 바로잡는 장치가 존재한다는 점이 중요하다. 정치적 분쟁에서 낯설게 들릴 수 있는 '탄핵'이 사실은 권력의 폭주를 막는 마지막 보호막이라는 사실을 기억해야 한다. 2004년과 2017년 두 차례의 대통령 탄핵은 혼란 속에서도 헌법이 살아있음을 보여 준 사례였다.

2024년 말 비상계엄 선포는 그 위헌 불법성을 떠나 나에게 또 다른 경종을 울렸다. 절차적 정당성을 무시한 권력의 행동은 순간적인 안정을 주는 듯 보일지 모르지만, 그것이 불러올 파장은 엄청나다. 민주주의는 "내 편이 이기는 것"이 아니라 법과 규칙을 받아들이는 것임을 새삼 깨달았다. 이를 통해 얻은 교훈은 한결같다. 헌법을 손에 쥐고 있어야만 예측할 수 없는 파도를 넘어설 수 있다는 것이다.

내가 젊은 시절 마음속에 새긴 말은 "남들이 가지 않는 길을 가겠다"는 다짐이었다. 그 길은 외롭고 험한 때가 많았지만, 시간이 흐를수록 헌법을 향한 신념이 나침반이 되어 주었다는 것을 깨닫는다. 지금의 내가 맡은 역할 또한 헌법적 가치를 중시하면서 국민 모두의 목소리를 듣는 일이다. 갈라진 파도를 억지로 잠재우기보다는, 서로 다른 물결이 함께 흘러갈 수 있도록 길을 만드는 것이다.

　4부는 그래서 과거와 현재를 관통하는 이야기를 담고 있다. 헌법재판소 1호 연구관으로서 배운 것, 법제처장으로서 목격한 권력의 속성, 비상계엄과 탄핵 논쟁을 지켜본 경험이 엮여 있다. 그 과정에서 나는 헌법이 추상적 문서가 아니라 우리 일상을 지키는 구체적 약속임을 거듭 확인했다. 한편으로는 헌법이 변화를 맞이해야 한다는 생각도 피하지 않는다. 제도 개혁과 국민적 합의를 통해 시대에 맞는 방향을 찾아야 한다고 믿는다.

　바다는 언제나 파도를 품는다. 나도 헌법이라는 넓은 바다를 가슴에 품고, 또다시 다가올 거센 물결을 준비하고 있다. 이번 프롤로그는 앞으로 펼쳐질 이야기의 작은 등대다. 독자들이 4부를 읽으며 헌법이 우리에게 던지는 질문을 함께 고민하고, 각자의 삶 속에서 나침반을 찾아가길 바란다.

대통령은 초월적 존재인가

(2024년 11월, 비상계엄 20일전 조선일보 기고문)

소가 웃다가 코뚜레 부러질 일들이다.— 김건희 여사의 계좌를 거쳐 이뤄진 48건의 주식거래가 이미 유죄로 판단되었고 자신의 주식을 허락 없이 싸게 처분했다고 작전세력에게 항의했다는 법정증언까지 나왔는데도 김 여사는 주가 조작과 아무 관련이 없단다. 최재영 목사가 디올백 사 들고 김여사에게 찾아가 아무개 무엇 시켜주고 국립묘지 안장해 달라고 부탁한 것은 대통령 직무와는 아무 관련이 없단다…. 삼척동자도 다 아는 일들을 가리려 한다. 타조가 다급히 모래 속에 머리를 파묻는 모습이 생각난다. 국민을 장기판의 졸卒로 보지 않고서는 있을 수 없는 변명들이 이어지고 있다. 부러진 코뚜레야 다시 끼워 넣으면 되지만 모래 속에 머리를 처박은 타조는 맹수나 사냥꾼이 그대로 돌려보내지 않는다는 데 있다. 그간 장기판의 졸로 숨죽이고 있던 국민은 이제 맹수 나 사냥꾼이 되어가려 하고 있다.

대통령 지지율이 20퍼센트대를 턱걸이한 지 오래다. 더 이상 대통령에 대한 충고나 간언도 공염불이 된 지 오래다. 에코 체임 버echo chamber에 갇혀있는 대통령을 극렬지지자(층)들이 이중 삼중 으로 에워싸고 있다. 오히려 대통령이 한술 더 떠 마이동풍馬耳東 風이 되고 있다. 부지기군 시기소사不知其君 視其所使 – 군주가 누구 인지를 알려거든 그가 부리는 사람을 보라. 만고의 명언이다. 국정 의 전 분야에서 파란이 일고 국민의 심성은 처처에서 편가르기로 사분오열되어 상처받고 있다. 민심이 갈라지면서 떠나는 소리가 들린다. 거대 야당과 이재명 대표의 책임은 왜 거론하지 않느냐는 예의 그 양비론자들의 질타의 목소리가 또 들린다. 늘 그래왔다. 그러나 국정파탄과 민심이반에 대한 직접적 책임은 헌법상 대통 령에게 있다. 거야巨野를 만들어준 것도 국민의 뜻이다. 국민만 보 고 가겠다는 대통령 말속의 국민은 어떤 국민인지 묻고 싶다. 돌 을 던져도 맞고 가겠다고 한다. 참으로 경악할 일이다. 두려워해야 할 것은 민심뿐이다. 물은 배를 띄울 수도 있지만 배를 뒤집을 수 도 있다. 대통령은 초월적 존재가 아니다.

헌법은 대통령에게 막강한 권한과 더불어 무거운 책임을 부과 하고 있다. 현행 헌법상 정부형태는 기본적으로 대통령제(대통령책 임제)다. 국정운영의 실책, 파탄이나 민심이반에 따른 국가적 혼란에 대해서는 대통령이 1차적 책임을 져야한다. 헌법에 내각이라는 용어는 존재하지 않는다. 국무총리는 대통령의 명을 받아 행정 각부를 통할하는 지위에 있을 뿐 국정에 관한 최종적인 책임자는 대통령이다. 그럼에도 그간 국정파탄의 고비마다 총리나 장관을 정치적 방탄벽으로 하여 대통령은 국정운영 결과에 초연하도록 잘못된 헌정운용 관행을 되풀이해 왔다. 흔히들 대통령은 내란·외환죄를 범하거나 탄핵에 의하지 않는 한 재임 중의 잘못에 책임을 지지도 않고 물을 수도 없다고 주장한다. 과연 그런가. 국정운영에 대한 최종적인 책임자라는 점과 대통령으로서의 직책을 성실히 수행할 것을 국민 앞에 엄숙히 선서하도록 한 헌법규정에 비추어 볼 때, 대통령이 직책을 제대로 수행하지 못하여 국가적 혼란과 현격한 민심이반 사태를 야기할 때에는 임기 중이라도 그 진퇴를 명백히 해야 한다는 것이 헌법의 취지다. 대통령이 궐위된 때 그 권한대행자와 후임자의 선거에 관한 규정을 직접 헌법에 둔 것도 이에 대비한 것이다.

우리는 헌법상 임기가 보장된 공직자가 중도하차한 적지 않은 경험을 갖고 있다. 여기에 대통령만이 예외라는 막연한 인식이 제왕적 대통령이라는 허상을 만들었다. 당선만 되면 모든 것을 움켜쥘 수 있다는 후진적 통치권 개념과 권력의 인격화 현상이 국민의 의식수준을 압도해 왔다. 대통령이 독선, 독단, 아집에 빠져 권력을 휘둘러도 임기 5년은 보장받는다는 단임제의 폐해―결국 국민의 저항에 부딪힐 수밖에 없다. 국민은 이미 촛불집회라는 저항권 행사를 경험한 바 있다. 대통령은 국민의 으뜸가는 공복(심부름꾼)이다. 심부름꾼이 잘못하면 주인에게 책임을 지고 심부름꾼으로서의 역할에 대하여 진지하게 성찰할 줄 알아야 한다. 윤 대통령은 이대로 가면 식물 대통령이 될 수밖에 없다. 그 사이 국가와 국민이 받는 혼란과 낭비, 스트레스는 어떻게 할 것인가. 지금이라도 주변을 정리하면서 개헌을 통하여 임기를 단축하고 남은 임기 동안 국정을 제대로 이끌어가는 것이 그나마의 차선책임을 강조한다.

탄핵은 헌법의
자기 통제 장치다

한 사회의 법질서는 언제나 권력과 자유 사이의 긴장 위에 서 있다. 권력은 국가를 움직이는 동력인 동시에 언제든 자의적 폭주로 흐를 수 있는 위험을 내포한다. 반대로 자유는 인간다운 삶의 토대이지만, 무한 확장을 허용할 경우 공동체의 안전과 질서를 해할 수도 있다. 헌법은 이 두 가지를 동시에 조율하는 거대한 균형추다. 그리고 그 균형추가 제 역할을 하기 위해서는 스스로를 제어할 수 있는 장치, 곧 헌법의 자기 통제 기능이 필요하다. 탄핵 제도는 바로 그 장치다.

우리 사회에서 탄핵은 종종 정치적 심판이나 정권 교체 수단으로 오해되곤 한다. 그러나 헌법이 마련한 탄핵 절차의 본질은 권력의 오용을 제도적으로 교정하는 헌정적 장치에 있다. 특정 인물의 정치적 흥망을 가르는 것이 아니라, 헌법의 질서를 바로 세우는 최후의 보루인 것이다.

나는 2024년 말 여러 언론과의 대담에서 "탄핵은 헌법의 자기 통제 장치"라고 표현했다. 이는 단순한 수사가 아니다. 헌법 제65조가 규정한 탄핵은 대통령을 포함한 모든 고위 공직자에게 권력은 무제한적이지 않다는 엄중한 메시지를 던진다. 권력자가 그 권한을 헌법과 법률에 따라 행사하지 않을 때, 헌법은 스스로를 보호하기 위해 탄핵이라는 수단을 발동한다.

대한민국 헌정사는 여러 차례의 파국과 회복을 경험했다. 때로는 거리의 함성이 헌정질서를 밀어붙였고, 때로는 사법적 판단이 역사의 분기점을 갈랐다. 그러나 그 과정에서 드러난 공통점은 분명하다. 헌법은 침묵하지 않았다.

2004년의 대통령 탄핵소추, 2017년의 대통령 파면은 모두 헌법재판소라는 제도적 기구를 통해 마무리되었다. 비록 정치적 논란은 거셌으나, 헌법적 절차가 살아 있었기에 국가는 무너지지 않았다.

최근 2024.12.3 대통령의 비상계엄 선포 논란은 다시금 우리 헌정체제를 시험대 위에 올려놓았다. 계엄은 본래 전시나 내란 등

극단적 위기 상황에서만 발동될 수 있는 비상조치다. 그럼에도 이를 정치적 국면전환용이나 정권강화 유지의 수단으로 오용한다면, 헌법의 근간은 뿌리째 흔들린다. 이런 경우 탄핵은 선택의 문제가 아니라 헌정질서의 불가피한 귀결이다. 탄핵은 권력을 무너뜨리는 도구가 아니라, 헌법을 지켜내는 방패다.

헌법은 단순한 문서가 아니다. 그것은 역사 속에서 수많은 희생과 성찰을 통해 세워진 공동체의 약속이다. 나는 오랜 법조 생활 속에서 헌법을 늘 '살아 있는 나침반'으로 여겨왔다. 방향을 잃은 배가 나침반 없이는 항해할 수 없듯, 국가는 헌법 없이는 민주주의의 바다를 건널 수 없다.

탄핵은 이 나침반이 가리키는 바늘을 바로잡는 순간이다. 권력이 일탈하면 헌법은 단호하게 제동을 걸고, 권한을 회수함으로써 다시 균형을 회복한다. 바로 이 점에서 탄핵은 단순한 정치적 사건이 아니라 헌법주의의 자기증언이다.

오늘 우리가 탄핵 제도를 헌법의 자기 통제 장치로 받아들이는 태도는 미래 세대의 민주주의 문화를 결정짓는다. 만약 탄핵을 정치적 보복으로 치부한다면, 권력의 폭주는 반복될 것이며 헌정질서는 그때마다 파괴될 것이다. 그러나 탄핵을 헌법의 자기정화로 이해한다면, 한국 민주주의는 더욱 단단한 토대 위에 서게 될 것이다.

나는 젊은 시절 금산사 심원암에서 수백 권의 책을 읽으며 "남이 가지 않는 길을 간다"는 모토를 가슴에 새겼다.

그 길은 종종 외롭고 고단했으나, 결국 스스로를 단련하며 나아가는 길이었다. 헌법도 마찬가지다. 권력의 길이 아무리 요란해도, 헌법은 묵묵히 자기 길을 간다. 그 길은 단기적인 이익이나 권력자의 의지가 아니라, 공동체 전체의 장기적 안녕과 자유를 향해 있다.

탄핵은 헌법이 스스로를 지켜내는 방법이다. 헌법은 인간의 불완전성을 전제한다. 권력자의 선의에만 기대지 않고, 제도적 장치를 통해 스스로를 방어한다. 탄핵은 헌법이 스스로에게 거는 채찍이자, 민주주의가 자기 생명을 연장하는 숨결이다.

그러므로 탄핵은 비극이 아니다. 그것은 헌정질서가 여전히 살아 있음을 증명하는 희망의 징표다. 역사가 요구할 때 헌법은 망설이지 않는다. 권력을 제어하고 공동체의 길을 바로 세우는 그 순간, 우리는 헌법이 여전히 우리와 함께 살아 숨 쉬고 있음을 확인한다.

거듭 강조하거니와 탄핵은 헌법의 자기 통제 장치다. 그것은

우리 시대가 헌법 앞에 서서 자유와 권력의 균형을 다시금 다짐
하는 의식이자, 민주주의의 생명을 이어가는 성찰의 장이다.

비상계엄, 그
절차적 실체적 위헌의 그늘

2025년 4월 1일 전북일보 리더스 아카데미 강연장에 섰다. 정읍 출신으로 법제처장을 지낸 사람으로서, 그리고 스스로를 헌법주의자라 정의하는 사람으로서 12.3 비상계엄과 헌법에 대해 말해달라는 요청을 거절하지 않을 수 없었다. 혼란의 시대일수록 헌법의 언어로 말해야 한다는 것이 내 신념이다.

"헌법이 정한 절차를 반드시 지켜야 합니다. 헌법적 절차를 거치지 않은 어떤 행위도 정당화될 수 없습니다."

강연의 첫마디를 이렇게 시작한 것은 우연이 아니었다. 12.3 계엄은 헌법의 절차를 지키지 않은 명백한 위헌 행위였기 때문이다. 헌법 제77조는 분명하다. 비상계엄을 선포하려면 국무회의 심의를 거쳐야 하고, 회의록을 만들어 총리와 국무위원 전원이 서명해야 한다고 명백히 규정되어 있다. 이번 계엄은 그 절차를 지키지 않았다. 절차적으로도 위헌이다.

더 심각한 것은 내용상의 문제다. 병력을 동원해 안녕질서를 유지할 만한 긴박한 상태가 아님에도 계엄을 선포한 것은 명백한 위헌이다. 이는 헌법이 정한 궤도를 벗어난 정치 행위다. 아니, 더 정확히 말하자면 헌법 파괴 행위다.

포고령 1호에 '모든 정치활동을 금한다'고 되어있는 것을 보는 순간, 나는 소름이 끼쳤다. 이는 유신헌법을 반포하기 전 박정희가 10월 유신을 선포했던 것과 같은 패턴이다. 역사는 반복되는 것인가. 비상계엄 선포 때도 국회의 권한에 대해서는 손대지 못하게 되어있다. 정부와 법원의 권한에 대해서만 특별한 조치를 취할 수 있는데 '모든 정치활동 금지'라는 것은 그 한계를 넘어선 것이다.

만약 탄핵 심판이 기각된다면 어떻게 될 것인가. 대한민국 헌법은 규범력을 상실하고 장식 규범 내지 명목 규범으로 전락할 것이다. 이는 박정희, 전두환 시대의 군사독재 시절로 돌아가는 것과 다름없다. 헌법 위반을 밥 먹듯이 하고 장난으로 해서 국가 전체를 혼란에 빠뜨렸는데도 헌법적 통제가 이루어지지 않는다면, 한국의 입헌민주주의와 법치주의는 세계의 조롱거리가 될 것이다. 이것은 과장이 아니다.

나는 헌법 제10조를 우리 헌법의 최고 최선의 조항이라고 강조했다. "모든 국민은 인간으로서의 존엄과 가치를 가지며 행복을 추구할 권리를 가진다. 국가는 개인이 가지는 불가침의 기본적 인권을 확인하고 이를 보장할 의무를 진다." 이것이 헌법의 핵심 가치다. 우리 헌법은 정치사회적으로는 자유민주주의를, 경제적으로는 자유시장경제를 택하고 있다. 적법절차와 법치주의를 수단으로 하여 국민의 기본권 보장이라는 목표를 달성하고자 한다. 이것이 헌법의 기본 이념이다. 그런데 12.3 비상계엄은 이 모든 것을 무너뜨렸다.

사람들은 종종 헌법을 추상적인 것, 현실과 동떨어진 이상으로 여긴다. 잘못된 생각이다. 헌법은 우리의 일상을 지키는 가장 구체적인 약속이다. 그 약속이 지켜지지 않을 때, 우리는 독재와 전횡의 시대로 돌아간다. 내가 법조인으로 살아온 수십 년 동안 목격한 것이 바로 그것이다.

강연에서 나는 한국 정치의 문제점으로 '정치 과잉'과 '국론 분열'을 지적했다. 한국 사회가 앓고 있는 '한국병'으로 '내로남불', '편가르기', '아니면 말고식 폭로'를 꼽았다. 한국에는 정치가 없고 복수만 있을 뿐이다. 투표 결과도, 사법부 판결도 자신이 바라던 것과 다르게 나오면 받아들이지 않는다. 이것이 민주주의인가. 법치주의인가. 오해하지 마시라. 민주주의는 내 편이 이기는 것이 아니라 헌법과 법의 지배를 받아들이는 것이다. 법치주의는 내가 좋아하는 판결만 인정하는 것이 아니라 법원의 모든 판결을 존중하는 것이다.

우리는 지금 헌법적 통제가 실종된 시대를 살고 있다. 권력은 헌법을 자기 뜻대로 해석하고, 국민은 편을 갈라 싸운다. 헌법이 정한 절차와 원칙은 실종되고, 힘의 논리만이 지배한다. 이런 상황이 지속된다면 대한민국의 미래는 없다. 이것은 비관론이 아니라 헌법주의자로서의 냉정한 진단이다.

나는 강연을 마무리하며 헌법 개정의 필요성을 역설했다. 현행 5년 단임 대통령제는 실패했다. 이것은 이견의 여지가 없는 사실이다. 박근혜 정부를 무너뜨린 촛불집회도, 결국은 제왕적 대통령제에 대한 국민적 거부였다. 그런데 우리는 여전히 같은 제도 아래서 같은 문제를 반복하고 있다.

4년 중임 대통령제와 부통령제 도입, 결선투표제 실시. 이것이 내가 제안하는 통치구조와 관련된 개헌의 방향이다. 대법관과 헌법재판관에 대한 국민 심사제도 도입해야 한다. 권력에 대한 견제와 균형, 이것이 헌법의 정신이다.

그러나 여기서 분명히 해둘 것이 있다. 개헌은 특정 정권을 위한 것이 아니다. 개헌은 대한민국의 미래를 위한 것이다. 지금 집권한 정권이 개헌을 통해 권력을 연장하려 한다면, 그것 또한 헌법정신에 어긋난다. 개헌을 하되, 그 개헌된 헌법은 다음 정부부터 적용되어야 한다. 이것이 헌법주의자로서 내가 견지하는 원칙이다.

법제처장을 지내면서, 나는 권력의 속성을 똑똑히 보았다. 권력은 스스로를 정당화하고, 스스로를 확장하려 한다. 그 권력을 통제하는 것이 헌법이다. 그런데 권력을 가진 자들은 헌법을 불편해한다. 헌법이 자신들의 뜻대로 움직이지 않기 때문이다.

나는 스스로를 헌법주의자라 정의한다. 헌법주의자란 헌법을 숭배하는 사람이 아니다. 헌법이 정한 절차와 원칙을 지키려는 사람이다. 때로 그것은 외로운 길이다. 권력자들은 나를 불편해하고, 대중들은 나를 이해하지 못한다. 하지만 나는 알고 있다. 헌법이야말로 우리 모두를 지키는 마지막 보루라는 것을.

12.3 비상계엄 이후, 많은 사람들이 묻는다. "어떻게 해야 합니까?" 나는 이렇게 답한다. 헌법으로 돌아가라고. 헌법이 정한 절차를 따르라고. 그것이 혼란의 시대를 헤쳐 나가는 유일한 길이다.

강연장을 나서며 나는 생각했다. 헌법의 궤도를 지킨다는 것. 그것은 때로 인기 없는 일이고, 외로운 일이다. 하지만 누군가는 해야 할 일이다. 헌법주의자로 살아온 사람으로서, 나는 그 길을 계속 갈 것이다. 그것이 이 시대를 살아가는 법률가의 책무이기 때문이다.

헌재의 만장일치,
그 불가피한 귀결*

'1호 헌법연구관'이자 이명박 정부에서 법제처장을 지낸 이석연 변호사는 1일 "윤석열 대통령 탄핵 사건은 탄핵 심판의 ABC 수준인 기초에 해당하는 사건"이라며 "재판관 만장일치로 인용돼야 하는, 너무나 명명백백한 사건이다. 전원일치 파면으로 확신하고 있다"고 말했다. 그는 헌법재판관들을 향해선 "진보냐, 보수냐 식으로 어떤 진영에 서서 결정할 사안이 아니다"라며 "군중 심리에 휘둘리지 말고, 겁내거나 눈치 보지 말고 당당하게 판단하면 극렬주의자로부터 비난·비판을 받을 수 있지만 (그것이) 영원히 사는 길"이라고 말했다.

* 이 글은 2025년 4월 4일 헌재의 전원일치 파면결정이 나오기 이틀 전에 진행한 경향신문 박순봉 기자와의 인터뷰임

이 변호사는 이날 경향신문과의 전화 인터뷰에서 "탄핵이 기각되면 박정희·전두환 군사 독재 시절에 헌법이 명목규범 혹은 장식규범으로 전락했던 상황으로 돌아갈 것"이라며 이같이 밝혔다. 헌재는 오는 4일 윤 대통령 탄핵 심판을 선고하겠다고 밝혔다. 다음은 이 변호사와의 일문일답.

윤 대통령 탄핵 심판 선고가 만장일치로 인용될 것이라고 예측했다.
"로스쿨 초년생들을 상대로 인용, 기각 여부를 묻는다면 99%는 파면(인용) 결정해야 한다는 답이 나올 것이라고 본다. (그만큼) 탄핵 심판의 ABC 수준인 기초에 해당하는 사건이다. 헌법재판관들이 전원일치로 인용해 국가적 파국을 막을 것이라고 확신하고 있다. 재판관들의 헌법적 양심, 양식을 믿고 있다."

윤 대통령 헌재 탄핵 심판이 기각될 수 있다는 예측도 나온다.
"'5(인용) 대 3(기각 혹은 각하)' 데드락(교착상태)이네, 뭐네 하는 것은 한덕수 총리(대통령 권한대행) 탄핵 심판 결정문을 토대로 추정한 것에 불과하다. 임명 과정, 성향에 따라 재판관들의 성향을 분류한 결과물이다. 윤 대통령 탄핵 인용은 헌법의 기본 원리에 관한 문제고, 기본 원리가 흔들리면 국가 존립이 흔들린다. 재판관들도 인간이기 때문에 정파 논리나 군중 심리에 흔들릴 수 있겠지만, 성향을 떠나 헌법을 지키는 헌법재판관들의 양식으로 볼 때 만장일치로 윤 대통령을 파면할 것으로 본다."

혹시라도 기각 결정이 나면 어떤 상황이 벌어질까.

"첫 번째, 대한민국 헌법은 규범력을 상실하게 된다. 박정희, 전두환 시절로 돌아가게 된다. 헌법을 공부했고 실무를 담당했던 사람으로서 국민들에게 헌법이 기본권 보장의 장전이라고 말할 수 없는 상황이 된다. 두 번째, 헌법이 권력자의 권력을 공고하게 하는 친위 쿠데타의 근거가 된다. 정적을 제거하기 위한 수단으로 비상계엄을 선포한 자가 다시 돌아오고, 저런 정도의 헌법 위반은 괜찮다고 오히려 헌재가 선언을 하는 상황이 되면 헌법은 휴지조각으로 변질하고 말 것이다."

헌법재판소 신뢰 문제도 제기된다.

"헌재가 윤 대통령 탄핵 심판 기각 결정을 내린다면 앞으로 헌법재판은 물 건너간 상황이 오게 된다. 온 국민과 전 세계가 지켜보는 가운데 헌법 위반이 자행됐는데 헌재가 옹호해 준 것이나 다름없어진다. 그 경우 누가 헌법 소원을 비롯한 권한쟁의 심판이나 위헌 심판에 대해서 쉽사리 승복하겠나. 헌재가 헌법 위반에 대해서 30년 가까이 판단했는데 이렇게 '큰 놈'이 걸리니까 놓아줘 버렸다고 사람들이 생각하게 된다. 모든 헌법재판의 공과는 완전히 무너지게 된다."

헌재의 존폐를 떠나 국가적 차원의 위기도 예상된다.

"정치, 사회, 대내외적으로 혼란에 빠짐으로써 10년 이상 한국은 후퇴하리라고 생각한다. 독일이나 다른 헌재를 운영하는 나라에서 우리나라의 헌재 운영을 높이 평가해 왔다. (독일의) 헌법 연구관이 결정문을 달라고 하고 청구서도 달라고 할 정도로 (한국은) 연구 대상이 돼 왔다. 하지만 윤 대통령이 돌아온다면 최고 권력자가 헌법 위반을 밥 먹듯이 하더라도 '한국은 헌법적 통제가 안 되는 나라구나'라는 생각이 국제 사회에 퍼지게 된다. 한국의 입헌 민주주의, 법치주의가 세계 문명국의 조롱거리가 될 것이다."

헌법 개정,
시대적 불가피성

대한민국의 헌정 구조가 안고 있는 오래된 균열은 권력이 한 사람에게 과도하게 집중되어 있다는 점이다. 대통령제는 제왕적 권력을 만들어왔고, 5년 단임제는 그 문제를 더욱 악화시켰다. 취임 초반에는 차기 선거를 의식해 개혁을 미루고, 임기 후반에는 레임덕으로 국정이 표류한다. 국민은 단 한 번도 재신임의 기회를 갖지 못한 채 임기를 마치는 대통령을 지켜봐야 한다. 이러한 구조는 책임 없는 권력을 낳았다. 그래서 나는 오래전부터 "제왕적 대통령제를 종식시켜야 한다"고 주장해 왔다.

내가 가장 강조해 온 개헌 방향은 대통령 4년 중임제다. 국민이 한 차례 더 평가할 수 있어야 권력자는 국민을 의식하며 국정을 운영하게 된다. 첫 임기에서 검증받고, 연임 여부를 국민이 직접 판단하는 구조는 책임정치를 제도화하는 장치다. 이것이야말로 권력과 책임을 일치시키는 가장 정직한 제도다.

다음으로 반드시 필요한 제도는 결선투표제다. 다당제가 굳어진 현실에서 30% 내지 40%대 대통령이 선출되는 현상은 민주적 대표성을 심각하게 훼손한다. 과반의 지지를 얻지 못한 대통령은 출발부터 국민 절반을 외면한 채 국정을 이끌 수밖에 없다. 그래서 나는 "대통령은 말 위에서 내려 전체 국민을 아우르고 함께 가는 모두의 대통령이 돼야 한다"고 정권 초창기마다 말해왔다. 최소한 절반의 동의를 확보한 지도자만이 국민 통합을 이끌 수 있다. 결선투표제는 그 길을 열어주는 장치다.

이 두 제도, 4년 중임제와 결선투표제는 내가 개헌 논의에서 일관되게 강조해 온 핵심이다. 그러나 필요에 따라 보완적 제안도 덧붙여왔다. 그중 하나가 부통령제다. 대통령 한 사람에게 국정이 전적으로 의존하는 구조는 위기 상황에 취약하다. 대통령이 직무를 수행하지 못하게 될 경우 국정은 혼란에 빠질 수밖에 없다. 부통령제는 국가 운영의 연속성을 보장하면서 권력의 분산 효과까지 기대할 수 있는 장치다.

또 하나의 보완 제안은 국민심사제다. 일정한 주기마다 국민이 공직자의 직무 수행을 직접 평가할 수 있게 하는 제도다. 이는 권력자가 임기만 채우면 된다는 안일한 태도를 허용하지 않는다. 권력자는 국민을 두려워해야 한다는 원칙을 제도적으로 보장하는 장치다. 특히 대법관이나 헌법재판관 같은 사법 기관 인사에 대한 국민심사 논의는 이미 존재하며, 이를 확대 적용하는 방안도 충분히 검토할 수 있다.

이처럼 권력구조 분야에서의 내 개헌 구상은 중심과 보완으로 나눌 수 있다. 대통령 4년 중임제와 결선투표제는 개헌의 핵심 축이고, 부통령제와 국민심사제는 보완적 장치다. 이 네 가지 제도는 권력을 분산시키고 책임성을 강화하며, 국민 주권을 현실에서 구현하는 장치들이다.

이러한 생각은 단지 개인적 경험에서만 비롯된 것이 아니다. 고전의 지혜도 같은 방향을 가리킨다. 공자는 "군자는 의를 좇고 소인은 이익을 좇는다"고 했다. 권력자가 의보다 이익을 좇는 순간 제도는 무너진다. 맹자는 "백성이 귀하고, 사직이 그다음이며, 군주는 가볍다"고 말했다. 이 말은 권력의 정당성이 어디에서 나오는지를 분명히 보여준다. 군주는 백성을 위해 존재해야 하고, 그 반대가 될 수 없다. 사마천은 『사기』에서 권력자의 오만과 폭주가 나라를 기울게 한 사례들을 기록했다. 역사는 반복해서 경고한다. 권력이 한 사람에게 집중될 때 비극은 어김없이 찾아온다.

이러한 고전의 교훈은 내 주장과 맞닿아 있다. 제도적 장치가 없다면 권력자는 언제든 도덕을 저버리고, 권력의 유혹에 굴복할 수 있다. 도덕만으로는 충분치 않다. 법과 제도가 뒷받침해야 한다. 나는 이 점을 수도 이전 특별법 사건, 위헌적 계엄 논란 등을 비롯해 수많은 헌정 경험 속에서 확인했다. 결국 헌법을 고쳐야 하는 이유는 단순한 정치 공학이 아니라, 역사와 고전이 우리에게 남긴 경고를 오늘의 제도 속에서 실현해야 하기 때문이다.

정치권은 늘 "지금은 때가 아니다"라며 개헌을 미뤄왔다. 그러나 헌법은 무너진 뒤에 고치는 것이 아니라, 무너지지 않도록 미리 손질해야 한다. 개헌은 예방이고, 민주주의의 자기방어다. 시대가 변하는데 헌법이 멈춰 있으면 헌법은 더 이상 국민의 나침반이 될 수 없다.

이제 개헌은 통치구조뿐만 아니라 국민기본권을 확장하고 국가정체성을 확고히 하는 등 국가운영의 전반적 틀을 바꾸는 국민축제의 장, 국민통합의 장이 되어야 한다. 권력자들의 권력 나눠먹기가 아니라 국민 모두가 참여하고, 국민이 박수칠 수 있는 과정이어야 한다. 국민투표와 공론화 과정을 거쳐야 헌법은 정당성을 얻는다. 헌법은 국민 모두의 약속이므로, 그 약속을 새로 쓰는 과정은 국민의 손에 의해 이루어져야 한다.

내가 개헌을 주장하는 이유는 이상주의가 아니다. 수십 년간 반복된 권력의 폭주와 헌정 위기를 지켜보며 얻은 결론이다. "헌법은 추상적·선언적 규범이 아니라 재판규범, 생활규범이어야 한

다"는 내 믿음은, 헌법이 국민의 일상과 분리될 수 없음을 보여준
다. 제왕적 대통령제를 종식시키고, 국민이 주인임을 제도적으로
확인하는 일, 그것이야말로 우리가 반드시 이뤄내야 할 시대적 과
제다.

법치와 민주주의,
한국병을 넘어

민주주의의 본질은 언제나 과정에 있다. 적법절차가 무시되는 조치라면 추구하는 목적과 관계없이 공권력의 남용이자 자의에 불과하다. 나는 오랫동안 "민주주의는 결과가 아니라 과정이다"라는 말을 반복해 왔다. 다수결로 결론이 났다고 해서 그것이 곧 민주적이라 할 수는 없다. 절차가 무너진 다수결은 폭정에 불과하다. 플라톤이 『국가』에서 경계했던 것도 바로 이 점이다. 통제되지 않는 다수의 의지가 오히려 또 다른 전제가 될 수 있다는 그의 경고는, 오늘날 한국 정치의 진영 논리를 떠올리게 한다.

법제처장으로 재직하던 시절, 나는 국회 본회의와 상임위에 수차례 출석했다. 의원들은 날카로운 질의를 던졌지만, 때로는 답변을 진지하게 들을 준비가 되어있지 않았다. 이미 결론을 정해둔 채 절차는 요식에 머무는 경우가 적지 않았다. 그 순간 나는 민주주의가 외형만 남고 본질은 사라질 수 있음을 실감했다. 아리스토텔레스가 『정치학』에서 말한 "사람의 지배보다 법의 지배가 낫다"는 명제는 그때의 경험과 맞닿아 있었다. 법과 절차가 권력자의 태도보다 우위에 서지 못하면, 민주주의는 언제든 흔들린다.

나의 개인적 경험 중 가장 큰 깨달음을 준 사건은 2004년의 수도이전법 위헌 사건이다. 나는 이 사건을 기획하여 헌법소원을 제기해서 위헌결정을 받았다. 특히 이 사건의 변론과정에서 절차를 무시한 정치적 결단이 어떻게 헌법적 위기로 이어지는지 목격했다. 국토 균형 발전이라는 대의가 있었지만, 국민투표 없이 수도를 옮기겠다는 결정은 헌법적 정당성을 상실한 것이었다. 헌법재판소는 결국 위헌 결정을 내렸다. 나는 그 판결을 통해 헌법이 살아 있는 규범임을 확인했지만, 동시에 절차를 가볍게 여기는 정치문화가 얼마나 위험한지 절감했다.

탄핵 심판을 지켜보던 기억도 생생하다. 광장에서 수많은 시민이 촛불을 들고 있었고, 헌재는 그 목소리를 절차 속에 담아내려 했다. 나는 그 과정에서 법치와 민주주의가 서로 갈등하는 것이 아니라, 절차를 통해 하나로 이어질 수 있다는 사실을 배웠다. 만약 헌재가 절차를 지키지 않았다면, 설령 같은 결론이라 해도 국

민의 신뢰를 얻지 못했을 것이다. 법치의 힘은 바로 절차적 정당
성에서 나온다.

로마의 법률가 키케로는 "법은 모두의 스승이며, 법 없는 국가
는 무질서한 군중에 불과하다"고 했다. 나는 이 말을 한국 현실과
나란히 놓아본다. 법과 절차가 존중되지 않는 사회는 언제든 진영
대립과 이익 다툼의 소용돌이에 휘말린다. 지금 우리의 정치가 보
여주는 풍경이 그렇지 않은가.

토크빌은 『미국의 민주주의』에서 "다수의 전제"를 가장 큰 위
험으로 지목했다. 그는 민주주의가 제도로만 지탱될 수 없고, 시민
들의 습관—절차를 존중하는 생활 양식—이 뒷받침되어야 한다
고 했다. 나는 이 대목을 읽으며 한국의 민주주의를 떠올렸다. 절
차가 생활 습관이 되지 못했기 때문에 내 편일 때는 법을 무시하
고, 상대 편일 때는 법을 무기처럼 휘두르는 이중잣대가 반복되는
것이다. 이것이 내가 '한국병'이라 부른 민주주의의 고질병이다.

몽테스키외는 『법의 정신』에서 권력은 권력으로 나누어져야
한다고 했다. 나는 법제처장으로 있으면서 수많은 법률안과 시행
령을 검토할 때마다 그 원리를 떠올렸다. 견제 없는 권력은 결국
절차를 훼손한다. 한국 정치의 병폐는 권력 분산 장치가 있음에
도 그것을 존중하지 않는 데서 비롯된다. 제도가 아니라 사람의
의지에 의존하려는 태도가 우리 민주주의를 불안정하게 한다.

법과 제도의 힘은 절차가 생활화될 때 비로소 드러난다. 나는 거리에서 본 시민들의 평화적 시위, 재판정에서 본 절차적 정당성, 국회에서 목격한 형식적 질의와 공허한 답변 모두를 기억한다. 그 경험은 내게 한 가지 확신을 주었다. 민주주의와 법치는 둘이 아니라 하나이며, 절차를 존중하는 순간 우리는 두 가지를 동시에 지켜낼 수 있다는 것이다.

민주주의는 하루아침에 무너지는 것이 아니다. 절차가 조금씩 무너지고, 법이 권력의 도구로 전락하는 순간들이 쌓이다 보면, 어느 날 되돌릴 수 없는 붕괴가 찾아온다. 나는 그 과정을 너무 많이 목격해 왔다. 그래서 지금도 말한다. 민주주의를 살리는 길은 절차를 존중하는 습관을 우리 사회에 깊이 뿌리내리는 것이다. 그것이 법치를 지키는 길이고, 한국병을 넘어서는 길이다.

인간예지의 산물인 민주주의는 절차 내지 수단을 존중하는 것이지 목적만을 제일 '의'로 하는 것이 결코 아니다.

법치의 존엄,
흔들려선 안 될 원칙

조희대 대법원장에 대한 긴급 현안 청문회가 국회에서 의결되었을 때, 언론과 정치권은 크게 술렁였다. 대선 개입 의혹이라는 중대한 사안이 걸려 있었고, 국회는 국민 앞에서 진실을 밝히겠다는 명분으로 청문회 카드를 꺼냈다. 그러나 정작 청문회는 본래의 취지를 살리지 못했다. 조 대법원장과 대법관 전원이 불출석했고, 증인으로 채택된 인사들조차 모습을 드러내지 않았다. 청문회는 형식적으로 열렸지만, 국민이 기대한 검증의 장은 끝내 열리지 않은 셈이었다.

나는 그 모습을 보며 절차의 무게를 다시 생각하지 않을 수 없었다. 청문회는 여야가 공방을 벌이는 정치 무대가 아니라, 권력자의 책임을 국민 앞에서 검증하는 제도다. 그렇기 때문에 청문회가 제대로 열리지 못하면 제도에 대한 국민의 신뢰가 흔들린다. "왜 청문회의 요건도 제대로 갖춰지지 않았는데 국회가 그렇게 서둘러 진행하는지 이해가 안 간다." 내가 한 말은 특정 정치세력을 겨냥한 것이 아니었다. 절차가 형식으로 전락할 때 가장 큰 피해자는 국민이라는 점을 강조한 것이었다.

사법부 역시 예외가 아니다. 조 대법원장이 상고심을 이례적으로 속전속결 처리한 사례는 법원 스스로 신뢰를 훼손할 위험을 안고 있었다. 법원의 결정은 단순한 법률 해석에 그치지 않는다. 그것은 국민이 사법부를 얼마나 신뢰할 수 있는지를 결정짓는 순간이다. 결론보다 중요한 것은 과정의 신중함이다. 그런데도 충분한 논의와 숙고 없이 빠르게 결론을 내린다면, 국민은 법원이 정치적 압력에 흔들렸다고 의심할 수밖에 없다. 나는 단호히 말했다. "상고심을 왜 그렇게 빨리 처리했는지, 저는 이해가 안 간다." 법의 권위는 속도에서 나오지 않는다. 절차의 정당성과 그 과정에서 드러나는 책임성에서 나온다.

국회가 절차를 생략한 채 청문회를 열고, 사법부가 성급한 결정을 내릴 때 국민이 잃는 것은 단순한 실망감이 아니다. 그것은 제도 전체의 권위다. 청문회는 국민의 대표기관이 국민 앞에서 스스로의 책무를 증명하는 자리다. 대법원의 판결은 법적 결론을 넘어 사회 전체의 정의감과 직결된다. 제도가 제 기능을 다하지 못할 때 국민은 "법과 제도가 과연 누구를 위한 것인가"라는 근본적 회의에 빠진다.

나는 이번 사태를 지켜보며 절차가 결코 형식이 아니라는 사실을 다시 절감했다. 절차는 곧 정의다. 청문회의 방식 하나, 판결의 속도 하나가 국민의 권리를 보장하고 사회의 신뢰를 지탱한다. 작은 균열이라도 방치된다면 법치주의는 무너지고, 민주주의는 흔들린다.

법치의 존엄은 정치적 유불리를 넘어서는 가치다. 절차를 무너뜨리는 정치, 제도를 권력의 수단으로 삼는 행태, 무책임한 언사들은 모두 법치 앞에서 멈추어야 한다. 청문회가 본래의 기능을 다하고, 사법부가 신중함으로 무게를 지킬 때 국민은 비로소 제도를 신뢰할 수 있다. 그 신뢰 없이는 어떤 사회도 통합을 유지할 수 없다. 법치가 살아 있는 사회, 그것이야말로 국민이 존엄을 누릴 수 있는 최소한의 조건이다.

헌법적 차원에서 본
대한민국 건립의 정통성

1. 헌법상 대한민국은 1919년에 건립되었다

1) 헌법 전문은 헌법의 기본이념 내지 정신을 표출한 헌법의 근본규범으로서 헌법 본문과 마찬가지로 규범적 효력이 있다. 헌법 전문은 '그 국민의 역사와 경험, 문화와 정치 및 경제, 그 권력구조와 정신적 상징 등 국가의 정체성을 표출'(헌재 판례)하는 '헌법 중의 헌법'이다.

제헌헌법은 그 전문에서 "우리들 대한국민은 기미 3.1운동으로 대한민국을 건립하여 세계에 선포한 위대한 독립정신을 계승"한다고 규정하고 있다. 이는 대한민국 건국년(대한민국'건립'은 곧 "건국"을 의미한다)이 1919년임을 국가의 최고법인 헌법에 의해서 국내외에 천명한 것이다. 그 후 9차에 걸쳐 개정된 현행 헌법 전문에서도 제헌헌법의 정신을 그대로 이어받아 "우리 대한국민은 3.1운동으로 건립된 대한민국임시정부의 법통을 계승하고"라고 규정하고 있다. 여기서 '법통의 계승'은 법적정통성의 계승을 의미하는 것으로 결국 대한민국임시정부의 입헌민주주의적, 자주독립적, 민족자결주의적 성격과 이념을 계승한 것으로 보아야 한다(통설). 이는 3.1운동으로 대한민국이 건국되었으며 현 대한민국이 바로 3.1 운동으로 건립된 대한민국임시정부의 연장선상에 있음을 분명히 한 것이다.

2) 한편 3.1 혁명으로 1919. 4. 11 건립된 대한민국임시정부의 첫 헌법인 "대한민국 임시헌장"은 대한민국은 민주공화제로 하고 국토회복 후 만 1개년 내에 국회를 소집하도록 하여 대한민국의 국체와 정체를 명시하고 있다. 같은 해 9.11 대한민국임시헌장을 대한민국임시헌법으로 개칭하고 이승만을 초대 대통령으로 선출했다. 따라서 헌법적 차원에서 볼 때 대한민국은 1919년 3. 1 혁명에 의해서 건립되었다. 그런 점에서 대한민국이 1948. 8. 15 수립되었다는 주장은 헌법의 규정과 정신에 반한다. 헌법은 국가의 근본법이자 최고법규이며 국민주권과 통치권행사의 연원이다. 이제 건국절을 둘러싼 논쟁은 끝내야 할 때다.

2. 초대 대통령 이승만이 명확히 한 대한민국 건국년(1919년)

1) 일각에서는 이승만이 초대 대통령으로 취임한 1948. 8. 15 대한민국정부가 수립됨과 동시에 대한민국이 건국되었다고 주장하면서 이승만이 1948년 건국절 논란의 한 중심에 서 있는 것으로 보고 있다. 그러나 1948. 8. 15 건국절 주장은 이승만과는 아무런 관련이 없을 뿐 아니라 오히려 그의 언행과 배치되는 것이다.

1948. 7. 1 국회의장 이승만은 국회 본회의에서 발언을 통해 제헌헌법 전문 서두에 "기미년 3월 혁명에 궐기하여 처음으로 대한민국 정부를 세계에 선포하였으므로 그 위대한 독립정신을 계승하여 자주독립의 조국재건을 하기로 함"이라는 문구를 넣어 달라고 요청한다(국회속기록 1, 348쪽). 국회는 이승만의 요청을 받아들여 특별위원회를 구성, 전문내용을 가다듬은 결과 같은 해 7. 7 "유구한 역사와 전통에 빛나는 우리들 대한국민은 3.1 혁명의 위대한 독립정신을 계승하여"로 된 헌법전문 초안을 "우리들 대한국민은 기미 3.1운동으로 대한민국을 건립하여 세계에 선포한 위대한 독립정신을 계승하여"로 바꾸어 통과시켰다(국회속기록 1, 512쪽). 이어 그해 8.15 이승만은 초대 대통령으로서 행한 대한민국 정부수립 기념사 말미에서 연호를 「대한민국 30년」이라고 함으로써 1919년 대한민국이 건국되었음을 명백히 하였다. 정부수립 후

발간된 첫 관보官報의 발행 연도와 호수도 임시정부를 이어받아 대한민국 30년 9월 1일로 표기했다. 또한 이승만은 이미 1919년 대한민국 임시정부 수립 이후 '대한민국 대통령'이란 직함으로 일본, 미국, 영국, 프랑스 국가수반에게 서한을 보내 대한민국이 3.1혁명으로 건립되었음을 과시하기도 하였다.

2) 이승만은 비록 장기집권을 위한 개헌으로 헌정사에 오점을 남기기는 했지만, 초대 대통령으로서 시종일관 대한민국이 1919년 3. 1혁명에 의해서 건국되었고 1948. 8. 15의 대한민국 정부는 1919년 수립된 대한민국 임시정부의 법통을 이어받았음을 명확히 하고 있다. 초대 대통령 이승만에 대한 공과와 재평가는 반드시 이루어져야 한다. 이승만 기념관 역시 필요하고 시급하다. 그 과정에서 이승만과는 관련이 없는 자기들의 주장을 합리화하기 위하여 이승만의 행보를 왜곡하여 끌어들이는 것은 또 다른 역사왜곡이자 '이승만죽이기'에 다름아니다.

3. 반론에 대한 비판

1919년 건국설에 대하여는 ①독립선언만 하였지 국가로서의 실체가 없었다, ②국가의 3요소인 국민, 영토, 주권 중 특히 주권이 없어 헌법상 국가라 할 수 없다, ③헌법 전문이나 정부문서에 어떻게 되어있던 1948. 8. 15 대한민국정부가 수립되어 대한민국이 건국된 것은 역사적 사실Fact이다, ④종북좌파나 문재인류의 통일지상주의자들의 주장에 경도된 위험한 발상이라는 등의 반론이 제기되고 있다.

1) 독립선언만 하였지, 국가로서의 실체가 없었다는 반론에 대하여

주지하다시피 미국의 건국일은 1776. 7. 4 식민지 13개 주 대표들이 모여 독립선언을 한 날이다. 아직 독립이 안 되었고 영국과 전쟁 중이었다. 그럼에도 독립선언서 발표일을 건국일로 한 것은 당시 독립전쟁에 참여한 13개 주(이들 주는 영국 식민지하의 자치정부이지 독립된 국가가 아니었음)와 그 영토에 살고 있는 사람들의 집단적 동의가 있었기 때문이다. 실제로 미국은 1783년 파리조약에 의하여 독립이 승인되고 1789. 9. 4 헌법이 제정 공포되어 동 헌법에 의해서 정부가 수립되고 조지 워싱턴이 초대 대통령으로 취임하였다. 그런데도 미국은 건국일을 정부수립일인 1789년이 아닌 1776년으로 하고 있다. 이에 대해서는 미국은 없던 나라를 새로이 세운 것이고 우리는 대한제국까지 존속한 나라를 사실상 재건한 것이기 때문에 비교가 적절치 않다는 주장도 있을 수 있다. 그러나 신생국이든 조국재건(이승만의 표현)이든 아직 정부의 실체가 갖춰지지 않은 독립선언일을 건국일로 보는 점에서는 같은 맥락에서 이해해야 한다. 프랑스 역시 건국기념일을 프랑스혁명이 폭발했던 1789. 7. 14(혁명기념일)로 하고 있다. 이러한 예는 세계사적으로 종종 찾아볼 수 있다.

　우리나라 역시 민족대표 33인이 모여 독립국임을 선언한 1919. 3. 1을 건국일로 하여야 한다. 따라서 3.1절은 건국절 내지 건국혁명일로 변경되어야 한다. 1919. 3. 1 독립선언은 우리민족, 즉 대한국민의 집단적, 묵시적 동의하에 이루어진 것이다. 그 후 우리의 끈질긴 독립투쟁으로 1943년 카이로 선언에 의해서 독립이 약속되고 1945. 8. 15 해방을 거쳐 1948. 8. 15 대한민국 정부가 수립되었음은 역사적 사실史實이다.

2) 국가의 3요소 중 주권이 없어 헌법상 국가라 할 수 없다는 반론에 대하여

가) 3.1 독립선언 당시 우리에게는 국민과 영토는 있었으나 주권이 없었다고 한다. 과연 그런가? 대한민국 임시헌법은 대한민국은 주권이 모든 국민에게 있는 민주공화국임을 선언하고 있다. 따라서 당시에도 민주공화제를 전제로 하는 국민에게 귀속되는 권리로서의 주권, 즉 대외적 독립성과 대내적 최고성을 특징으로 하는 주권은 상징적, 형식적으로 존재하고 있었다고 보아야 한다. 다만 그 주권의 행사가 일본제국주의의 강압적 통치조직에 의해

서 박탈되고 있었다(이때에도 임시정부가 연통제에 의하여 국내와의 연락망을 갖추었고, 대일 선전포고 등을 함). 엄밀한 의미에서 주권보다는 통치권이 없었던 것이다.

그 후 우리 대한국민은 이 통치권을 독립투쟁과 국제적 승인 하에 쟁취하여 1948. 8. 15 주권자로서의 국민이 위임한 통치권을 행사하는 대한민국 정부를 수립한 것이다. 이는 마치 현행 헌법 제3조에서 "대한민국의 영토는 한반도와 그 부속도서로 한다."고 규정하여 북한지역도 대한민국의 영토임을 선언하고 있으나 현재 북한지역에는 통치권이 실효적으로 미치지 않고 있는 것과 같다(실효적 지배의 결여).

나) 또한 대한민국임시정부의 존재를 애써 외면하는 1948년 건국론자들 중에는 1948. 12. 12 유엔총회 결의 제195(Ⅲ)호를 대한민국 건국의 근거로 삼는 자들도 있다. 그러나 위 제195(Ⅲ)호의 내용은 대한민국을 "한반도 유일 합법정부"로 승인한 것이 아니라 "유엔한국임시위원단의 감시가 가능한 지역에서 수립된 합법정부"임은 문언상 명백하다. 따라서 이 결의는 헌법 제3조의 영토조항에 위배된다. 뿐만 아니라 이 결의를 바탕으로 각국이 대한민국을 신생국으로 승인함으로써 대한민국이 건국되었다는 것이라면 일본 역시 "일본과 그 영해에 대한 일본국민들의 완전한 주권을 인정"한 1951년 샌프란시스코 강화조약(제1조)에 의해

서 비로소 신생국으로 건국되었단 말인가? 일종의 견강부회다.

3) 1948. 8.15 대한민국이 건국되었다는 것은 팩트(Fact, 역사적 사실)라는 반론에 대하여

가) 먼저 대한민국이 1948. 8. 15 건국되었다는 공식기록이나 역사적 사료는 어디에도 없다. 오히려 정부의 공식문서(대통령 취임사, 관보, 우표 등)는 그날을 대한민국 건국 30년으로 표기하고 있다. 혹자는 대한민국 정부수립 후 독립유공자에게 건국훈장 등을 수여한 것은 1948년 건국설을 뒷받침하는 것이라고 주장할 수도 있으나 임시정부의 법통을 이은 정식 정부가 수여한 건국훈장 등은 1919년 건립된 대한민국의 영전으로 보아야 한다. 1948년 건국이 팩트라는 주장은 헌법의 정신과 규정을 무시하는 독단(학설)에 불과하다. 물론 대한민국 정부수립일을 대한민국 건국으로 보는 주장도 있을 수 있고 그 자체 학설로서 존중할 수 있다(그런 맥락에서 김영호 통일부장관의 1948년 대한민국 건국을 혁명으로 본 견해도 일응 이해할 수 있음).

건국절을 둘러싼 학문적 논의와 대립은 있을 수 있으나 이를 공식화하는 것은 주권자인 국민의 총체적 의사표시인 헌법의 규정과 정신이다. 헌법은 대한민국이 1919년에 건립되었음을 제헌헌법 이래 1989. 10. 29. 9차에 걸친 개헌에 이르기까지 일관하여 선언하고 있다. 거듭 강조하거니와 1948. 8. 15은 대한민국임시정부

244

가 그 실체를 갖춘 명실상부한 대한민국 정부로 출범한 날이지 대
한민국 건국일이 아니다.

(한 일제강점기의 대한국민의 의지와 투쟁을 사실상 무無로 돌리고, 외세
의 개입에 의해서 대한민국이 탄생되었다는 것을 우리 스스로 자인하는 것이
된다. 이는 일제 식민사관이 한국사에 덧씌웠던 타율성론과 정체성停滯性론을
우리 스스로 인정하는 것이나 다름없다.

뿐만 아니라 북한이 1948.9 최고인민회의에서 최초의 헌법을
채택하여 조선민주주의인민공화국을 선포하면서 수도를 서울로
규정함으로써 한반도 전체를 지배하는 헌법적 구상을 피력하였
음을 상기할 때, 자칫 북한과 한반도 지배를 둘러싼 도토리 키재
기식 정통성 경쟁에 빠져들 수도 있다.

**4) 1919년 건국설은 종북좌파의 이론이거나 문재인류의 통일지상
주의자들의 주장에 동조하는 것으로 대한민국 정체성을 훼손한다
는 주장에 대하여**

주로 뉴라이트 역사학의 입장에서 국민 편가르기 수단으로, 극히
의도적으로 나온 것이기에 굳이 논박할 필요를 느끼지 않는다. 다
만 혹시라도 나에 대해 제기되는 오해를 불식시키기 위하여 몇
말씀 덧붙이고자 한다.

가) 나는 과거 「뉴라이트전국연합」 상임대표로서 뉴라이트운

동을 주도하였다. 우리가 추구한 뉴라이트운동은 순수한 정치개혁운동으로 이를 통하여 대한민국의 헌법적 정체성을 지키고자 한 것이 주목적이었다. 이른바 뉴라이트 역사관이니 경제관이니 하는 것은 이른바 좌파 진보 진영에서 뉴라이트운동을 폄훼하고 이념 투쟁의 수단으로 삼기 위해 덧씌운 프레임에 지나지 않는다는 것을 분명히 하고자 한다. 뉴라이트운동은 역사운동을 하지 않았다. 그리고 뉴라이트 역사관으로 포장된 이른바 식민지근대화론이니 1948년 건국론 등은 결코 동의할 수 없는 이론이다. 뉴라이트 운동은 정권교체 후 바로 활동을 중단했다(사실상 해체).

나) 또한 나는 자유민주주의와 자유시장경제, 법치주의와 기본권 보장을 위해 지난 40여 년간 때로는 살해협박을 받으면서까지 활동(투쟁)해 온 헌법주의자 내지 헌법적 자유주의자다.

더 나아가 통일을 추구하되 그것은 어디까지나 자유민주적 기본질서, 즉 자유민주주의와 자유시장경제질서에 입각한 것이어야 한다는(헌법 제4조) 헌법의 정신을 신봉하는 사람이다. 우리가 「어떤 통일」인가를 묻지 않는 몰沒체제적 통일지상주의를 철저히 배격함은 물론이다. 통일이 자유민주주의와 자유시장경제를 달성하기 위한 수단이어야지 자유민주주의와 시장경제가 통일의 희생물이 되어서는 아니 된다는 확고한 신념의 소유자이기도 하다(나의 각종 저서, 헌법소송기록, 언론 칼럼, 인터뷰 등).

4. 결론에 대신하여

최근 우리사회는 이념편향적이고 파편화된 개인과 집단의 극단적인 주장으로 공동체적 연대가 급속히 허물어지고 있다. 그 와중에 헌법을 자기편의적으로 해석하거나 폄훼하는 경우도 있고 심지어 헌법마저 이념투쟁, 권력투쟁 수단으로 삼으려는 정치세력, 사회세력이 나타나고 있다.

이제 관용과 진실에 기초한 공동체 정신을 헌법적 가치로 시급히 회복해야 할 때다. 다양한 이념과 가치관을 지닌 대한민국 국민이 합의할 수 있는 기본텍스트는 헌법이기 때문이다. 헌법은 국민통합의 나침반이 되어야 한다. 그런 점에서 건국절 논란은 앞서본 헌법의 정신과 규정에 따라 정리되고 끝내야 한다. 헌법의 정신을 무시하고 국민 갈라치기식 자기주장을 펴는 것은 그 동기가 어떻든 대한민국이라는 공동체를 나락으로 끌어넣는 것밖에 되지 않는다.

이 글은 2024년 8월 광복회 등이 국회에서 주최한 세미나에서 발표한 것임

헌법은 추상적 문서가 아니다

나는 헌법 제10조를 가장 사랑한다.

"모든 국민은 인간으로서의 존엄과 가치를 가지며, 행복을 추구할 권리를 가진다. 국가는 개인이 가지는 기본적 인권을 확인하고 이를 보장할 의무를 진다."

젊은 시절 이 문장을 처음 읽었을 때 책장을 덮고 오랫동안 눈을 감았다. 국가가 국민에게 이렇게 거대한 약속을 할 수 있다는 사실은 충격이었고, 동시에 벅찬 울림이었다. 헌법은 단지 권력구조를 설계하는 문서가 아니었다. 그 시작은 인간 존엄과 행복이라는, 삶 그 자체를 지키겠다는 선언이었다. 나는 그때 알았다. 헌법은 추상적 문구가 아니라, 살아 있는 규범이어야 한다는 것을.

그 사실을 나는 법정과 강단, 그리고 삶의 현장에서 거듭 확인해 왔다. 헌법은 법전 속에 갇혀있는 문장이 아니라, 노동 현장과 거리의 집회, 국민의 일상 구석구석에서 작동하는 힘이었다. 그 점을 가장 극명하게 보여준 사례가 바로 헌법재판소의 판례들이 었다. 나는 그중에서도 두 가지 사건을 오래도록 마음에 새겨두고 있다.

2001년의 최저임금법 사건은 국가가 노동자의 인간다운 생활을 어디까지 보장해야 하는가를 두고 벌어진 쟁점이었다. 일부에서는 최저임금제가 과도한 국가 개입이라며 위헌을 주장했지만, 헌재는 분명히 말했다. 근로자의 인간다운 생활을 위한 최저임금제는 헌법이 요구하는 입법자의 의무라는 것이다. 이 결정은 단순히 임금 수준의 문제가 아니었다. 인간 존엄의 문제였고, 노동이 인간다운 삶을 가능케 하는 최소한의 조건이라는 점을 헌법이 다시 확인한 순간이었다. 나는 이 결정을 읽으며, 헌법 제10조의 존엄과 행복 추구권이 바로 노동 현장에서 실질적 권리로 작동한다는 사실을 깊이 느꼈다. 한 시간 일하고도 밥 한 끼를 해결할 수 없는 사회라면 헌법은 죽은 문서에 불과하다. 그러나 최저임금제는 그 헌법을 살아 있게 만드는 장치였다. 땀 흘려 일하는 이들이 인간답게 살 수 있어야 한다는 점에서 헌법은 노동자의 곁을 떠나지 않았다.

또 하나 잊을 수 없는 판결은 1990년의 통신비밀보호법 사건이다. 당시 국가는 안보와 치안을 이유로 국민의 전화를 광범위하게 감청할 수 있는 권한을 가졌고, 많은 이들이 그것을 당연하게 여겼다. 그러나 헌재는 달랐다. 사생활의 비밀과 자유는 인간 존엄의 본질적 내용이며, 국가의 무분별한 감청은 위헌이라는 판단을 내렸다. 나는 이 결정을 접하며 큰 안도와 함께 두려움도 느꼈다. 국민의 통화와 편지가 마음대로 열람될 수 있는 사회라면, 인간은 결코 자유로운 존재일 수 없다. 감시당하는 일상 속에서 존엄은 무너지고, 행복 추구는 공허해진다. 사생활의 자유는 단지 개인적 영역이 아니라 민주주의의 토대라는 사실을 헌재는 분명히 했다. 이 판례는 헌법이 국민의 집 안과 전화선, 일상의 사소한 부분까지 지켜내는 살아 있는 규범임을 보여주었다. 작은 권리라고 무시하기 쉽지만, 바로 그 작은 권리가 무너질 때 권력은 국민 전체를 지배할 수 있다. 나는 이 사건을 통해 헌법은 거대한 정치 구조만이 아니라 생활의 가장 작은 울타리까지 지켜주는 힘임을 실감했다.

이 두 사건은 서로 다른 영역을 다루었지만, 같은 메시지를 전한다. 헌법은 추상적 문서가 아니라는 것이다. 인간다운 생활을 보장하기 위해, 그리고 자유롭고 존엄한 존재로 살기 위해 헌법은 구체적으로 작동해야 한다는 점을 다시 한번 일깨워주었다. 칸트가 말한 "인간은 목적 그 자체"라는 명제는 최저임금 사건에서 확인되었고, 한나 아렌트가 자유를 "함께 말하고 함께 행동할 권리"라 정의한 사상은 통신비밀보호 사건에서 드러났다. 인간의 존엄은 시장 논리보다, 국가의 안보 명분보다 앞선다는 진실이 거기에 있었다.

나는 종종 스스로에게 자문한다. 헌법은 오늘 우리 사회에서 제대로 살아 있는가. 여전히 차별받는 이웃이 있고, 최소한의 생활조차 보장받지 못하는 국민이 있으며, 목소리를 내지 못하는 약자가 존재한다. 현실은 완전하지 않다. 그러나 나는 동시에 믿는다. 헌법이 살아 있는 한, 국민은 존엄과 행복을 요구할 수 있고, 그 요구는 공허한 외침이 아니라 헌법에 뿌리내린 정당한 권리라는 사실이다.

국민의 다양한 목소리를 하나의 합창으로 모으는 과정, 그것이 통합의 길이며, 헌법은 그 길 위에 선 모두의 나침반이다. 최저임금 사건에서 헌법은 노동자의 곁에 있었고, 통신비밀 사건에서 헌법은 약자의 일상에 스며 있었다. 헌법은 추상적 문서가 아니다. 그것은 국민의 생활 속에서 존엄을 확인하는 살아 있는 규범이며, 이 나라가 어디로 가야 할지를 알려주는 등불이다.

바다는 언제나 파도를 품는다

파도는 잠시도 쉬지 않고 바다에 밀려오지만, 바다는 그 모든 파도를 거부하지 않고 품어낸다. 어떤 파도는 잔잔하고, 어떤 파도는 거칠다. 때로는 태풍이 몰아쳐 거대한 물결을 던지기도 하지만, 바다는 결국 그것들을 받아들이고 자신을 넓혀간다. 우리 사회의 갈등과 분열도 이와 같다고 믿는다. 서로 다른 생각과 감정, 가치가 마치 파도처럼 끊임없이 밀려오지만, 그것을 밀쳐내지 않고 품을 수 있을 때 비로소 통합이 시작된다. 나는 공직자와 변호사, 시민운동가로 살아오며 수많은 파도를 보았고, 때로는 그 파도에 휩쓸리기도 했다. 그러나 이번에 새로운 자리에 서면서, 바다가 파도를 품듯 서로 다른 목소리를 품어야 한다는 절실한 마음이 들었다.

2025년 9월 15일, 정부서울청사에서 대통령직속 국민통합위원장 취임식을 가졌다. 그날 연단에 서서 첫마디를 꺼내기 전, 머릿속을 가득 채운 말이 있었다. 중국 사마천의 『사기』에서 읽었던 "말 위에서 천하를 얻었다고 말 위에서 천하를 통치할 수 없다"는 경구였다. 그 문장은 한때 전쟁에서 승리한 영웅에게 던져진 충고로 알려져 있지만, 사실은 모든 권력자에게 적용되는 진리다. 무력과 힘으로 얻은 권력은 결국 사랑과 덕으로 다스려야 한다는 의미다. 나는 그 말을 인용하며 대통령께 "이제는 말에서 내려와 모든 국민을 아우르는 모두의 대통령이 돼야 한다"고 전했다. 이 말은 단순히 대통령만을 향한 메시지가 아니라 나 자신에게도 던지는 다짐이었다. 법률가로서 논리와 정의를 앞세웠던 내가 이제는 감정과 공감의 언어로 다가가야 한다는 것을 스스로에게 상기시킨 것이다. 취임식 후 많은 언론이 내가 인용한 이 구절을 보도했다. 어떤 이들은 내가 '말에서 내려와라'는 말을 통해 집권세력에 날카로운 비판을 던졌다고 해석했고, 또 어떤 이들은 과거 왕조의 교훈을 통해 오늘의 권력자들에게 덕치를 촉구한 것이라고 평가했다. 하지만 나는 이 표현을 누구를 공격하기 위한 것이 아니라, 국민통합을 위한 필수조건으로서 강조한 것임을 밝히고 싶었다. 나 역시 오랜 시간 '말 위'에 앉아 있었다. 법조계에서, 정치권에서 전문가의 위치에서 타인을 평가하고 조언하는 일에 익숙했다. 이제는 현장에서 국민의 목소리를 듣고, 서로 다른 입장을 연결하는 중간자로서 겸손하게 말에서 내려와야 한다.

　가난한 농촌에서 자란 이야기를 여기서 굳이 반복하지 않으려 한다. 다만 법률가로 살아온 삶의 굴곡들이 국민통합위원장으로서의 역할과 깊이 연결되어 있다는 점은 강조하고 싶다. 헌법재판소의 첫 헌법연구관으로 일할 때, 나는 국가 권력이 어떻게 인간의 자유를 침해하는지 가까이서 보았다. 법제처장으로서 군사정권의 잔재를 청산하며, 법이 어떻게 새 시대를 여는 기초가 되는지 깨달았다. 시민단체에서 공익소송을 맡으며 약자들의 절망과 분노를 마주했을 때는 법대로만 해서 해결되지 않는 문제들이 있다는 사실을 절감했다. 이런 경험들은 모두 국민통합위원회라는 새로운 바다로 이어졌다. 또한 2025년 대선 과정에서 나는 민주당 선거대책위원장과 국민대통합위원장을 겸임하며 비상계엄에 반대하는 중도·보수층의 표심을 모았다. 그때 주변의 비난과 오해를 감수하면서도 헌법과 절차를 지키기 위해 싸웠다. 이 경험은 진영을 초월해 헌법적 가치를 중심으로 사람들을 모으는 일이 얼마나 어려운지, 그러나 얼마나 중요한지 깨닫게 했다. 보수가 절차를 지키지 않으면 보수가 아니고, 진보가 자유와 책임을 외면하면 진보가 아니라는 믿음은, 지금도 내 신념의 중심에 있다.

　새로운 자리에 앉아 가장 먼저 느낀 감정은 엄중함이었다. 과거에도 여러 조직을 이끌어본 경험이 있지만, '국민통합'이라는 거대한 과제는 결코 혼자의 힘으로 해낼 수 없다. 진영 대립, 세대 갈등, 젠더갈등, 지역 불균형, 경제적 격차 등 수많은 파도가 동시다발적으로 몰려온다. 어느 한쪽에 서서 나머지를 설득하는 방식으로는 파도를 잠재울 수 없다. 그래서 나는 스스로에게 세 가지 원칙을 세웠다.

첫째, 경청과 공감이다. 국민통합위원회는 정책을 집행하는 행정조직이 아니라, 사회적 갈등을 해소하고 합의를 이끌어내는 자문,조정기구다. 수많은 이해관계자들이 가진 상처와 두려움을 듣고, 그들이 왜 분노하는지, 무엇을 기대하는지 이해해야 한다. 나는 법정에서 판사와 검사, 변호사, 피고인, 피해자의 말을 들었던 경험을 떠올렸다. 그때도 경청은 판결의 중요한 요소였고, 지금도 마찬가지다. 국민의 삶을 있는 그대로 듣는 것이 통합의 출발점이다.

둘째, 감정의 언어로 소통하기다. 법률가의 세계에서는 정확성과 논리가 중요하지만, 사회적 갈등에서는 감정이 더 큰 역할을 한다. 억울함과 분노, 공포와 절망을 이해하지 못하면 어느 편도 설득할 수 없다. 나는 법령조문 대신 사람들의 사연과 마음을 전하려고 노력한다. 불교계, 기독교계, 천주교계 등 7대 종단 지도자를 찾아 "다름을 인정하며 함께 가자"고 말한 것도, 서로 다른 종교와 문화가 공존할 수 있음을 보여주려는 마음에서였다.

셋째, 균형감과 공정성이다. 통합위원회는 여야를 가르는 칼날이 되어선 안 된다. 한쪽에 치우치면 다른 한쪽의 신뢰를 잃고, 결국 아무것도 이룰 수 없다. 나는 과거 민주당 선거 캠프에 있었지만, 이번 위원장직을 맡으며 정당을 초월한 '중재자'의 역할을 다짐했다. 때로는 야당의 목소리를 청와대에 전달하고, 때로는 여당의 입장을 시민사회에 설명하는 통역사가 될 것이다. 한 달에도 수십 번은 "양쪽에서 욕을 먹겠다"는 생각이 들지만, 그것이 통합을 위한 필수비용이라면 기꺼이 감수할 것이다.

내가 좋아하는 '바다는 파도를 품는다'는 명제처럼 앞으로 내게 몰려올 파도는 거셀 것이다. 하지만 나는 그 파도 하나하나를 새로운 깨달음과 연대의 기회로 만들고 싶다. 예를 들어 청년 세대의 불안과 분노는 종종 극단적 정치 성향으로 드러난다. 누군가는 그들을 '이기적'이라고 비난하지만, 나는 그 속에서 기회의 부족과 미래에 대한 두려움을 본다. 노년 세대의 불만 역시 변화를 따라가기 어려운 현실에서 나오는 것이다. 이런 마음을 헤아리지 못하면, 어떤 정책도 통합을 이룰 수 없다. 또한 우리 사회의 갈등은 종종 법과 제도의 불비함에서 비롯된다. 최근에는 헌법과 법률을 둘러싼 갈등이 잦다. 대통령 탄핵소추와 비상계엄 논쟁, 사법부 인사 검증 문제 등 법치주의 자체가 흔들리는 장면을 보며, 나는 다시 한번 헌법의 자기 통제 장치를 떠올렸다. 헌법은 권력을 규정할 뿐 아니라, 그 권력이 남용되지 않도록 견제하는 장치다.

또 하나의 마음은 희망이다. 지난 몇 년 동안, 나는 극단적 대립 속에서도 마음을 열고 대화하려는 시민들을 많이 만났다. 경제적 어려움 속에서도 나눔을 실천하는 사람들, 분열 속에서도 화해를 모색하는 청년들, 종교와 이념을 넘어 연대하는 모습을 보며, 한국 사회의 바다는 여전히 깊고 넓다는 것을 느꼈다. 그들이 나에게 힘이 되고, 나는 그들의 믿음에 보답하고 싶다.

마지막으로, 나는 언젠가 자서전의 마지막 장을 쓰게 될 때를 떠올려 본다. 그때 나는 오늘의 다짐을 지켰는지, 거센 파도에도 굴하지 않고 바다처럼 품는 마음을 잃지 않았는지 스스로에게 묻고 싶다. 내가 그동안 공직자로서, 법조인으로서, 시민운동가로서 그리고 생활인으로서 남긴 흔적이 조용한 해변의 잔잔한 물결처럼 누군가의 상처를 어루만졌다면, 그 자체로 보람일 것이다. 그리고 그 장면을 떠올리며 이렇게 쓰고 싶다.

"바다는 파도를 품는다. 나 역시 그 바다를 닮으려 노력했다."

덧붙여 내가 즐겨 읽는 사마천 '사기'에서 한 구절 따오고자
한다.

河海不擇細流하해불택세류 - 넓은 바다는 한줄기 작은 물줄기도
마다하지 않았기에 그렇게 깊어질 수 있었다.

5부

나의 20대,
그 젊은 날의 파도

내 삶의 태동기-
금산사 심원암 그리고 월주스님

작년 늦가을 다시 금산사 심원암深源庵에 다녀왔다. 김제 금산사
에서 30여 분 거리의 모악산 중턱에 자리하고 있는 암자다. 지금
은 암자 바로 밑까지 차로도 갈 수 있게 길이 다져져 있다. 나는
일부러 금산사 주차장에서 내려 낙엽과 단풍이 어우러진 숲길을
걸었다. 50여 년 전 바로 그 길의 풍광을 기억의 저편에서 끌어올
리기 위해. 때로는 한밤중 소나기에 흠뻑 젖으면서, 때로는 꼭두새
벽 눈속을 헤치면서 기어가다시피 절에 당도했던 그때의 추억들
이 흐르는 물의 낙화송이처럼 뇌리를 스쳐 갔다. 암자는 그대로
였으나 내가 거처했던 암자 뒤편의 딸린 집은 사라지고 잡초가 우
거져있었다. 그 뒤편에 서 있는 화강암 3층 석탑(보물 제29호)의 자
태가 석양에 고독했다. 나는 10대 후반 2년간을 이 암자에서 보냈

다. 오로지 책만을 읽으면서.

1971년 9월, 나는 중학교를 졸업한 지 6개월 만에 대학입학 자격검정고시 전 과목에 합격했다. 그것도 독학으로 해냈다. 가정 형편 때문이 아니라 남과 다른 길을 가보고 싶은 마음에서 모험을 한 것이다. 그해 대학입학 예비고사까지 통과하였으나 대학진학을 미루고 금산사 심원암에 들어갔다. 도 닦으러 간 것이 아니다. 그대로 대학에 진학하기에는 무언가 채워지지 않은 것 같은 생각이 들어 책을 읽기 위해 간 것이다. 2년간 500여 권 가까이 읽었다. 세계문학, 동서양고전, 철학, 역사서, 전기물 등이었다. 처음에는 사서 읽다가 교직에 있는 친지 등의 도움으로 도서관에서 책을 대출해 오고 나중에는 절에서도 많은 책을 구해 주었다.(이 과정에서 월주스님과의 인연이 시작되었다) 물론 그중에는 내용이 난해하고 무미건조한 것도 상당수 있었으나 대부분 끝까지 독파했다. 결코 재미있다고 볼 수 없는 괴테의 《파우스트》와 씨름하기도 하고, 사마천의 《사기》에 푹 빠져들기도 했다. 그런가 하면 헤르만 헤세의 《데미안》을 읽고 가슴 벅차오르는 감동으로 며칠간 잠을 이루지 못하기도 했다.

내가 방탄소년단BTS을 좋아하는 이유는 따로 있다. BTS가 2016년 발표한 앨범(wings)의 타이틀곡 '피 땀 눈물'에서 헤르만 헤세의 《데미안》의 한 구절을 오브제로 차용하고 있었기 때문이다. 젊은 세대의 고민을 담아내는 BTS의 세계관이 성장소설《데미안》의 그것과 맞닿아 있었다. '새가 알을 깨고 나오듯이 태어나려는 자는 하나의 세계를 파괴하여야 한다.'라는《데미안》의 주제어는 청소년기부터 나에게 지대한 영향을 미쳤다.

"인간은 노력하는 한 방황한다."라는《파우스트》의 키워드는 젊은 날의 독서 격랑기부터 지금까지 항상 뇌리에 잠재하면서 나로 하여금 올바른 길을 찾아가도록 독려해 주고 있다. "인간은 누구나 한번 죽는다. 어떤 죽음은 태산보다 무겁고 어떤 죽음은 새 털보다 가볍다. 그것은 죽음을 이용하는 방법이 다르기 때문이다."라고 절규했던 사마천, 생식기를 절단당한 치욕(궁형)을 감내하면서 역사에 우뚝 선 그의《사기》를 읽을 때마다 내가 처한 고민과 고통의 현실이 부끄럽게 여겨지면서 힘이 솟는다.

젊은 시절 절에서의 독서로부터 얻은 지식과 지혜가 지금까지 내 삶의 자양분이자 자신감을 갖게 해주는 원천이 되고 있다. 저 Abraxas를 향하여 날아가는 새《데미안》처럼 내 삶의 격동기는 이렇게 시작되었다. 이로부터 특히 대학을 거쳐 군 복무를 마칠 때까지의 10여 년은 집념과 방황, 도전과 좌절, 고뇌와 번민으로 점철된 극복의 과정이자 질풍노도의 시기였다. 그 샐러드 같은 나날, 비록 판단력이 미숙했던 때도 있었으나 사유의 폭은 호탕무애 하였으며 젊음의 집념 속에 온 세상이 나의 무대였다. 나는 그 과정을 거의 매일이다시피 기록(일기)으로 남겼다. 십대 후반 그

감수성 많던 시절 내 스스로 택한 길이었다. '남이 가지 않는 길을 간다'는 지금도 내 삶의 모토다.

나는 사회생활을 하면서 항상 모험과 도전의 정신으로 임해왔다. 그리고 소신의 일관성을 지키려고 노력했다. 비슷하게 보고 비슷하게 행동하는 것은 나약한 자들의 시각이었다. 좀 더 편한 삶을 살기 위해 무리들 속에 그냥 머무는 것은 내 생각 밖이었다. 이는 늘 책과 더불어, 책 속의 지혜와 함께였기에 가능한 것이었다. 나는 사고가 자유롭고 하는 일에 자신감이 있었다. 때문에 '예, 아니오'를 분명히 할 수 있었다 이 또한 모두 독서의 힘이다. 물론 '예, 아니오'를 분명히 말하는 성향을 지닌 사람은 항상 아웃사이더로서 주류에 반대하는 세력으로 살게 된다는 지적(E. H.Carr,《역사란 무엇인가》)처럼 손해를 본 때도 있었다. 그렇지만 후회는 않는다. 오늘의 나를 만든 건 8할이 독서였고 그 태동기는 바로 금산사에서의 2년간 몰입의 시기였다.

심원암에서 책 속에 묻혀 지낸 지 1년쯤 지난 1972년 가을, 당시 금산사 주지로 계시던 송월주 스님으로부터 본 절로 한번 내려오라는 전갈을 받았다. 젊은 애 하나가 코피까지 쏟아가며 책을 읽고 있다는 소문이 들렸다 한다. 나는 스님에게 암자에 온 목적과 읽고 있는 책에 관해 말씀드리고 당시 마음을 다스리기 위해 읊조렸던 선시를 얘기했던 기억이 난다. 바로 「금강경오가해」

관련 야보冶父 선사의 그 시를 지금도 나는 이따금 되뇌고 있다.

산당의 조용한 밤에 말없이 앉았으니
적적하고 고요하여 모두가 자연 그대로다
어찌된 일인지 서쪽바람에 임야가 움직이더니
외기러기가 높은 하늘에서 구슬피 우는구나

한 달쯤 지나 스님께서 40여 권의 책을 구입해 보내 주셨다. 동양고전과 서양철학 시리즈였다. 기쁜 나머지 한걸음에 달려가 스님께 감사드렸고 단숨에 독파하기 시작했다. 예나 지금이나 아직 읽지 않은 책을 선사 받는 것처럼 기쁠 때가 없다. 1년 후 나는 대학진학을 위해 심원암을 떠났고 그로부터 30년 가까이 지난 2000년 초 경실련(경제정의실천시민연합) 사무총장으로 활동하면서 다시 월주스님을 뵙게 됐다. 경실련 특별고문으로서 스님은 많은 격려와 조언을 주셨고 때로는 정신적 귀의처 역할을 해주셨다. 특히 당시 시민운동의 권력화, 초법화超法化현상을 비판하면서 참여연대의 박원순 사무처장과 각을 세웠던 내 입장을 지지해 주셨고 한국시민운동의 바람직한 방향에 대해서도 공개적으로 입장을 표명하시기도 했다. 그 후로 스님이 입적하시기 6개월 전까지 3~5개월 간격으로 뵙곤 했다. 재작년 여름, 스님의 입적 소식을 듣고 금산사 다비식장에 내려가지 못했다. 대신 집 근처 비구

니회관이 있는 법룡사에 마련된 분향소에 아내와 함께 가 스님과의 연을 떠올리면서 명복을 빌었다.

올봄 금산사에 내려가 곳곳에 스며 있는 스님의 발자취를 더듬어 봐야겠다. 아니 심원암에도 올라가 봐야지⋯ 아, 봄볕 있는 곳에 꽃피지 않는 곳이 어디 있으랴!春光無處不開花

20대의 짧은 연대기—
집념과 극복의 파노라마

대학 1학년부터 군 복무를 마칠 때까지(1974년~1983년), 그 10년간.

나의 20대는 집념과 극복의 드라마였다. 그 과정은 방황과 갈등, 좌절과 회한, 고독과 고뇌를 반추하는 질풍노도 Sturm und Drang 의 소용돌이 시기였다. 그것은 '시대의 추상적인 짧은 연대기'가 아닌 구체적이고 생동하는 굵직한 관문이었다. '샐러드 같은 나날, 비록 판단력이 초록이었던' 순간도 있었지만, 사유의 세계에서는 온 세상이 나의 무대였다.

나는 거의 매일이다시피 당시 그 극복의 과정을 기록(일기)으로 남겼다. 만약 그러한 토로의 장場이 없었더라면 지금의 나는 존재하지 않았을지도 모른다. 그 일기 중에서 일부를 추려서 내

20대 삶의 모습으로 공개한다. 발췌된 일기문은 몇몇을 제외하고는 무작위로 골랐으며 한자를 한글로 바꾼 것 외에는(꼭 필요한 한자는 한글 병기) 원문 그대로 실었다. 짧은 시간에 의식의 흐름을 따라 쓴 글들이어서 표현이 때론 격정적이고 때론 상식을 뛰어넘는 파격을 보였음을 엿볼 수 있다.

1974년 5월 31일 Fri. 흐리고 비가 옴

오랫동안의 끈질긴 방황 끝에 나의 心靈심령은 冷靜냉정의 상태로 정착했다. 내일부터 고독과 소외감을 인격도야와 내적인 충실을 기하는 주춧돌로 삼기 위한 노력을 경주하고자 한다. 내가 처해 있는 환경과 상황을 냉철히 분석, 평가해서 비판함으로써 이에 대처해 나갈 수 있는 유비무환의 태세를 갖추고자 한다. 앞으로 계속해서 내 양심에서 우러나오는 피맺힌 行言행언을 여기에 고백, 공개하고자 한다.

어디까지나 오늘은 내일을 위한(여기서 내일이라 함은 추상적, 상투적인 의미가 아니다) 전초전의 역할에 불과했던 것이다. 계속 피상적 노력만을 했다는 것을 솔직히 밝혀둔다. 더 이상 이 수치스러운

書서가 다시는 없을 것이라는 것을 父부의 영령 앞에 엄숙히 맹서하는 바이다….

　3, 4교시 문리대 과학관에서 한단석(철학) 교수의 박사학위 논문(Kant의 物自(물자)의 개념) 발표를 듣다가 참여의식이 결여된 탓인지 졸음이 자꾸 와 무례하게 도중하차하였다. 즉각 하숙집에 와서 점심을 먹고 장장 3시간 반에 걸쳐 낮잠을 자고 일어나니 어느덧 석양이었다. 깊은 반성이 요구되었다. 묵직하고 대담하면서도 인내할 줄 아는 自我자아를 형성해야겠다. 더불어 냉정하고 침착하며 때에 따라서는 다양성 있는 모습을 보여주는 자아를 만들겠다.

　밤에는 법대 도서실에서 칼릴 지브란의 「예언자(함석헌 번역)」를 새벽녘까지 읽었다. 작년 여름밤 절에서 대충 읽었던 기억 때문에 이번에는 밑줄을 치고 메모를 해가면서 정독했다. 칼릴 지브란은 예리하게 쓰고 있다. 법학도들이 평생 새겨두어야 할 문장이다.

　"그대들 중 누군가 정의의 이름으로 벌하고자 악의 나무에 도끼를 대려 한다면 그로 하여금 그 나무의 뿌리 또한 살펴보게 하라, 그러면 그는 진실로 선과 악의 뿌리, 열매 맺는 것과 맺지 못하는 것의 뿌리란 대지의 말 없는 가슴 속에 뒤엉켜 있음을 알게 되리라"

"정의로운 자, 사악한 자의 행위에 대해 완전히 결백할 수 없다. 정직한 자, 중죄인의 행위 앞에서 완전히 깨끗한 것은 아니다. 그렇다, 죄인이란 때론 피해자의 희생물, 죄인이란 죄 없는 자의 짐을 지고 가는 자인 것을, 그대들은 결코 부정한 자와 정의로운 자를, 사악한 자와 선한 자를 가를 수는 없다."

칼릴 지브란의 시각으로 보면 나 역시 죄인이다. 셰익스피어도 헨리 6세인가 4세인가 작품에서 "심판하는 일을 삼가라. 우리 모두가 죄인이다."고 말한 적이 있다. 고시에 합격해서 기껏 한다는 것이 남을 벌주고 심판하는 일이라 생각하니 회의가 일어난다. 그래도 밀고 나가야 한다는 현실 앞에 타협하고 발버둥 치는 내 자신이 부끄럽다.

새벽 3시 30분경 도서실을 나오다.*

---

* 당시 법대 도서실은 24시간 개방하였다.

완연한 가을 날씨 속에 맞는 일요일이다.

그러나 아무런 계획도 없고(아니 계획을 세울 필요도, 세울 수도 없었지만) 즐거움도 없는 컴컴한 암흑의 시간대 속에 맞는 일요일이라고 해야 한다.

아침부터 법대 도서실에 틀어박혀 憲法헌법을 정독했다.

밖에 나와 보니 해맑은 가을 날씨다. 벤치에 앉아 가슴을 펴고 푸른 창공을 바라본다. 법대 바로 앞에 있는 논밭의 벼가 고개를 숙이기 시작하고 있다. 결실을 위한 마지막 몸부림인가 아니면 농부의 부주의 탓이었던가. 벼 몇 포기가 고개를 숙일 줄 모르고 밋밋하게 서 있다. '익은 벼일수록 고개를 숙이는 법이다.'라는 격언이 머리를 스친다. 지금이야말로 나에게 있어서는 결실을 위한 착실한 준비기가 아닌가! 말없이 성실하게 내실을 기함으로써 장차 나도 잘 익은 벼처럼 고개를 숙이는 여유를 갖는 날이 오겠지. 오늘의 이 괴로운 시간을 참고 견디자. 아니 청춘이란 반드시 즐기는 것만을 의미하지는 않을 것이다. 자기가 목표한 일을 달성하기 위해서 젊음을 다 바친다는 것, 즉 청춘을 담보한다는 것은 대장부다운 기개가 아니겠는가!

남들은 지금 등산이다, 데이트다, 미팅이다 등등 감각적인 본

능만을 위한 행위를 하고 있을지도 모르지만 그러한 청춘의 여력을 집념의 굴레 속으로 끌어넣는 그 자체가 얼마나 고귀한 정신인가!

오후 역시 도서실에서 맞았다.

느지막한 오후 시간 재오 君군 하숙집에 가서 바둑판을 들고 재오와 함께 법대 옆 동산에 올라가 풍요로운 자연의 풍미를 맛보면서 바둑을 몇 수 두었다.

밤 역시 도서실에서 생활했다.

1974. 9. 15. 22시

1974년 10월 11일 갬 금요일

오전에 중앙도서관에 가서 법학과 헌법의 주요 사항을 적어 왔다.

오후에 文理大문리대에서 논리학 강의를 받고 법대 벤치에 와서 친구들과 얘기를 나누었다. 주안점은 현실비판(부정적인 측면에서 본 현실진단)이었다. 이어 공부는 집어치우고 병기형과 함께 탁구를 저녁 먹을 때까지 쳤다.

저녁을 먹고 역시 병기형 등 친구들과 함께 현실에 대한 날카로운 비판을 벌이는 토론을 가졌다. 이어 9시 30분경 법대 도서실에 와서 책을 펴니 마음속에 맺힌 心懷심회와 恨한을 토로하지 않고는 도저히 못 견디겠기에 떨리는 손으로 이 글을 적기로 결심했다.

나는 지난 2년간 깊은 삼림 속에 파묻힌 金山寺금산사 심원암에서 집념과 인고의 나날을 보내면서 수백여 권의 책을 읽었다. 오로지 책만 읽었다. 10대 후반의 삶을 나 스스로 그렇게 택했던 것이다. 그러나 숙명적으로 가난과 고독을 머리에 이고 태어난 나였지만 깊은 山寺산사의 골방에 틀어박혀 있기를 계속해서 한 달 이상일 때도 있었으니 도저히 그 적막함을 참을 수가 없었다. 이제는 알을 깨고 나갈 때가 되었다고 생각했다. 그래서 다시 한번

10대 후반 심원암 시절 금산사 대웅전 앞에서

숙고했다. 저 苦海고해의 세속에 묻혀 다시 한번 불장난을 하는 모험을 시도하자고. 그래서 궁여지책으로 안출해 낸 묘안이 가까운 대학에라도 들어가 놀고 보자는 기발한 생각(?)이었다.

그래서 원서접수 마감 일에 전북대학교 법학과에 원서를 냈던 것이다. 예비고사 시험이 끝나고 나서 대입 준비는 완전히 포기했던지라, 시험 전일까지 나는 괴테의 「파우스트」, 사마천의 「사기」를 읽고 있었다. 사실상 대입준비를 공백 상태에서 보냈던 것이다. 그러고도 혹시나 수석합격이 될지도 모른다는 기대까지도 걸었던 것이다. 역시 시험이란 것은 시험 며칠 전의 집중적인 노력이 필요한 것인지라 계속 2개월간을 공백 상태에서 보낸 나에게 수석합격이 찾아올 리 만무했다. 이렇게 해서 내키지 않는 걸음으로 대학에 들어왔던 것이다. 그렇기 때문에 대학에 대한 애착 내지는 참여의식이 처음부터 나에게는 아예 없었던 것이다. 고시란 것은 나 혼자서도 얼마든지 할 수 있다고 자신했다.

입학식 후, 학교생활을 며칠 해 보았다. 아닌 게 아니라 모든 것이 시시하게만 보이고 선배라고 하는 자들의 비겁할 정도의 참여 의식 결여를 발견할 수 있었다.

누구나 그렇듯 야릇한 내면의 Complex는 한편으로 소심증을 다른 한편으로는 만용을 나에게 부리게 했다. 그래서 모든 학교 행사, 서클 활동이니 뭐니 하는 것들을 도외시하고 내 본래의 목적을 향해 줄달음치기 시작했다. 먼저 법대 옆으로 하숙을 옮기고 법대 도서관의 구석진 곳에 선배 자리를 박차고 고정석을 마련했다.

그리고 밤낮 거기에 틀어박혀 앉아 있었다. 또한 나를 괴롭히는 것이 있었으니 경제적인 문제와 가정적인 문제였다. 이 두 문제는 나를 항상 강박 의식 속에 몰아넣고 괴롭혔으며 지금도 그러하다. 이 무렵 나는 刑法總論형법총론을 구해서 읽기 시작했다.

이어 5月월 하순 민법총칙을 읽기 시작했다. 이해가 안 되는 부분을 몇 번이고 몇 번이고 되씹어 읽어 기어코 이해를 하고 넘어갔다. 그러나 이러한 굳은 의지도 6月월에 접어들면서 흔들리기 시작했다. 친구들과 어울려 술을 마셨으며 특히 6月월의 대부분은 술로 산 것 같다. 그러나 한편으로는 말할 수 없는 고독감과 번민이 뇌리를 떠날 날이 없었다. 그리고 이때부터 나는 우리 사회현실에 대한 부조리, 불합리, 富부의 불평등한 배분 등을 날카롭게 파헤치기 시작했다.

이렇게 해서 여름 방학을 맞고 방학 동안 시골집에서 두문불출하다시피 지냈다. 2학기 개학을 맞아 새로운 기분으로 학교에 와서 친구들을 만나고 정진을 계속할 마음의 준비를 했다.

기본법서를 차근차근 준비했으며 도서관의 좌석도 앞좌석으로 옮겼다. 그러나 또 방황은 시작되었다. 친구들과 어울려 술을 먹는 기회가 많아졌으며 술좌석에서는 으레 내 진로와 인생과 사회현실의 상관관계를 두서없이 논하곤 했다.

학교생활에는 여전히 피동적이고 소극적으로 임했다.

흰 고무신을 신고 다닌다고 꼬집는 지도교수에게 고무신은 서민적이고 실용적이라면서 강한 반발 의식의 발언을 하고서 연구실 문을 닫고 나올 때도 있었다. 나는 절에서의 습관이 아니더라도 까닭 모를 일종의 죄의식 때문에 오래전부터 고무신을 신고 다니고 있다. 누구는 예의상 어긋난다고 시비가 분분하지만 앞으로도 계속 흰 고무신을 신고 다닐 것이다.

사회현실에 대한 비판과 해부는 날이 갈수록 나의 심중에 진을 치고 있었다. 또한 이와 비례해서 고독감과 소외감이 나를 엄습해 오고 있었다.

　국제 정치 조류 속에서 본 우리 국내의 현실, 언론과 인권 탄압이 다반사처럼 자행되고 있으며, 치부를 하는 특권층, 기업윤리를 상실한 재벌들의 횡포, 날이 갈수록 심화하는 貧益貧빈익빈 富益富부익부의 사회현상, 특권층의 약자층에 대한 우쭐대는 특권의식, 가난한 자와 약자들의 가슴에 맺히는 말 없는 열등의식과 반발 의식, 매사에 있어서의 官관의 개입, 권력에 아부 아첨하는 기성세대의 치졸한 모습, 부정부패, 불신이 만연하고 있는 사회조류… 과연 이러한 더러운 사회현실을 내가 헤치고 나갈 수 있을 것인가. 내가 이론적으로 정의를 부르짖고 해 봤자, 책 속의 현실과 책 밖의 현실이 판이한 상황에서 내가 법서를 독파해서 무엇을 할 것인가? 올가미를 씌운 유신헌정하에서 法법앞의 평등, 수천 년의 역사를 지닌 法법의 이념이 실현될 수 있을까에 대한 회의… 회의…

　회의가 계속되는 중에 책은 손에서 멀어지고 비판의식만이 예리하게 작용하고 있다. 동시에 그 공백에서 오는 고독을 메우기 위해 이성 친구를 갖고 싶기도 했다.

　이성 친구를 갖자니 대상이 없었다. 그렇다고 해서 일부러 찾기 위해서 많은 시간을 낭비하고 싶지는 않았다. 몇 번의 안면이 있었던 師大生사대생에게 찾아가 사귀어 보자고 말하려고 했으나 그럴 용기가 나지 않았으며 또 만날 수도 없어서 포기해 버린 실정이다.

요즈음의 생활이 이러한 생활이었다. 그래서 이제 생각해 보니 내가 처음에 내세웠던 모든 학교 과 외의 생활에 참여치 않는 대신 내 본래의 목표를 위해 노력하자는 것이 무의미해지고 있는 것 같다. 이것도 아니고 저것도 아니다. 이제 학생의 현실참여를 선동하고서 교도소에 가고 싶은 마음도 난다. 모든 걸 집어치우고 책 보따리를 들고 다시 深源庵심원암으로 향하고 싶은 마음도 난다. 거기에 가서 참선을 하며 부처님의 眞言진언도 이해하고 싶다. 영욕이 넘실거리는 이 세상을 영원히 뒤로하고 저 피안의 세계로 날아가고 싶은 마음도 인다.

내 앞에 닥친 이 엄청난 시련과 현실을 좌시 내지는 용인하면서 내가 과연 정진에 정진을 거듭해야만 하는가! 또 그렇게 하는 것이 나의 최선의 길이여야만 하는 것인가! 그렇다, 새가 알을 깨고 나올 때는 진통과 고통을 감내해야만 하지 않겠는가? 갑자기 「데미안」(헤르만 헤세)의 감동적인 구절이 뇌리를 스쳐온다.

'새는 알을 깨고 나온다. 알은 하나의 세계이다. 태어나려는 자는 먼저 하나의 세계를 파괴해야만 한다. 그 새는 神신에게 날아간다. 그 신의 이름은 Abraxas다.'

나에게 있어서 Abraxas는 과연 어디이며 어떤 의미인가?

1975년 1월 19일 일요일

忘却망각이라는 것이 어떻게 보면 우리 인간에게 절대 필요한 것이라고 생각된다. 요즈음 나는 그동안 나를 괴롭혔던 많은 환경적, 성격적인 강박의식과 같은 것을 執念집념과 忍耐인내로 한 가지 일에 몰입함으로써 망각하는 즐거움을 맛보고 있다.

人間之事인간지사의 전 형태는 마음에서부터 우러나온다. 자주 쓰는 말이지만 모든 세태는 각자의 마음 쓰기 여하에 달려있으며 그의 생각, 즉 마음에서 우러나오는 본성에 의해서 그 형태에 맞는 행위를 하고 그 결과에 대해서 책임을 지는 것이다.

사소한 일에서 커다란 고통을 받는 경우가 있으며, 커다란 고통의 원인이나, 중대한 비극적 결과를 초래한 사건의 뒤에는 사소한 일로 그렇게 된 때가 얼마든지 있다.

거듭 깨닫는 바이거니와 마음을 어떻게 정하고 어떻게 어느 상황에 두느냐에 따라 모든 일이 원만하고 순조롭게 처리되어지느냐 그렇지 않느냐를 결정하게 된다.

그렇기 때문에 결국은 자기 자신을, 즉 자기의 내부 상황을 어떻게 다스려 나가느냐에 따라 그의 인생은 결정되어지는 것이다.

　따라서 자기 자신의 지배야말로 가장 중요한 인생 최고의 원리인 것이다. 그리고 特出특출한 사람일수록 자기 자신을 지배하는 자아의 소유자이다.

　내 자신의 지배로 접근하고 있는 현재의 내가 심정적인 내 본원의 자아 입장에서 볼 때 대담하고 영웅적인 움직임으로 비치리라….

1975년 2월 10일 月요일 갬

오늘은 음력 섣달그믐날이다. 지금까지도 대부분의 국민은 旧正구정을 보내고 있기 때문에 농촌은 물론 도시에서도 큰 명절이다.

그러나 나는 고향에 내려가지 않았다.

오직 한 곳으로 뚫려진 정신적 의지는 나를 전처럼 즐겁고 동심 어린 기분으로 고향에 가게끔 하지를 않았다.

나는 지금 이유를 알 수 없는 분노를 씹고 있다.

그것은 人性인성의 저변에서 파도와도 같이 밀려오고 밀려가는 원초적인 절규다. 결코 좌절은 하지 말자! 가난과 고독이 엉킨 삶의 테두리를 맴돌아야 하는 현 상황이지만 미래를 위한 더 높은 차원으로 나 자신의 위치를 승화시키기 위해서, 보다 더 자기희생적인 삶을 감수하기 위해서, 그리고 보잘것없는 나 자신의 자기완성을 위해서 나는 겸허한 자세로 하나의 목표를 달성하기 위한 집념의 세계에 몰입하련다.

텅 빈 도서실에서 진리의 세계에 몰입하고 있는 나는 지금 조그만 보람과 행복을 느낀다.

차분하고 느긋한 심정으로 순간순간에 임하리라.

나 자신과의 투쟁은 시작되었다. 그것은 무기한의 투쟁이 아니다. 내 굳은 의지가 자신을 극복하는 날, 개선 행진곡이 울려

퍼질 것이다.

자, 이제 Mein Kampt여!

나는 너에게 묻혀 살리라!

-夜야 23時시

법대 도서실에서

1975년 3월 4일 맑음

차가운 北風북풍이 부드러운 南風남풍으로 바뀌고 훈훈한 대지의 향기가 온몸 속으로 스며드는 황홀함을 느끼고 있다. 시간(세월)은 영겁의 굴레 속에서 부단히 흐르는 것이어서 모든 삼라만상은 그 大河대하의 흐름에 역행할 수 없는 것이다. 인간이란 존재는 영겁 속에 사라질 극히 순간적인 존재에 불과하다.

그리고 자연과 神신의 섭리에 따라야 하는 나약한 존재이다. 그러나 인간은 모든 자연의 이치를 규명하고 풀어낼 수 있는 어느 생물체에도 없는 思考사고할 수 있는 능력, 즉 理性이성을 가진 존재이다. 이 이성이 있으므로 말미암아 끊임없이 자각하고 향상하는 창조적인 생을 영위하고 있다. 자아를 의식하고 자아를 해부하면서 미래지향적인 행위를 한다. 때문에 영겁 속에서 볼 때 순간에 불과한 일평생을 값지게 그리고 충분히 향유할 수 있는 가치를 가졌다고 깨달으면서 만족스럽게 살다 가는 것이다. 순간에 불과한 일생, 그러나 현명하고 결단력 있는 자라면 결코 짧다고 할 수 없는 것이며 - 생의 전 가치의 면에서 파악할 때, 즉 그 이면에서 볼 때는 촌각이라도 그 귀중함을 뼈저리게 체험하면서 생에 정진하여야 하리라. 끊임없이 자각하고 근면을 생활화하는 자는 시간의 귀중함을 깨닫고 그 시간을 완전히 자신의 것으로 만들고 그 속에 몰입하는 것이다. 그러는 중에 자신을 지배하게 되고 최상의 건전한 생활인 합목적적 생활을 영위해 나갈 것이다. 그는 이른바 인생에서 성공한 사람이 되며 가치 있는 일생, 어떻게 보면 역설적으로 순간처럼 자신에게 있어서 화려한 생을 보낸 자가 될 것이다.

시간의 귀중함을 재차 강조하는 뜻에서 간단한 隨想수상을 적어 보았다.

봄기운이 피부로 느껴진다. 南風남풍에 밀려오는 흙 내음이 가슴에 훈훈하다. 애틋한 향수가 느껴지고 아름다운 정경과 동심이 그리워진다. 그러나 지금의 나는 이 모든 사색의 자유마저도 사리하고 오직 집념과 인내와 몰두의 세계에 파묻혀야만 한다. 보다 원만한 내일의 나를 내 본원의 自我자아는 원하니까….

1975년 3월 18일 화요일

一. 청춘의 특권을 일정기간 동안 유보한다.

二. 학교 수업 등 학교행사에 一切일절 신경을 쓰지 않는다.

三. 내가 처한 환경을 탓하거나 그 환경에 무릎을 꿇지 않고 환경
    을 초월하고 지배한다.

四. 나 자신의 성격을 고시 공부와 조화를 시킨다.

五. 감상적, 낭만적 모든 공상 또 합격 후를 예상하는 공상을 절
    대로 하지 않는다.

이상의 선서와 함께 나는 조기합격을 자신한다는 젊은 大丈
夫대장부의 피맺힌 결의를 오늘 밤에 「조경단」에서 바람이 심하게
불고 있는 시각에 친우 種順종순, 貴權귀권이 지켜보는 가운데 천명
했다.

친구여! 비가 한 순식 내릴 때마다 잎새의 푸름은 눈에 보이게
짙어만 간다. 불어오는 바람결은 싱그럽고 휘날리는 여인의 머리칼
은 인간에의 향수를 느끼게 한다. 陽春佳節양춘가절 약동하는 젊음
의 계절을 내일로 미루어 둔 채 새로운 인생 항로를 개척하기 위한
너의 진지한 모습이 눈에 선하다. 금력과 권력이 횡행하는 오염된

현실사회에서도 오늘을 인내하며 내일을 개척하기 위한 너의 건전한 의지와 이에 따르는 선량한 양심이야말로 국가공동체의 내일을 맑게 해주는 徵表징표라 아니 할 수 없다.

너의 건투를 빌어 마지않는다.

-밤 11時시 30分분

1975년 3월 31일 월요일 맑음

오늘 오후 나는 비장한 각오로 削髮삭발을 해버렸다.

피맺힌 무언의 절규를 되씹으면서 눈에서는 분노의 눈물이 흐르고 있었다.

최후의 수단으로 택한 나의 결단이었다.

과연 司法試驗사법시험이 나로 하여금 순간순간을 집념과 인고의 굴레 속으로 몰아넣고, 청춘을 송두리째 담보하게끔 하는 것을 생각할 때 나는 착잡한 심정에 사로잡혔다. 비록 먼 어린 시절부터 품어온 꿈이었을지라도.

그러나 우리 한국적인 현실에서는 그래도 사법시험에 합격하는 것이 고급 관료로 출발하는 지름길이고 소신껏 국가와 국민을 위해 봉사할 수 있는 첩경임은 엄연한 현실이다.

중국 역사가 사마천은 宮刑궁형이라는 치욕의 형벌을 당하고도 이를 극복하고 불멸의 역사서 「史記사기」를 집필하였다. 그때의 심정을 사마천은 하루에도 창자가 아홉 번이나 뒤틀리고 등골에 식은땀이 흘렀다고 쓰고 있다. 그에 비하면 내가 겪는 이 삭발의 아픔쯤은 아무것도 아니다.

이제 내 앞에 닥친 준엄한 운명에 순종하면서 一寸光陰일촌광음을 내가 할 수 있는 최선을 다하는 시간으로 채우련다. 사마천을 떠올리면서.

기본서를 깡그리 사진을 박아서 씹어 먹는다.

이번 기회에 합격권 내의 실력을 축적하지 않으면 내 인생은 영원히 파멸이다.

1975년 5월 19일 (음력 4月 8日) 흐리고 비 일요일

부처님의 탄생일이다. 모든 잡념과 영욕을 버리고 禪선의 세계에 몰입해 보면서 마음의 평온과 미래의 영광을 빌며 아울러 일로매진할 수 있는 용기와 의욕을 견지하기를 기원해 본다.

마음을 가다듬고 正念정념과 正精進정정진 하기를 나의 본원의 태동력과 佛陀불타의 힘에 의지해 본다. 항상 '禪선' 속에서 진리의 탐구에 경주하자. 모든 공허한 사념에서 벗어나 오직 眞진과 禪선을 향한 과정 속에서 미래의 나의 개념을 명백하고 뚜렷하게 부각시키기에 노력해 보자. 때문에 지금의 단계는 인고와 묵언 속에서 나를 연마하고 무형화시켜 새날을 위한 전제로서의 존재로서만 파악해야만 할 것이다. 심중에서 잠정 기간 나 자신을 용해해 버리자. 녹여진 나의 영혼을 숱한 진리의 조각들과 융합해서 새로운 나自我를 창조해 내련다. 新我신아의 탄생까지는 반드시 일정 기일이 소요될 것이며 때문에 그 기간까지의 나의 존재는 어디에서나 특히 현 활동 범위의 세계에서는 완전의 無무 내지 미미한 존재로 취급받을 것이라는 점을 충분히 감수할 결의가 되어있다. 忍인! 望망! 그날까지는 참고 이겨내자. 그러나 그 과정에서 파생되어진 순간들이 결코 고해만은 아닐 것이며 期기, 望망이 공존하는 날들일 것이니… 순간과 평범, 凡常범상에 순수하리라!

色不異空색불이공 空不異色공불이색 色卽是空색즉시공 空卽是色공즉
시색* 〈반야심경〉이며,

不當趣所愛부당취소애 亦莫有不愛역막유불애 愛之不見憂애지불견우
不愛亦見憂불애역견우** 〈法句經법구경〉라고 했던가!

부디 평안하고 均定균정한 상태가 나를 진리의 세계로 이끌어
주시옵기를….

~부처님의 탄일에 경건함을 彰창하며~

---

* 　존재(일체 만상)는 공(실체가 없는 것)에 지나지 않으며 공이 존재일 뿐이니라, 존재가 곧 공이며
　　공이 곧 존재이니라.
** 사랑하는 사람을 가지지 말라. 미운 사람도 가지지 말라. 사랑하는 사람은 못 만나 괴롭고 미운 사
　　람은 만나 괴롭다.

1975년 6월 2일 월요일 맑음 그러나 때아닌 소나기가
산발적으로 내림

어떤 일에 대해서 더욱 주의를 기울이고 신경을 쏟으면 오히려 자율신경은 반발적으로 기능하고 있는 것 같다. 마음속에서 일고 있는 동요를 제거하고 모든 하찮은 일에는 무관심하자고 결의를 다지면 더욱 그 반작용이 일고 있다. 물론 지금의 나의 생활이 무척 고행의 場장이라는 사실을 숨기고 싶지는 않다. 모든 사람이 나를 무시하는 것 같으며 왠지 모르게 느껴지는 소외감, 나와 진정한 대화를 나눌 수 있는 벗(벗이 아니라도 좋다)이라고는 한 사람도 없는 것 같으며, 어떤 때는 모든 것이 싫어지고 공상의 나래를 펴다가 그 공상이 머무는 곳에서의 허탈감, 나 자신의 왜소감 등등이 얽혀 모든 것이 싫어진다. 때맞추어 엄습해 오는 뼈에 사무친 고독감이 비장한 각오에 회색의 구름을 얹어준다.

나는 이제까지 성격 탓일지도 모르지만 아니 나 자신이 소극적으로 활동해서 그런지도 모르지만 진정한 친구를 갖지 못한 것 같다.(내 주관적인 판단일지도 모르지만)

정말 그런 친구를 갖고 싶다.

나의 생명과도 바꿀 수 있는 결의가 되어있는 그런 친구를 갖고 싶다. 내가 처해 있는 이 말 못한 무언의 처절한 상황을 같이 토로하고, 밤이 새도록 인생, 사회, 정치, 국제문제 등등에 걸쳐서 서로를 염려하는 기탄없는 대화를 나누고 동시에 같이 실제 행동을 취할 수 있는 그런 친구를 목이 타도록 갈구하고 있다. 그러나 이제 그런 친구를 알기에는 좀 늦은 감이 있는 것 같다. 나 자신은 외부활동을 거의 중단하고 있는 상태이기 때문에 더욱 얻기 힘든 것 같다.

그러기 때문에 더욱 외롭고 나만의I only alone 생활 속에서 더 처절한 생의 부르짖음을 쫓고 있는 것 같다.

공부를 하면서도 갈등이 끊일 날이 없으며 날이 갈수록 소심증과 Complex, 그리고 자만심이 첨예화되어 가고 있는 것 같다. 내가 모든 점에서 남보다 못한 것 같은 생각이 들 때가 많다. 조그만 꼬투리에서부터 생기는 마음의 동요가 그날 나머지의 시간을 망쳐놓고 도저히 실현 불가능의 잡상과 소심한 강박관념으로 더욱 마음의 상태를, 아니 내 본연의 모습을 기초부터 침식하고 있는 것 같다.

지금까지 공부한 시간(量양)으로 치면 거의 합격 수준의 정도까지 도달했는데도 집중력의 결여로 말미암아 그 質질에 있어서는 형편없는 것 같다.

그러나 단 꼭 한 번의 집중력과 두뇌의 모든 작용을 이용해서 철저히 독파하고 구상하고 축적함으로써 단기간에 목표를 달성할 수 있는 기회가 꼭 한번 부여될 것이다. 그것이 바로 지금, 이 시간 후부터이다.

지식을 얻기 위한 탐구를 하련다. 향학의 세계(법의 세계)에 몰입해서 거기서 즐거움과 보람을 찾고 싶다.

그 속에 묻혀서 세상사를 잊고 시간의 흐름을 잊고 人事인사의 동태를 잊고 나의 신변의 일을 잊으면서 생활하고 싶다. 아니 그렇게 하겠다.

그 황홀 찬란한 탐구의 須臾수유에 묻혀 영겁으로 화하리라. 오직 그 길로만 가리라.

-24:00

1975년 9월 10일 수요일 맑음

斷腸단장**의 書**서

오랫동안 자신을 반성해 볼 수 있는 시간을 망각하면서 지낸 것을 뉘우치며 斷腸단장의 場장을 다시 펼쳐 들어본다. 그간 한 곳으로만 몰아댔던 정력의 집중을 이제 여유 있게 분석하면서 均衡之和균형지화를 찾아갈 것이다. 특히 8月월 하순부터 불어닥쳤던 자아의 완전성의 훼손과 더불어 헛된 방황을 초래했던 충동들은 이제는 좀 변화하고 자제할 시기이다.

이번 여러 가지 일을 통해서 인생의 의미에 대해서 깊은 성찰과 사고력을 기르게 되었다. 나도 이제 내 생활 과정에 대해서 더 이상 유약한 존재가 아니며 모든 일을 스스로 처리할 수 있고 미래를 기획하며 그에 대처해 나가고 곤궁을 당했을 때 태연하고 대담하며 나 자신의 狀況상황, Situation을 내가 조성하고Forge 제어할 수Control 있는 전과는 다른 엄연한 정신적, 육체적, 경험적 etc. 으로 성숙해져 있음을 자부한다.

비록 연령적으로는 미숙하다 하더라도 사고행태만은 완숙에 가까웠음을 대담하게 주장한다.

지루한 교련 시간을 마치고 나니 캄캄해졌다. 곧장 저녁 식사를 하고 법대 도서실에 와서 새로운 생활을 할 계획을 수립하면서 마음의 정리를 했다. 우선 강의 시간을 알차게 이용하기 위해서 note 정리와 나 자신이 작성하는 요점, 중점 정리를 병행하는 일을 착실히 수행하기로 했으며 규칙적으로(매일) 어학(주로 영어)을 절대명령으로 1시간 이상할 것이며 특히 단어 내지 숙어를 하루에 10개 이상 단어장에 정리해서 반드시 암기하기로 했다.

1차 시험과목을 전반적으로 치밀하게 세부적으로 매일 꼭 집중적으로 수행하기로 했다. 그 첫 Case로 내일부터 경제학을 열흘간의 계획으로 정독하기로 했다. 그리고 일기를 斷腸단장의 記기라는 제목하에 계속 쓰기로 했다. 이제 주로 그날 공부한 것을 중심으로 적으므로 아마 일기라기보다는 나의 수험과정을 적는 학습일지라고 해도 좋을 것이다. 마지막으로 현재 받고 있는 신체의 完全性완전성에 대한 위협(발의 무좀으로 고생) 등을 포함한 정신적, 육체적 고통에서 오는 하찮은 근심을 절대 배제하기로 한다.

1975년 11월 6일 木 흐리고 비

한 열흘 만에 일기를 쓴다. 그만큼 생활이 어수선하고 피동적이었던 것 같다. 너무나 긴 시간 동안 방황했다.

진정 自我革新자아혁신을 이루지 않고는 나의 앞길은 암담하게 되었다.

이 글을 쓰고 있는 이 순간에도 마음의 움직임은 허공에서 존재하고 있다.

왜 이럴까. 정말 내가 왜 이렇게 나약하고 소심한 인간이 되었을까? 근 2개월 동안 책을 제대로 精讀정독한 적이 거의 없었으니 처음에 세웠던 계획은 이제 어떻게 될 것인가.

나 자신과의 약속 더 중요하지 않은가.

공부만이 퇴보한 것이 아니다. 心的심적인 타락 더 나아가서 대인적 의욕감의 상실….

괴롭다. 더 이상 일기를 쓸 양심의 일말도 남아있지 않다. (16:00)

……

저녁 식사 후 곧바로 법대 도서실로 왔다. 비바람이 세차다. 심기일전, 결의를 다지는 의미에서 대학신문에 발표할 한 편의 時論시론을 썼다. 마침 대학신문 기자로 있는 창기 군의 원고 부탁도 있고 해서.

　금년 8월부터 지난달까지 3개월간 한국 사회는 김대두라는 희대 살인마의 행각에 전율하면서 공포에 휩싸였었다. 어린아이부터 80대 노부부에 이르기까지 아무런 이해관계가 없는 17명의 무고한 인명을 살해하고도 죄책감조차 느끼지 않는 범인의 뻔뻔함이 더욱 모두를 분노케 하고 슬프게 했다. 나는 이 사건을 반추하면서 제목을 「사회구조의 변천과 범죄행위」로 정했다. 이현식 교수님(형법)의 고전을 인용하면서 인생을 달관하신 듯한 강의내용에서 노트해 두었던 한 구절을 원용해서 서두를 잡았다. 즉 "疲馬不畏鞭피마불외편 弊民不畏刑폐민불외형* 이라더니.

　결국 범죄는 범인 개인의 심성에도 그 발생원인이 있지만 그를 둘러싸고 있는 사회와 환경에도 영향이 있다. 때문에 궁극적인 책임은 사회 전체에 돌아오므로 건전한 가치관의 확립과 사회풍토 조성이 선행되어야 함을 강조하면서 사회발전과 경제발전에 따른 犯因性범인성과 범죄의 동향을 다루었다. 언론에 처음 공개되는 글치고 이 정도면 괜찮겠지 하면서도 반응이 어떨지 불안하기도 하다.

　교지(비사벌)에 응모할 논문도 속히 완성하기로 했다. 제목을 「共謀共同正犯공모공동정범에 관한 연구」로 정하고 目的的 行爲支配說목적적 행위지배설의 입장에서 쓰기로 했다. (25:00)

＊　지친 말은 채찍을 두려워하지 않고 피폐한 백성은 형벌을 두려워하지 않는다.

1976년 9월 3일

대학 생활에 접어든 이래 두 번째의 삭발을 단행했다.

그동안 그 많은 시간들을 자신의 갈등과 정신의 연약으로 허비하면서 얼마나 비통해했던가. 드디어 이제 모든 것을 잊고 오직 정진에 정진을 거듭하기 위해서 비장한 결심으로 삭발을 한 것이다.

앞으로 남은 약 5개월 반의 시간 – 이 시간의 활용 여부가 내 인생의 성패를 결정함은 명약관화한 사실이다.

오직 두더지처럼 저돌적으로 그러나 요령 있고 기민하고 능률적으로 공부만을 해야 한다. 또 그렇게 하겠다.

자, 이제 내일의 희망차고 즐거운 시간들이 나에게 손짓을 하며 다가오고 있다. 용기를 내어 타락했던 마음과 지쳤던 육체를 말끔히 청산하고 새롭게 시작하자.

그리하여 나의 원대한 포부를 달성하는 관문에 빨리 돌입하여 사나이의 웅지를 펴보련다.

모든 일에 조금도 개의치 말아라. 이제야말로 내 인생의 매 단계에서 부딪칠 시련 특히 내적, 정신적, 심적 시련을 극복할 수 있는 힘과 자신을 기르고 형성하는 시각이 온 것이다. 자! 희망과 용기의 시간이 다가오고 있다.

1976년 11월 5일 금요일

山寺(완주 봉서사)에서의 하루하루가 지나가고 있다. 마음이 허전하다.

法書법서를 섭렵하면서 메우는 시간이 보람찬 반면, 공허한 마음의 상태는 여전히 나를 감싸고 있다. 점심을 먹고 산 위에 올라가 목이 터지라고 고함을 질렀다. 일종의 무엇인가에 대한 분노, 까닭 모를 절규였다.

> 호올로 황량한 생각 버릴 곳 없어
>
> 허공에 띄우는 돌팔매 하나
>
> 기울어진 풍경의 장막 저쪽에
>
> 고독한 반원을 긋고 잠기어 간다.

내가 좋아하는 김광균 시인의 秋日抒情추일서정 후반부다.

感傷的감상적 방향으로 흐르지 않으려고 무척 마음을 가다듬고, 나 혼자만의 생활에서 오는 공백을 효과적으로 메우려고 노력하고 있지만 역시 밤 깊은 산사의 달빛이 창가에 투영되고 있는 것을 보고 마음은 감상적이고 동심의 고향으로 치닫고 있는 것은 어찌할 수 없는가 보다.

그러나 이런 현상을 결코 비정상적인 상태라고는 보고 싶지 않
다. 잠시 동안 낭만적인 사색에 사로잡혀 있다가 다시 현실에 눈
을 돌려 새로운 의욕의 시간을 맞게 되는 것이 더욱 바람직하기
때문인 것이다…. 오늘 밤 이 시간도 legal mind의 섭렵에서 또 하
나의 본래의 내가 탄생하고 있다는 것을 숙고하면서 부담 없이 매
진 할 수 있는 용기를 갖추게 된다.

지금까지 나는 여러 가지 사념, 강박 의식, 일종의 병적인 노이
로제 현상, 실현 불가능의 공상 등 숱한 폐인적 생활을 겪어 오면
서 이러한 현상을 생기게 한 근원 내지 요인을 분석하고 추출하
면서 이를 말끔히 제거할 수 있는 생활철학을 터득하게 되었다.
이를 얻기 위해 요 며칠 동안 그렇게 진통을 겪고 고통을 맛보면
서 괴로워해야 했던 것이다. 그 많은 희생을 치르고 몸소 체득한
이 철학-「건전한 생활 과정의 길」이기에 무엇과도 바꿀 수 없는
귀중한 인생의 활력소로서 앞으로 나의 앞길을 밝혀주는 횃불
중 하나가 될 것이다.

한풀 꺾인 더위가 이내 제3의 계절로 돌입하는 계기를 마련하려는지 더 이상 맹위를 떨치려고 하지 않고 있는 듯하다.

그동안 나는 거의 지식 섭렵의 공백 지대를 걸으면서 방황의 극을 달렸다. 정말 숨 막히는, 죽을 것만 같은 방황의 길이었다. 형극의 길, 바로 그것이었다. (그것은 불건전한 사념의 가시밭길인 것이다)

만일 오늘 이 결단과 결의를 못 하고 며칠만 더 그대로 거닐었더라면 나는 정말 미쳐 버렸을지도 모를 것이다.

오늘 고향 집에서 저녁 식사를 하고 어둠을 헤쳐 건넛산에 있는 아버님의 묘소를 찾아갔다. 캄캄한 어둠 속에서 나는 정중히 무릎을 꿇고 아버님의 영전에 다짐했다. 그리고 굳게 결의를 표명하고 반드시 지킬 것을 맹세했다.

"아버님, 저의 앞길을 인도해 주십시오, 저에게 힘과 용기를 주십시오." 마지막에 나는 아버님께 그렇게 기도했다.

너무나 기나긴 방황 속에서 머릿속은 굳을 대로 굳어져 있고 학문적이고 창조적인 사색력은 메말라 버렸다. 이제 서서히 머리에 기름을 치고 정신을 윤기 있게 가꾸어야 할 때가 바로 아버님의 산소를 떠날 때부터 시작되었다. 항상 논리적인 학술적 사색과 탐구력을 기르는 想念상념에 젖을 때가 항존하리라.

지나간 시간의 그 찢어질 듯한 고통을 가져다주었던 환각적이고 현실 도피적인 그리고 잠식적인 사념일랑 아예 접어두고서 영원한 추억 속으로 흘려버리자. 자! 처음은 비록 힘겹고 고통스럽지만 나도 모르게 점점 그러한 병적 도취주의로부터 벗어나 나의 본질을 되찾게 될 시간은 틀림없이 다가올 것이다.

1977년 10월 6일 맑음

정진의 일선에서 끓어오르는 의욕의 氣기가 충만하다.

계속 내달린다. 나의 새로운 형상을 만들어 가면서 거시적 안목으로 앞뒤를 판단, 점검하면서 빈틈없이 새로운 도전에 대처하면서.

나의 앞에는 남보다 더 높은 험산이 가로놓여 있기 때문에 이 눈앞에 작은 봉우리로 보이는 司試사시와 行試행시 정도야 곧바로 정복할 수 있으며 또 단기간에 정복해야만 한다. 그러고 나서 내 생애를 점철시킬 다른 더 험준한 봉우리를 향하여 느긋하게 마음먹고 조금도 지체해서는 아니 된다. 그리고 항상 파장이라는 강박관념에서 벗어나자. 좀 더 대담하고 용기 있고 잔인할 정도로 강하고 얼어붙은 냉혈성을 지니는 일이 내가 앞으로 살아가는데 절대 불가결의 요소이다. 조그맣고 눈앞의 小慾소욕에 사로잡히거나 번민하지 않기 위해서도.

그 시시한 자기 합리적 사유 따위는 이제 내 사고의 영역에서는 구시대의 낡은 유물로서도 취급받지 못할 것이다. 어디까지나 냉철하고 강인하고 잔인성을 지닌 피와 땀의 행진만이 내가 나아갈 길이다. 여유와 보람을 누리면서도 강인한 의지력, 힘, 투지력, 담력, 저돌성이 절실하게 요구된다.

대학 4년 부산에서

1978년 8월 15일 갬→맑음→갬

전주 僧岩寺승암사에 재입사한 지 1주일째 된다. 좀 더 새롭고 혁신적인 자신의 형성과 목표의 계획된 조기 완수를 위해서 하루라도 빨리 진실과 좀 더 인간적인 시간에 몰입하려고 서둘러서 입사한 것이다.

좀 더 솔직하고 인간적이 되자.

좀 더 성실하고 일관된 생활의 영역을 개척하자.

좀 더 적극적이고 단락짓는 생활 관념을 구체화하자.

이제 현실에 적응하기보다는 능동적으로 현실을 받아들이면서 해나가야 할 때가 된 것이다. 그러기 위해서는 지금까지의 나의 마음觀念속에 축적된 사념의 잔존물을 모두 털어버리고 새로운 혁신적인 현실주도적이면서도 타파적인, 이상추구적이면서도 미래 보장적인 생활 관념을 저장해야 한다. 이 과제를 위해 나는 이 승암사에서 이번에 꼭 그 바탕을 다져놓고야 말겠다. 그래 지금 이렇게 몰두하고 있지 않은가!

오전에 약간 혼란이 일어나 시간을 좀 소비했으나 수면시간으로 간주하고서 오후부터 나의 정정한 본원적 사유로서 다시 생활에 여념이 없는 시간이 되었다.

여느 때처럼 석식 후 목욕하고 의지의 시험대에 다시 올라서다. 자정 무렵 寺사에서 佛供불공 후의 과일 등이 올라와 옆방 벗들과 담소하면서 먹는다.

이때 나는 다시 나의 본원적 지상명령을 되새기게 된다.

좀 더 담담하고 느긋하면서도 진실과 성실한 사람이 된다는 것을. 정밀 초지의 신념이 절실함 속에서 성실하게 일관되기를 – 아무리 조그마한 신념(열의)이더라도 냉정과 침착 속에서 인내하라고. 이어서 적시 적소를 택해서 과감하게 결단을 내리라고. 그러면 나의 웅지의 실현은 한 발자국 한 발자국 그 자태를 형성하게 된다고 확신한다.

앞으로 일기는 꼭꼭 빠뜨리지 않고 쓰게끔 노력한다. 일기 속에서의 토로가 나의 이글거리는 분노를 잠재워 주기도 한다. 또한 일기를 씀으로써 생활의 궤도orbit를 고정시키고 보다 원만하고 나은 나 자신의 像상을 정립하는 데 결정적 역할의 한 부분을 담당하리라고 확신하기 때문이다….

자! 내일은 오전 6시에 기상, 조반 전까지 1시간 30분 정도를 확보함으로써부터 웅지 실현의 시험장에 들어가자! 25시 25분.

1978년 8월 18일, 오전부터 오후 중간까지 계속 비가 옴, 그 후는 쾌청한 초가을의 선선한 날씨인 것 같은 느낌이 들고, 밤에는 7월 백중의 보름달이 더욱 둥글게 보임

너그럽고 먼 안목을 바라볼 수 있는 대망의 마음을 지녀야 할 것이며, 또한 현실의 사소하고 하찮은 일에 개의하지 않아야 할 것이다. 나의 꿈과 추구하는 궁극의 이상을 건전하고 풍요로운 자아 형성을 통해서 그 웅지를 펴 보이는 것 – 그러기 위해서 거듭 강인한 의지로 꾸준히 밀고 나가자.

오전에 구태의연하다고 볼 수 있는 잡상 때문에 약간의 계획 미달을 가져온 것 같았다. 깊이 생각해 볼 일이다. 이런 일이 생기지 않도록 심적 근원을 치유하리라.

오후에는 머리를 식힐 겸 세계 명작 추리소설을 흥미진진하게 읽었다. 특히 애거사 크리스티Agatha Christie의 소설은 언제 읽어도 빠져든다. 「나일강 살인사건」, 「오리엔탈 특급살인 사건」에 푹 빠져 더위를 잊었다. 위 추리소설의 무대를 언젠가 꼭 찾아가리라 다짐했다.

저녁 식사를 할 무렵 선선해진 맑은 날씨가 무척이나 마음에 들어 기분이 상쾌했다. 저녁 식사 후 동환 兄형으로부터 5,000원을 차용하여 서점에 가서 책을 두 권(객관식 재정학, 고시연구 9월호)을 사가지고 곧바로 入寺입사했다(1시간 소요).

- 앞 냇가에 가서 비에 불은 물속에서 목욕하고 12시 넘도록 책을 보다.

1978년 8월 20일 종일 비

늦장마가 계속되는가 보다. 어제부터 내리던 비가 계속해서 내리고 있으며 특히 간밤에는 상당량의 비가 내려 절 앞 全州川전주천의 승암교 다리 보각까지 물이 찰 정도였다. 비는 오늘도 계속 내렸으며 밤늦게 들어서야 그쳤다. 수확을 앞둔 농작물에 많은 피해를 줄 것 같아 걱정이 되는 것은 어쩔 수 없다.

한 곳으로 얼어붙은 외줄기 집념 속에 피어나는 한 맺힌 절규. 하지만 그 절규는 내일의 환희의 웃음을 전할지도 모를 야누스의 얼굴과도 같을지 모르지.

꺾이지 말자. 굽히지 말자. 타협하지도 말고 요행을 넘보지도 말자. 나의 소박하고 정의롭고 참되고 애틋한 정성은 타협과, 그리고 나와 차원을 달리하는 자들의 거론 밖에 존재하느니. 아! 그 거룩한 집념! 언젠가는 빛을 보리! 순간이 영원으로 통하는 상황 속에서 나는 외치고 절규하고 있다. 이 남루하고 비참한 생활이 모두 내일을 향한 포석의 생활이라고, 이 불운의 사나이에게도 외줄기 집념이 결실 지울 날이 다가올 것이라고. 삼경이 지난 산사의 적막 속에 목 놓아 외치고 싶다고….

山堂(산당)의 조용한 밤에 말없이 앉았으니

적적하고 고요하여 모두가 자연 그대로다

어찌 된 일인지 서쪽 바람에 임야가 움직이더니

외기러기가 높은 하늘에서 구슬피 우는구나!

<「금강경 오가해」, 冶父(야보)선사>

아! 禪詩선시 그대로다, 어쩌란 말인가!

1978년 8월 25일 오전 개이고 오후 비

오전 일찍 시내 제일은행에 나가서 등록을 완료하고 곧바로 절로 들어왔다.

웬일인지 어제부터 차분한 마음가짐이 무너진 상태로 혼란스러워서 책이 손에 잡히지 않는 것 같다.

나의 큰 결점의 하나가 바로 한번 마음의 동요가 일어나면 곧바로 원상태로 회복되지 않는다는 데에 있다. 그래서 오후에 내내 잠을 잤다. 밤에도 별다른 공부는 못하고 월간 「씨올의 소리」를 좀 읽었을 뿐이다.

아마 내일부터는 계획된 양을 달성하는 데 다시 전력을 경주하게끔 될 것 같다.

앞으로 남은 15일, 정말 중요한 시간이 될 수도 있다. 시간은 충분하다고 본다. 알차고 요령 있게 활용만 한다면.

재정학을 그 기간에 마스터해서 합격점까지 확보하는 데에는 나의 비상한 공부 방법, 요령 있는 시간 배정, 상식적 저변 지식의 활용이 중요할 것 같다.

그리고 민법총칙은 교과서를 한번 정독하고 문제집을 한번 풀어본다. 국사는 역시 기본서를 정독하고 문제집을 푼다. 영어는 매일 일정한 시간을 확보해서 여유 있고 차분한 평소 실력으로 향상을 기한다.

"좀 더 적극적으로 계획을 밀고 나가게끔 하게 해다오.

좀 더 대담한 심정을 지니고서 살게끔 해다오.

좀 더 너그러운 마음가짐으로 타인을 포용하게끔 해다오.

좀 더 강인한 의지로 일관하게끔 해다오.

초인적인 힘과 의지는 원치 않습니다.

부귀영달과 酒池肉林주지육림 같은 호화판은 나의 관심밖에 있습니다.

오직 성실하고 진실한 순간순간으로 내 일과가 충만 되기를 바랄 뿐입니다.

자신의 위치를 알고 자신의 역량을 믿고 꾸준히 일하는 자의 前途전도에 저의 應心응심이 함께 하기를 빕니다.

평범한 진리를 믿고 살면서도 비범한 이상을 소유할 수 있게끔 해다오.

상대적인 진리와 지식의 파편들을 절대적 당위성에 접근시키는 과감한 추진력을 발휘하게끔 해다오.

이제 저의 최선의 순간순간만이 다가오고 있는 것 같습니다. 모든 것을 捨離사리한 심정으로 임하려고 합니다.

나에게 있어서 기적은 결코 창조의 한계를 벗어나지 못하리라는 신념이 잠재하고 있는 한은…" (24:00 급히 쓰다)

1978년 8월 26일 토요일 맑음

아침 식사를 마치고 나서 책장을 잡으려고 하니 갑자기 졸음이 쏟아지는 것을 억제할 수가 없어 잠을 자려고 누웠으니 오히려 잠이 쉬이 오지도 않는다. 요사이 며칠 이상하게도 이완된 상태에 파묻히게 되었다. Slump가 찾아온 것일까. 그리고 타인에 대한 불쾌한 강박의식이 뇌리를 점하고 있는 상황인 것 같다. 대담하고 너그럽고 여유만만하고 그러면서도 결단성 있고 예리한 心狀심상을 지녀야 할 것임은 자명한 사실로 받아들여져야 한다.

남에 대한 불유쾌한 강박관념은 제거되어야 한다.

그래서 오전 일찍부터 자리에 누워 엎치락뒤치락 잠을 청하려고 할 때에 김종호 군이 찾아왔다. 둘이서 시내에 나가서 점심을 같이하면서 환담했다. 이어서 오랜만에 중앙극장에 가서 "浮草부초"라는 邦畫방화를 감상했다. 韓水山한수산 원작의 강렬한 향토색이 짙은 작품으로 어느 서커스단의 생활상을 그린 우리의 전통적 끈기의 생활신념이 투영된 내용이었다.

이어 밤에는 금년 졸업 동기로서 行試행시 준비에 몰두하던 義大의대 兄형이 사망했다는 비보에 접했다. 바이러스성 간염으로 인한 것이라 한다. 兄형의 그 뜻을 펴지 못하고 夭折요절한 데 애통을 금치 못하며 삼가 명복을 빌어본다.

우울한 심정, 인생무상을 느끼게 한다.

1978년 8월 28일

- 막스 베버와 벤저민 프랭클린

오전부터 본격적으로 行試^{행시} 1차 독파 작전에 돌입하려고 단단
히 결의하고 임했으나 갑자기 졸음과 함께 희귀한 사념이 닥쳐와
그대로 잠을 청하고 말았다. 오후에는 땀을 흘리면서 전 과목 모
의시험 문제를 풀었다. 결과는 앞으로 남은 12일간을 적절히 최
선의 방법으로 활용한다면 가능할 것 같은 결론에 도달했다.

오후 5시경 서울에서 惠淵^{혜연} 큰형님으로부터 使者^{사자}를 통
해서 100,000원의 돈이 전달되었다. 이 돈으로 앞으로 3개월간
의 하숙비 및 생활비에 충당할 것이다. 형님의 성의에 고마움을
느끼면서도 동시에 책임감도 없지 않다. 더욱 정진하면서 분발하
고자 한다.

경제적 자립은 인간 활동의 전제이다. 내가 고시에 합격하여
내 뜻을 펴려는 것도 우선 재정적인 면에서의 성취조건이 어느 정
도 충족되어야만 가능하기 때문이다. '빈 자루는 똑바로 세우기
어렵다.'는 벤저민 프랭클린의 말처럼 재산(부)의 정당한 축적과
현명한 활용은 현대사회에서 각자의 권리이자 의무이기도 하다.

막스베버의 "프로테스탄티즘과 자본주의 윤리"는 서구문화의

산물인 자본주의 발전에 지대한 영향을 준 명저이다. 그 명저의
첫 부분은 이렇게 시작한다.

"명심하라, 시간은 돈이다. 하루 노동으로 10실링을 버는 자가
산보를 하거나 방안에서 한나절을 게으르게 보냈다면 설사 6펜
스밖에 쓰지 않았더라도 단지 그것만을 쓴 게 아니라 그에 더해
서 5실링을 더 지출한 셈이다. 아니 내다 버린 셈이다." 이어서
"명심하라, 신용은 돈이다.…"
"명심하라, 돈에는 번식력과 결실력이 있다.…"
"명심하라, 빌린 돈을 잘 갚는 자는 만인의 돈주머니의 주인이
된다.…… 근면과 절약을 제쳐 놓고 본다면 모든 일에서 시간 엄수
와 공평성을 지키는 일이야말로 젊은이가 세상에서 성공하는 데
가장 필요한 것이다.…"
"명심하라. 신용에 영향을 미칠만하면 아무리 사소한 행동이
라도 주의해야 한다.…" 등등. 그리고 "주의하라. 그대 손에 있는
것이 전부 그대 재산이라고 생각하며 생활하지 말아라."는 표현도
있다.

바로 벤저민 프랭클린이 젊은 시절 생활신조로 삼았던 것을
베버가 인용하여 자본주의 정신의 핵심으로 삼았다. 「법학통론」
첫머리에 의례 "사회 있는 곳에 법이 있다."는 法諺법언을 거론한

다. 여기서의 법은 강제적 규범이 아닌 도덕적, 윤리적 규범도 포함된다고 하면서 그 예로 프랭클린의 자서전에 나오는 '13가지 덕목'을 들고 있다. 프랭클린 자서전은 나도 절에서 감명 깊게 읽었던 책이다. 미국에서 성경 다음으로 많이 읽혔다 하며, 또한 미국인들이 가장 닮고 싶어 하는 인물이라고도 한다.

큰형님한테 종종 경제적 지원을 받으면서 떠오른 所懷소회를 적었다.

1978년 9월 2일 갬

연일 숨 돌릴 사이 없이 계속해서 집중적인 강행군이 계속되고 있다. 머리가 무겁고 아찔해지는 것을 가끔씩 느낀다. 그리고 영양부족이 될 수도 있다는 생각도 든다. 조금은 여유를 가지고 정진을 하는 것도 좋으련만, 다음부터는 느긋함 속에 강행을 할 수 있는 자세를 갖추고자 하련다. 아무튼 지금과 같은 태세로 임한다면 어떠한 시험이든지 돌파할 것이라는 것은 明若觀火명약관화할 것이다.

계속 정진의 결의를 해 본다.

저녁을 마치고 주지스님(萬應만응스님)으로부터 불교와 인생에 관한 좋은 말씀을 들었다.

– 모든 것은 사람의 마음에 좌우된다. "唯心所造유심소조"라고 한마디로 표현하셨다. 그리고 불교는 타종교와 달리 어떤 절대적인 유일신을 숭배하는 것이 아니고 마음의 깨달음을 통한 인과응보를 통해서 佛陀불타의 경지에 이르는 종교라는 점을 강조하셨다. 부처는 깨달음을 통해서 스스로 되는 것이며 그것은 오직 우리의 마음속에서 얻어지는 것이라고 한다. 때문에 우리는 마음속에 모든 것을 간직하고 거기에서 스스로 깨달음을 얻어 이를 조

화 있게 처리해서 생활의 지침으로 꾸려나가야 할 것이다.

　나는 스님한테 "마음의 절대신"에 의지하면서 생활하고 있다고 하면서 마음에서 모든 것이 시작되고 또한 마음에 모든 것이 귀착된다는 말씀에 깊은 감명을 받았다고 솔직하게 얘기했다. 스님께서는 공부를 하면서도 항상 마음을 거시적으로 쓰면서 굽히지 않고 꾸준히 그리고 정직하게 임하라고 말씀하셨다.

1978년 9월 4일 갬 월요일

첫째, 사람에 대해서는 누구든지 신경을 쏟지 말 것.

둘째, 고로 누구도 미워하거나 언짢게 생각하는 관념을 배제한다.

셋째, 나는 지금 내가 처해 있는 전체적 처지를 직시하고 매일매일 일순간 일순간을 살아간다.

넷째, 고로 진부한, 고루한 강박 고정관념과 합리화 내지 허망한 美化觀念미화관념을 완전히 배제한다.

다섯째, 조급하게 서두르지 말고 비록 조금 늦고 부족하더라도 차근차근 침착하게 임할 것.

여섯째, 미래의 건전한 생활을 확보하기 위해서 건강, 특히 남자로서의 건전 생활을 위한 토대를 구축해 놓을 것.

일곱째, 일단 내 자신 스스로 마음에 결정한 건은 반드시 수행해야 한다는 사명 의식 내지 책무감을 뼛속 깊이 간직하여 실천함으로써 나의 강인한 의지력 내지 정신적 불요함을 키워나간다.

따라서 내일부터 내 본연의 자세로 매초 매초에 접함으로써 앞으로 며칠 안 남은 시험에 충실히 대처하여 만에 하나라도 두고두고 후회하는 愚우를 범하지 않도록 한다.

비상대책 제1호 : 내일 오전 6시부터 오후 12시까지 15시간과 모레 오후 4시까지 7시간, 통합 22시간에 국사를 완전히 90점대 선으로 올릴 수 있게끔 공부해 놓는다.

제2호 : 모레 저녁부터 9일까지 財政學재정학을 80점대 선으로 확보해 놓는다. 단 2시간씩 영어를 병행한다. (7, 8, 9, 3일간)

10일 아침은 민법총칙 조문을 정독하고 시험에 임한다.

저녁을 먹고 영양제를 사러 근처 약국에 갔으며 이어 목욕을 하고 심한 정신적 갈등과 고민과 진통 끝에 모든 걸 반성하고 동시에 새로운 국면을 여는 대결단을 내려 이를 실행하는 과정으로 진입하기 시작했다.

내일은 시간 관계상 일기는 안 쓰기로 한다.

1978년 9월 10일 일요일 갬 약간 싸늘한 날씨

오전에 나는 光州광주에 있었다. 그러니까 어제 行試행시 1차에 응시하기 위해서 오후 늦게 광주에 도착, 그곳에서 일박하고 오전에 실시되는 시험에 응했다. 원래 행시에의 응시는 나에게 있어서 외도라고도 할 수 있다. 그러나 좀 더 깊이 생각하면 그렇지도 않다. 처음에는 내년에 만약의 경우에 대처하기 위해서 금년에 행시 1차를 합격해 놓는 것이 좋을 거라는 판단에서였지만, 지금은 양과 합격의 계획으로 기울어져 있다. 지금까지 근 수년 동안 내가 허둥지둥대면서 알차게 메우지 못한 시간들을 지금부터 충실히 활용하면 兩科合格양과합격은 충분히 가능하다고 본다. 내일부터는 본격적인 司試사시 2차 준비에 몰입하려고 한다. 아무에게도 알리지 않고 조용히 시험을 보고 오려고 했으나 시험장에서 지인들을 많이 만났다. 최종적으로 정욱 삼촌과 점심식사를 같이 하고서 나는 전주행 고속버스에 몸을 싣고 전주에 도착. 곧바로 승암사에 당도했다.

이제 내일부터 새로운 나의 형성을 위한 부단한 노력과 인내와 긍지의 생활을 해나가려 하고 있다. 조금도 흐리터분하게 시간을 보내지 않으려고 한다. 그리고 조금의 공백기도 남기고 싶지 않다.

날씨가 갑자기 추워져(?) 오늘 밤 자리가 편치 않을 것 같다.

1978년 9월 16일 갬

오늘은 대체로 차분한 상태에서 안정된 정진의 시간을 보낸 것 같다. 오전에 잠깐 시간을 내어 「무하마드 알리」와 「스핑크스」의 헤비급 타이틀 우주 중계를 TV로 시청했다.

도전자 「알리」가 예상했던 대로 「스핑크스」를 판정으로 물리치고 다시 타이틀을 쟁취하는 프로복싱 사상 신기록을 수립하였다. 그러나 게임 내용은 그렇게 박진감이 없었다. 아무튼 36세란 나이에도 불구하고 그렇게 건장하게 경기에 임할 수 있었다는 점에서 알리는 확실히 집념의 사나이이며 끈질긴 투지의 사나이라고 불러도 과부족이 없을 것이다.

완연한 가을 날씨가 계속되고 있다. 바꾸어 말하면 공부하기에 최적의 상태를 가져다주는 환경적 여건의 하나가 조성된다는 것을 의미한다고 볼 수 있다.

그리하여 나는 오늘 다음과 같은 세 가지의 결의를 좌우명으로 삼기로 하고 창출해 냈다.

첫째, 밖에 나가지 않는다. 즉 쓸데없이 아니, 대단히 긴급한 용건이 있는 경우 외에는 시내에 나가지 않는다(외출 禁금). 친구들이 찾아왔을 때에는 1시간 정도로 절에서 애기를 하고 그것으로 끝내고 같이 밖에 나가지 않기로 한다.

둘째는 모든 생각을 버리고 비장한 각오로 한 곳으로만 집념을 펴 보인다.

셋째는 9월 16일로써 마음의 여유로운 방랑은 끝내고 장기적 스태미나를 기르는 것을 항상 염두에 두면서 실천에 옮긴다. 정말로 이는 절대적 기회이고 마지막 결의이다.

1978년 12월 1일 갬 금요일

아침에 일어나 줄넘기 300여 개를 했다. 조반을 먹고 형법총론을 독파하기 시작했다. 오직 목표성취와 진전에 대한 열망으로 좀 서두르는 감이 없지도 않았지만, 차분히 가라앉은 마음의 상태에서 執(集)中的집중적인 독파에 임하고 있었다. 귀권 君군이 방문했으나 얘기 시간은 고작 15분 정도로 마치고 離寺이사하게 하였다. 다시 책을 대하고서 점심때까지 조금의 잡념과 흐트러짐도 없게 하자면서 새로운 각오가 점철되어지는 시간이었다.

오후 역시 계속해서 느긋하게 서두르지는 말자는 심정으로 책을 읽었다. 저녁 식사 40분 전에 약간 눈을 붙이고서 식사에 임했다. 밤에는 전깃불이 들어오지 않아 촛불을 켜고서 공부하게 되었다. 도중에 약간의 혼란이 있었으나, 심한 갈등과의 고투에서 보내 정상적인 나의 위치로 돌아올 수 있었다. 12시경 옆방 동지들과 라면을 끓여 먹으면서 환담하다가 再席재석하여 새벽 2시 30분경까지 정진하였다. 전과 같은 나태하고 안이한 공상 추구와 소극적이고 의욕상실적인 현실도피 행각 속에 파묻혀 消時소시하다가는 나의 환경과 진로에 대한 근본적인 대처력 내지 적응, 극복, 성취력 등의 상실로 영원한 후회의 단계에 빠지게 될 것이라는 것을 자각한 것은 바로 오늘 이 시간이었다.

정말 이것을 거울삼아 줄기차게 밀고 나가 대장부의 기개를 높이고, 나의 현재, 미래의 위치를 재확인하여 단단하게 다져나가리라.

1979년 1월 29일 월요일(포근한 날씨에 흐리다가 비가 옴)

어제는 구정이었다. 고향집에 가지 아니하였다. 독한 마음으로 하루를 충분하게 확보하려고 계획했었다. 그러나 무슨 운명의 소행인지 전날부터 양어깨 가운데 등 베게 부분이 결리는 증상이 나타나더니 어제 아침에는 일어나 거동도 하기 불편할 정도로 악화된 상태가 되었다.

억지로 일어나 내키지 않는 아침 식사를 하고 도저히 몸을 움직일 수가 없어서 계속 누워 있었다. 괴로웠다. 설움이 북받쳐 올랐다.

한순간의 시간도 아끼고자 설날인데도 집에 가는 것까지 포기하고(집에 안 간 이유가 반드시 그것만이었는지는 나도 잘 모르겠지만) 시간을 확보하려고 했으나 이 무슨 천벌이란 말인가.

하마터면 점심도 굶을 뻔하다 2시가 넘어서야 조금 떠먹는 둥 마는 둥 하고서 연탄불마저 꺼져버린 방에서 더욱 심해 가는 등의 결림과 투쟁하면서 누워있는 수밖에 없었다. 보통 정도의 밥이나마 제대로 못 먹고 저려오는 고통 속에서 찬 방에 누워 있으려니 온갖 착잡한 심회가 가슴을 억누르고 짓밟고 있었다. 왜 내가 이렇게 처량하고 비참한 상태에서 발버둥 쳐야만 한단 말인가. 왜 나에게는 다시는 화폭이 쥐어지지 않는단 말인가.

저녁 식사를 할 무렵에 가서는 증세는 더욱 악화, 밥도 제대로 못 먹을 상황이었다. 그러나 입술을 깨물면서 꾹 참았다. 저녁 식사를 하고는 이대로 가면 내일은 병원에 가서 진찰, 여차하면 입원하여야겠다는 유약한 생각이 아닌 현실 직시적인 처참한 생각을 하면서 반 포기적인 상태로 내동댕이쳐져서 누워 있었다. 그러면 내 계획에 蹉跌차질이 오고 그렇게 되면 나의 생의 진로는 전면적 수정을 하지 않으면 안 되겠지. 신체적 고통과 괴로움으로 잠도 못들이고 신음하고 있을 무렵(10시경) 근형, 형선, 귀권 큠^君 등이 찾아왔다. 무척 반가운 생각이었다. 친구들과 이야기를 좀 주고받으면서 반 위로, 반 걱정의 말들을 해주어서 어느 정도 힘이 나는 것 같았고 실제로도 그 저려옴이 약간 가시는 것 같았다.

이들을 배웅 겸 같이 따라 나가서 약국에서 파스와 조제약 1일분을 사 가져 와 바르고 먹고 하니 좀 회복이 되기 시작했다. 친구들의 고마운 방문이 아니었더라면 더 고통의 수렁에서 방황했음에 틀림없었으리. 몸이 좀 회복되어서 새벽 3시까지(2시간 동안) 책을 읽을 수 있었다. 악몽 같았던 절에서 맞는 구정의 하루였다. 그러나 막바지에 정상을 회복할 수 있는 친구들의 방문이 있어서 더없이 좋았다.

오늘 아침 기상을 하니 몸은 더 회복된 것 같았다. 오전에는 1시간가량을 책을 보다 누워있었다. 오후에는 승암사 팀 셋이서 스님한테 세배를 드리고 시내에 나가 "별들의 고향(속편)"이라는 영화를 감상했다. 저녁 식사를 마치고 귀사하여 새벽 3시까지 책을 읽고서 이 글을 쓴다. 이제 몸의 상태는 어느 정도 정상으로 되어가고 있다.

1979년 6월 10일. 흐리고 비

오전에 調査方法論조사방법론을 독파해 나가다 별로 능률이 오르지 않아 TV를 잠깐 보았다. 오후에도 별 의욕과 능률이 오른 것 같지 않아 방안 정리를 했다. 3일 전에 승암사에서 옮겨 온 짐들을 풀어 제자리에 각기 배치하고서, 방안의 환경을 일신해 보았다. 이어 목욕을 하고 TV의 수사반장까지를 다시 시청했다. 앞으로는 TV는 특별한 뉴스나 사건이 있을 때만 보기로 했다. 밤에는 다시 調査方法論조사방법론을 정신을 가다듬고 독파해 나갈 것이다.

명심사항 및 실천사항

一. 항상 건전한 긴장감과 대비의식으로 충만된 생활을 한다.

二. 지금까지 생활의 모든 면을 지배해 왔던 잡념, 쓸데없는 강박의식의 사고, 공상은 절대 금물이다.

三. 시간은 완전히 한계점으로 이어진 것뿐이기 때문에 한순간도 낭비하거나 비생산적으로 보내어서는 안 된다.

四. 아침 6-7시에 기상하고 밤 12시경에 취침하는 규칙 생활을 습관화하여 전 생활을 완전 단순화시킨다.

五. 한숨의 호흡, 한 걸음걸이, 한 숟갈의 밥을 먹을 때에도 나의 현 위치를 파악하여 생산적이고 건전한 사고, 의식을 주입시켜 지식의 습득에 노력한다.

六. 인격과 신체를 단련하여 완전한 성품을 갖도록 하여 항상 묵묵하고 인내하며 사안에 냉정하고 침착하게 대처해 나간다.

七. 상황을 재빨리 파악하여 과감하게 결단을 내려 지속적으로 밀고 나간다.

八. 정신건강을 해치는 일체의 행위를 삼간다.

九. 술은 절대 금한다. 외출은 1주일에 한 번 한다.

十. 생활에는 항상 대담하게 여유를 가진다.

비록 내일 교수형에 처하기로 확정돼 있더라도 오늘까지는 성실하고 침착하게 내 pace대로 묵묵히 살아가다 의연하게 죽고 싶다.

1979년 10월 14일

10월 15일 아침을 기점으로 해서 내 지금까지 형성해 온 성격과 가치관의 일부를 變改변개한다.

그리고 동시에 다시는 한숨짓지 않기 위함에서도 착실하게 오직 한 精念정념으로만 피나는 시간의 활용을 기한다.

지금부터 내가 할 수 있는 최선을 다하고서 공포와 불안에 젖지 말고 어엿하게 살아가리.

시간을 초조해하지 말고, 처음 시작하는 자세로 나의 탁월한 잠재력을 총동원해 가면서 순간순간을 메워 나가야 한다.

이제는 두렵지 않다. 나의 길을 찾아 의롭게 출발하였고 조그마한 생활 주변의 일Unebenheit에는 초연하게 되었으니,

둘 다 포기할 수는 없다. 요 며칠 사이에 품었던 行試행시 포기의 마음이 결코 확정된 것은 아니다. 지금부터라도 盡人事待天命진인사대천명 해 보자. 반드시 어떠한 결실이 있을 것이다.

이제는 내 마음을 조절하고 제어할 수 있는 충분한 역량을 발휘할 수 있기 때문에 이 결의를 그동안의 숨 막히는 생사의 방황 끝에 내리게 되었다.

나 자신의 육체가 닳고 지쳐 없어져도 결코 나의 투철한(일관된) 그 정신만은 영원할 것이다.

가을이 깊어가고 있다. 패배자의 상념에 젖어서도 그 계절의 수상에 못 이겨 이렇게 잡상이 기어 나온다.

청명한 대기에서 피어나는 원색의 형상들이 이 패배자의 가슴속에 윤곽을 뚜렷이 나타내고 있다.

대문을 나서 옆길 울타리와 싸리문을 지켜보면서 혹시나 볼 수 있을까 하는 여인의 形象형상을 뒤로하고 조금 눈을 멀리하면 높푸른 천공에 드물게 피어오른 뭉게구름 아래에 마음의 나래가 펼쳐진다.

쭉 뻗어 나간 내장산으로 향한 천변 도로가 원망스럽게 여겨지는 것은 또 나 자신의 위치가 무척이나 초라함을 무의식중에서도 의식하고(?) 있는 것이 아니겠는가.

한창 활동적이고 향상적인 창조의 능력을 발휘할 수 있는 시기에 쓸데없는 잡상으로 무료한 신상의 하자에 연연해하고 있는 나의 일과가 이게 무슨 일인가!

계절의 애틋한 우수 속에서 생애의 turning point를 흐지부지하게 정립하고 자책감에 번민하고 무력감에 한숨짓고 있다. 시간 시간이 흘러갈 때마다 우주의(자연의) 섭리는 또 다른 희망의 바통으로 이어지겠지만, 나의 바통을 이어나갈 원동력은 단절되고 비참한 최후의 순간순간으로 밀접하게 연결되어지고 있으니, 어찌 이 순간순간이 내 命명을 재촉한다고 울부짖고 있지 않겠는가! 이 기로에서 내가 갈 길은 어디인가! 지금 북소리가 울려, 내 명을 재촉하고 있다. 고개를 돌려보니 지나온 길이 너무나도 무력하게 석양에 물들고 있다. 저승에서는 이 꿈을 펼쳐보지 못하느니, 어디서, 언제 이 원대한 꿈을 실현시킨단 말인가!

취침 전 이육사의 〈절정〉을 써서 책상 앞에 붙였다. 매일 이 시구를 음미하면서 내가 처한 이 한계상황을 절망이 아닌 극복 가능한 한계상황으로 바꿔야 한다!

매운 계절의 채찍에 갈겨
마침내 북방으로 휩쓸려 오다.
하늘도 그만 지쳐 끝난 고원
서릿발 칼날 진 그 위에 서다.
어디다 무릎을 꿇어야 하나
한 발 재겨 디딜 곳조차 없다.
이러매 눈 감아 생각해 볼 밖에
겨울은 강철로 된 무지갠가 보다.

1979년 10월 26일 맑음

오전에 잠, 1시경에 점심도 거른 채 정읍행. 서울신문을 사서 보고 사시 1차 결과를 확인(합격), 이발하고 귀가. 다시 어영부영 낭비하다가 9시(PM)부터 본격적 돌입.

앞으로 남은 행시 2차까지 열흘간이 어떻게 전개될지는 모르지만 이제는 확신을 갖게 되었다. 꼭 합격하리라고 아니 합격을 못 한다고 할지라도 합격에 대한 신념과 자신과 끊임없는 의욕이 충만되어 있다는 점에서 마음은 그저 없이 흡족한 상태이다.

1시간의 낭비도 따라서는 안 된다. 충분히 가능하다. 정말 가능하다. 과거의 낭비나 無益行言무익행언, 그리고 미래의 어떤 상태에 처했느니 하는 구차하고 맹허한 사념일랑은 아예 접어두자.

마음만 平靜평정, 의욕만 充溢충일, 기억력만 full 가동되면 틀림없이 영광의 화폭이 쥐어질 것이다.

시간이 촉박하고 부족함을 느끼지 않을 수 없으니 부득이 수면시간을 한정해야겠다. 즉! 어떠한 일이 있어도 6시간을 넘지 않게끔 절제하겠다.

모든 답안 구상 능력과 주변 지식 그리고 지금까지 그 무지막

지한 시간을 들여서 쌓아 올린 잠재적 지식 등이 아름답고 논리적으로 조화를 이룰 때 합격은 보장된다.

새벽 2시다. 잠자리에 들려고 하니 왠지 까닭 모를 불안감과 공허감, 초조함이 엄습해 옴을 느낀다. 그래도 잠을 자둬야지…
(이날(27일) 아침 악몽에 시달리다가 어머니가 급히 깨우시는 바람에 잠을 깼다. 어젯밤 청와대(궁정동)에서 총격 사건이 있어 대통령이 有故유고 상태라고 하시면서…)

- 1979년 10월 26일 박정희 대통령 시해 사건 당시의 일기

1980년 2월 14일

한동안 일기를 쓰지 못했다. 아니 스스로 미루어 온 게으른 생활의 단면인 것이다. 이제, 다시 자신을 채찍질하고 자신과 고뇌하고 갈등의 늪에서 헤매는 정(?)겨운 생활을 하게 되었다.

그간 너무 긴 시간, 무척이나 많은 변화도 있었으니, 그리고 그 여파 또한 지금까지 계속되었다.

그렇게 외쳤고 다짐했던 일들이 하여튼 성취되었다. 어떻든 제1막은 성공적으로 막을 내렸다.

- 행정고시 합격과 법학 석사학위의 취득 -

이제부터 또다시 고행의 여정(제2막)이 시작된다.

지금 이 시각 이후부터 정신적 혁명, 신체적 변혁, 환경적 개선의 3대 혁신 생활이 시작된다.

절대 사명이다. 완전한 성격 개조가 이제 실행되어질 것이다.

우선 굳건한 자신감과 마음의 核핵이 형성되어 모든 것에 대한 방파제의 역할을 할 것이다.

시간도 촉박하다. 다시는 돌아올 수 없는 기회이며 나 자신을 극복하고 제어할 수 있는 마지막, 아니 꼭 한 번만 부여된 기회이기도 하다.

거듭하거니와 마음의 핵이 형성되어 모든 것이 두렵지 않고 어떠한 것도 해낼 수 있는 끝없는 원동력이 태동했다.

1980년 2월 21일 24시 5분

어제 중앙청에서 있은 行試^{행시} 합격증서 수여식에 참석하고 급히 全州^{전주}로 와 湖法^{호법}에 들렀다. 오늘 입소하기로 약속하고 막차로 집에 들어갔다.

오늘 오후 친구들의 자가용과 택시까지 동원하여 湖法^{호법}으로 이주하여 짐을 정리하고 책을 잡았다. 앞으로 남은 꼭 2개월의 기간을 내가 어떻게 활용하느냐가 성패를 가름하게 될 것이다.

예정으로서는 이곳에서 곧바로 司試^{사시} 2차 시험장으로 가기를 바라고 있다. 그렇게 되어야만 흡족한 성과가 있는 것이 될 것이다.

民法^{민법}을 읽으려고 시도하였지만 왠지 숙소에 대한 어설픔과 그동안 너무나 나태하게 보낸 시간의 타성 때문인지 진척이 별로 없는 것 같다.

모든 것을 차분하게 생각하고 마음의 정리를 단행하여 한껏 좋은 condition으로 기억을 되살리고 암기를 하여 단기간에 본궤도에 들어서자.

가장 중요한 것은 마음의 자세, 정신력의 긴장이다.

이 기회를 놓치면 영원히 화폭이 쥐어지지 아니할 것이다.

요령 있게 능률적으로 경제적으로 독파해 나가자.

1980년 5월 27일 맑으나 바람이 몹시 붐

대전 중앙공무원교육원에서의 단체 생활이 16일째 접어들고 있다. 아직도 정신적인 안정은 이루어지지 않고 있다. 갑자기 직면한 전면적인 생활의 변동에 예상했던 대로 나는 심적인, 정신적인, 物理的물리적인 부적응과 거부의식이 발동 내지 顯在化현재화 되었던 것이다.

무엇보다도 안정을 찾지 못하고 뜬구름처럼, 그러면서도 불안정한 것은 내가 이 공무원 교육원 생활을 꼭 해야만 하는가에 대한 확고한 理念이념, 理想이상이 정립이 되지 못한 때문이다. 원래의 내가 갈 길이 아니었더라도 굳건한 마음가짐으로 새로운 도전에 즐거이 응했더라면 좋았으련만 실은 그렇지 못했던 것이다.

이 상태에서 내가 만약 司試사시에 실패한다면 어떻게 되겠는가. 앞으로 발표일까지는 불과 7, 8일 – 아, 운명의 발표일이 서서히 다가오고 있다. 오직 오직 침착하게 기다리고 싶을 뿐이다.

운명의 神신이여, 저를 이끌어 주십시오. 이제부터라도 정신적인 자세를 가다듬고 어떤 환경적인 변형과 인적인 위압감에 담담해 보자. 그리고 계속 나의 영원한 꿈과 진로를 개척해 나가는 거다.

그저께 밤, 全州전주에서 大田대전으로 오는 고속버스에서 나는 운명의 神신의 보호를 받게 된 사실을 간직하고 있다.

　억수같이 쏟아지는 빗속에서 달리던 버스가 앞차를 피해 갑자기 흔들리면서 급정차했다. 아차 했더라면 대형사고가 날 뻔했다. 하마터면 그 끔찍한 교통사고의 희생물이 될 뻔했다. 처음 당하는 아찔한 순간이었다. 그러나 운명의 神신, 나의 絶對神절대신은 나를 감싸고 돌았다.

　이제 겸허하게 인생을 생각하고 착실하게 매사에 대처하면서 냉정, 담담, 침착을 유지하면서 살아가리.

　하느님 저를 돌보아 주옵소서!

　굳세게 살고 大義대의를 위해서 기꺼이 내 받칠 수 있는 나를 형성하기 위해서 일편단심 하리. 지금도 나는 끊임없이 사고하면서, 고민하면서, 분투하면서 그렇게 존재하고 있음을 실감하고 있다. 조금도 외롭지 않고 불굴의 의지와 힘은 항존하고 있으며 언제나 내 주체적 의지와 사고에 따라 일거수일투족을 해나가리. 입술을 깨물며 이 글을 쓴다.

　(22:07)

1980년 9월 23일 맑음

추석을 집에서 보내기 위하여 어제 고향 집에 왔다.

오랜만에 느껴보는 고향의 묘미였다. 하지만 여유 없는 내 생활의 틀은 조금도 변함이 없는 것처럼 보인다.

언제나 느긋하고 풍만한 자세로 고향에 묻혀 단 며칠이라도 동심의 恨한을 달래보리!

오전에는 친척들과 함께 성묘를 했다.

자전거를 타고서 두립마을까지 가서, 다시 비봉산 중턱까지 걸어 올라갔다. 할아버지의 산소가 바로 그곳에 있었다.

작은아버지의 말씀을 빌리면 할아버지의 산소가 명당이라고 했다. 내가 보기에도 그 웅자한 비봉산을 뒤로하고 광활한 전망을 내다보고 있는 그곳은 웅지 같이 보였다.

할아버지의 산소에서 성묘를 마치고 다시 마을 근처 앞산에 있는 아버님 산소를 비롯하여 할머님 등 여러 조상들의 산소를 찾아 성묘를 마치니 어느덧 점심때가 되었다.

오후에 낮잠을 자고 이어 영어 해석에 1시간여 소비하고서 저녁 식사를 좀 일찍하고, 내일 출근하기 위해 밤차로 全州전주에 도착했다. 湖法호법에서 밤 12시경까지 民法민법을 독파했다.

1981년 1월 2일

무어라고 기술해야 할 것인가!

그렇게도 집념과 불안과 한시적인 시시각각 속에 살아오기를 벌써 27년이 지났다는 말인가!

최근 몇 년간의 삶에서 거의 모든 세태와 세속에 대한 회의와 방황 속에서 무던히도 몸부림치지 않았던가!

극한으로 치닫고 있다는 정신적인 초조와 강박의식이 뇌리를 떠나지 않고 집요하게도 나를 정복하려 하고 있었다.

이제는 정리하고 청산해야 할 때가 다가왔다.

하여 금년(1981)은 나에게 상서로운 해는 결코 될 수가 없다. 잘못하면 생의 turning point가 될 것이기도 하리라.

너무나 압박과 긴장 속에서 역작용으로 발산되었던 생활의 굴레 때문에 미루어 두었던 나에 대한 재고찰, 가정적, 사회적면에 대한 재정립이 서서히 이루어지게끔 지금부터 생활의 폭을 대폭 변화해 나간다.

더욱이 금년은 大學院대학원 박사과정(서울대)과 군 생활이 시작되는 뜻깊은(?) 해이기도 하므로 이에 대한 철저한 대비와 원만한 수행을 위한 과정을 확립해 나가야 할 것이다. 이것이 금년 元旦원단을 맞아 새로이 갖게 되는 생활의 변혁일 것이다.

神신이시여, 하느님이여! 금년 저에게 평온과 향상의 도정을 밟게끔 해주옵소서!

12月월 31日일 12時시 법제처 종무식을 마치고 곧바로 하숙집으로 돌아와서 조용히 사색에 잠기면서 제야의 종소리를 음미했다.

1月월 1日일도 조용히 책을 읽으면서 하숙방에서 보내려고 했으나 쏟아지는 눈 속을 헤치면서 귀권 군이 방문해서 같이 영등포 어느 음식점에서 복매운탕으로 소주 한잔 반주 삼아 점심을 먹고 목동 윤평 큠군의 집을 방문하여 간단한 go-stop을 즐기면서 오후를 보내다가 저녁 식사를 마치고 곧바로 하숙집으로 돌아왔다.

특히 눈이 몹시 내려 모든 사람의 마음에 흡족함을 느끼게 하는 새해 첫날이었다고 생각된다.

오늘도 집에서 조용히 보내다가 저녁을 먹고서 내일 하숙집을 옮기기로 한 종로 성일 큠군의 집(하숙집)에 미리 짐을 약간 가져다 놓고서 또 곧바로 귀가해서 이 글을 쓴다.

1981년 5월 14일 목요일

직장과 학교일 기타 여러 *私務*사무를 바쁘게 정리하고서 홀가분한 마음으로 광주 소재 육군보병학교 석사특임정훈장교반에 들어온 지 벌써 6일째로 접어들고 있다.

신성한 국군의 일원으로서 전과는 전혀 다른 환경에 대해 첫날 다음날까지는 상당히 고된 것처럼 느껴졌으나 지금은 항상 준비된 마음 상태를 견지하면서 차츰 엄격한 규율 속의 단체생활에 적응이 되어가고 있음을 나 자신도 모르게 깨닫고 있다.

입교식에서 교수부장님께서 하신 말씀 중 "훈련은 피 안 흘리는 전투이며 전투는 피 흘리는 훈련"이라는 훈시가 가슴에 와닿는다. 이를 항상 마음에 새기면서 앞으로 보병학교에서의 12주 생활을 내 생애에 있어서 즐겁고 보람 있는 기간으로 보내고자 다짐해 본다. 아울러 건전한 생활 태도와 심신을 단련하고 연마하는 좋은 기회로 삼을 것도 결의한다.

육군보병학교 훈련병 시절, 유격도하훈련 – 맨 앞이 저자

국군정신전력학교 시절(1981) 강화도 초지진에서 – 오른쪽이 저자

1981년 5월 15일 금요일

엄격한 단체생활에 하루하루 익숙해지고 있다. 그리고 하루하루 받는 군사훈련도 그 숙련의 도를 더해가고 있음을 실감한다.

실로 어엿한 군인 더구나 늠름한 대한민국 장교가 되기 위해서는 그 밑바닥에는 어떠한 난관도 극복하려는 강인한 정신력이 흐르고 있어야 함은 주지의 사실인바, 요즈음 계속해서 나는 강한 의지와 집념, 정신력을 키우고자 육체적인 그리고 무형적인 연마를 하고 있다고 본다.

우리가 생활을 영위하는 데 있어서 가장 중요한 것은 어떤 유형적, 물질적인 재산이 아니라 그러한 형태적인 상황을 창조해 낼 수 있는 바탕이 되는 강인한 집념과 정신력인 것이다. 이렇게 중요한 인생의 자산인 강한 의지를 이곳 보병학교에서의 생활을 통해서 더욱 공고히 하고자 한다.

육군 정훈장교(중위) 임관
(1981.8)

육군보병학교 훈련병 시절, 사격훈련장에서 – 뒷줄 맨 오른쪽이 저자

1981년 12월 7일

G.O.P(전방 철책부대) 에서의 5일째 생활이다. 극한상황이라고 표현해야 옳을까. 존재 의욕마저도 잃어버린 생활이라면 지나친 표현이 될까.

내 생애 최대의 시련기가 아닐는지. 지금까지 생각하고 키워왔던 이상과 소망이 무너진 지 며칠째이고 아직도 허공에 뜬 채 발을 못 붙이고 있다. 그간 너무 편리한 생활을 한 탓이었을까. 그렇지만은 아닐 것이다. 이처럼 비참하고 황막한 상황에서 무엇을 생각하며 발버둥 쳐야 하는가. 시간 시간마다 이렇게 자위를 해 보기도 하였다. 앞으로 내가 살아가는데 오늘의 이 생활을 발판으로 해서 어떠한 역경도 헤쳐 나가 보자고, 이리하여 가장 최악의 상태에서도 자랑스럽게 견뎌 왔는데 이런 조그마한 고난 하나 못 견디고, 극복하지 못해서야 되겠는가! 하면서 후일 인생 교훈으로 삼으면서 회고할 거리를 남겨두고 싶다고.

기본적인 생활 조건조차 충족이 되지 못하기 때문에 모든 의욕이 송두리째 사라지고, 또한 하루에도 수십 번 자포자기와 애절한 소망에의 향수가 엄습해와 정신적 분열이 극심한 그런 시간

(좌) 전방부대에서 철책 순찰 후 (1982) / (우) 전방 복무 후 35년이 지나 전방 복무 중인 막내 3남과 함께(2017. 6 강원도 인제에서)

들이다.

민족비극의 현장, 철책선. 이 민족과 겨레의 고통을 마치 내가 한 몸에 짊어지고 있는 것처럼 그런 고통을 씹고 씹으면서 살아가고 있는 것이다.

이 생활에 대해서 어떤 보상의식에 사로잡히지는 않겠다. 그러나 이제 허황한 사치 감정은 발을 못 붙이게 하여야겠다. 왜 좀 더 적극적으로 인생행로에 대해서 대처하고 개척해 놓지 않았던가 하고 긴 한숨을 쉬어 보고 있지만 뾰족한 방도는 없다.

묘안 내지 처방은 단 한 가지, 현 상황을 인내하면서 극복하는 것뿐!

그러나 그렇게 되기까지에는 내가 감당할 수 있는 한계가 너무나 들여다보여 힘에 버겁다. 아, 가혹한 운명이여, 시련이여! 이상, 행복, 團欒단란 등등의 젊음의 생기가 아득한 저쪽 꿈나라에서 나를 손짓하고 있다.

5중대에서 정신교육에 이어 영화("패튼 대전차군단")를 상영하고 저녁 식사를 하고 오다.

1981년 12월 18일 새벽 01:05

여기는 민족분단의 최첨단 DMZ비무장지대 내의 어느 GP(176), 1,000m 남짓 거리엔 북괴(북한)의 초소가 있으며 바로 몇백m 앞에 원한의 군사분계선이 형태는 거의 없어지고 상징적인 선으로 남아 있다.

17일 자정 GP장과 함께 야간 관측경으로 내려다본 이 찬란한(?) 슬픔의 현장. 온통 반짝이는 불빛이 아름답기까지 한 GOP 철책선. 저 어둠 넘어 우리의 잃은 땅 북녘의 초소에서도 불빛이 새어 나오고 자동차 한 대가 헤드라이트를 켜고 달리는 듯한 모습이 보인다.

평온이 감도는 이곳이지만 긴장감이 온 곳에 배어 있기도 하고 도처에 지뢰지대라 저리도 아름다운, 고요한 주위의 산천에서 피를 흘리며 쓰러져가는 젊음의 별이 있기도 하니, 이를 민족의 숙명 탓으로 돌려야 할까?

대북방송 스피커에서는 나훈아의 히트곡이 애절하게 북녘을 향해서 메아리치고 있는 가운데 심정은 착잡하고 무어라 형언키 어려운 비애가 스미고 있음을 부인할 수 없다.

아직도 정착되지 못하고 종일 불안한 상태에서 헤메이다 보내는 나날들, 이를 운명으로 받아들이기는 너무나 잃은 것이 많고 안타깝기에 이렇게 회한의 시간을 보내야 하지 않겠는가.

대대大隊 전체의 비협조적인 상황에서 오후 내내 후방 CP에서 P-3車차를 기다렸으나 시간이 지나도록 오지 않아 결국 걸어서 5통 문을 통과, 오후 5시가 넘어 1개 분대의 엄호를 받아 가며 미확인 지뢰지대를 지나서 GP에 도착, GP장 신동선 소위와 관측장교 조 소위의 환대를 받으면서 저녁 식사를 했다.

그런데 이 또한 무슨 운명의 장난이란 말인가. 영사기의 램프가 정전과 동시에 촉이 나가버려 영화상영 전에 또다시 중단되어 무어라 말할 수 없는 미안함과 당혹감이 엄습한 것이다. 내일 후방 CP로부터 임시의 램프를 보급받아 오전에 재상영할 예정이나 잘 될지 미지수다. 자책감을 느끼는 정훈병을 달래고, GP장실에서 여러 가지 얘기로 밤새는 줄 모르고 나누다 이 글을 쓰는 바, 참으로 착잡한 마음 금할 길이 없다.

이 민족의 비극은 언제부터 시작되어 왜 우리 세대에게 이 무거운 짐을 짊어 주었는가.
아, 개인적, 국가적인 모든 상황이 절망의 늪으로 기어들고 있다.
이 비극을 언제쯤 극복할런지….

1982년 10월 1일 금요일 맑음 그리고 갬

추석이자 국군의 날이다. 군에 들어와서 벌써 두 번째 맞는 국군의 날이다. 더구나 10月월 1. 2. 3日일이 연휴라 더욱 뜻깊은 날이기도 하며 풍년의 풍요 속에 맞는 명절이어서 국민적인 환호와 갈채가 더 빛나 보이기도 한다.

사단장님이 지시한 임무를 앞당기기 위해서, 또 다른 이유 때문에도 서울행을 단념하고, 3일 동안 BOQ에서 착실하게 지내기로 했다.

오늘 아침에는 라면으로 식사를 대신하고 오전 시간을 모두 할애해 논문작성에 임했다. 오후 역시 계속 혼자서 BOQ를 지키며 책상에서 집념의 나래를 펼쳤다. 날씨는 화창하면서도 해맑은 전형적인 가을의 정취를 듬뿍 풍기고 있고, 모든 이들의 가슴 가슴에도 생동이 넘쳐 일렁이고 있겠지 생각해 본다.

사단장님께서 저녁 식사를 같이 하자고 전속부관 이 중위로부터 연락이 와서 그동안 준비했던 논문 진행 과정표를 지참하고 A공관으로 갔다.

사단장님은 내가 계획한 논문에 대해서 흡족해하면서도, 한편으로 내가 국방부 정훈국으로 전출해 가는 데 대해서 매우 애석

하게 여기셨다. 같이 식사를 하는 도중 사단장님은 나에게 칭찬
의 말씀과 아울러 반드시 대성할 것이라고 힘주어 몇 번이고 말
씀하셨다.

　내가 국방부에 가더라도 사단장님의 논문을 완성해 주어야
한다는 굳은 각오를 하면서 한편 그렇게 될 수 있는 여건이 쉬이
조성되어지기를 절대신에게 빌어본다. 부디 국방부에 근무하면서
시간적 여유와 인간 관계적으로 유리한 상황이 전개되기를 손 모
아 빌어보고, 그렇게 되게끔 노력한다고 다짐해 본다.

대대본부 OP에서 (1982년)

식사를 마치고 사단장님과 바둑 한 수를 하고 밤 9시경 A공관을 나왔다.

텅 빈 BOQ에서 달무리 가득한 추석 보름달을 지켜보면서 다시 한번 나의 현 위치를 확인해 보고 집념과 정열로 가득 찬 의연한 삶의 자세를 견지할 것을 굳게 맹서해 본다.

내가 가는 길은 외롭고, 험난한 정의의 길이라고 생각하기 때문에 누구보다도 나는 더 많은 숙명적인 고독과 의지와 인내를 감수하면서 외롭게 저 높은 고지를 향해 묵묵히 나아가리.

아, 참새 따위가 어찌 붕새의 마음을 알겠는가. 하루살이 버섯이 어찌 나날이 있음을 알며, 말매미 따위가 어찌 봄가을이 있음을 알리요! 小知不及大知소지불급대지! 小年不及大年소년불급대년!